دور الإدارة المدرسية
في توظيف برامج
تكنولوجيا المعلومات والاتصالات
(دراسة نوعية)

الدكتور
عبد السلام الشناق

دار وائل للنشر

الطبعة الأولى
٢٠١٠

رقم الايداع لدى دائرة المكتبة الوطنية : (2009/2/2284)
الشناق ، عبد السلام
دور الإدارة المدرسية في توظيف برامج تكنولوجيا المعلومات والاتصالات: دراسة نوعية/ عبد السلام الشناق. - عمان : دار وائل للنشر ، 2009
(291) ص
ر.إ. : (2009/2/2284)
الواصفات: الإدارة التعليمية / المدارس
* تم إعداد بيانات الفهرسة والتصنيف الأولية من قبل دائرة المكتبة الوطنية
****
رقم التصنيف العشري / ديوي 371.2
ISBN 978-9957-11-808-2 (ردمك)

* دور الإدارة المدرسية في توظيف برامج تكنولوجيا المعلومات والاتصالات
* الدكتور عبد السلام الشناق
* الطبعة الأولى 2010
* جميع الحقوق محفوظة للناشر

دار وائـل للنشر والتوزيع
* الأردن - عمان - شارع الجمعية العلمية الملكية - مبنى الجامعة الاردنية الاستثماري رقم (2) الطابق الثاني
هـاتف : 00962-6-5338410 - فاكس : 00962-6-5331661 - ص. ب (1615 - الجبيهة)
* الأردن - عمـان - وسـط البلـد - مجمـع الفحيص التجـاري- هـاتف: 00962-6-4627627
www.darwael.com
E-Mail: Wael@Darwael.Com

بسم الله الرحمن الرحيم

﴿ وما توفيقي إلا بالله عليه توكلت وإليه أنيب ﴾

(هود: الآية ٨٨)

الإهــــداء

إلى والدتي .... نبع الحنان والعطـــاء

إلى والــدي .... قدوتي ومثلي الأعلـــى

إلى إخوانــي قاســم ، قسيــم ، عدنـان ، أحمـد

الداعين لي بالخير والتوفيق

إلى زوجتي .... فتاتي ورفيقــة دربي

إلى أبنائي .... امتدادي وغاية أملي

عون ، لين ، أحمد

أهدي جهدي المتواضع

فهرس المحتويات

قائمة الجداول

قائمة الملاحق

تقديم

بسم الله، والصلاة والسلام على رسوله محمد بن عبد الله، وبعد، ، ،

لقد سعدت كثيراً بمنحي فرصة تقديم هذا الكتاب؛ فبعد اطلاعي على فكرة الكتاب ومضمونه وقفت على تميز الفكرة من جانب، وتميز العرض وتدرجه نحو الهدف من جانب آخر، وهذا الموضوع يحتاج إلى باحث ضليع يمتلك التأهيل الكــــــــــــــــــــــــــــافي لترجمــــــــــــــــة الأفكار والمستجدات في مجال الموضوع إلى واقع تطبيقي يسهل فهمه بأساليب قيادية فعالة.

إن موضوع الكتاب هو موضوع حديث يشغل الجميع لأنه يقوم على تعظيم الإنسان وعقله وإبداعه من جهة والاستفادة من كم المعلومات الهائل الذي توفره ثورة تكنولوجيا المعلومات والاتصالات المعاصرة من جهة أخرى، فإن الأهم في هذا الموضوع مواكبة الدول المتقدمة ومن هنا يبرز دور الإدارة المدرسية التي هي عصب تقدم المؤسسة أو تراجعها، وهذا يرتب على وزارات التربية والتعليم في الدول العربية إعادة النظر في بنية نظامها، وأدوار كوادرها، وكيفيات التفاعل في المواقف التعليمية التي تسود مدارسها، وبيئات التعليم وإغنائها، بما يحقق أهداف الدول وتقدمها.

ويقدم هذا الكتاب نموذجا تطبيقيا لمدرستين إحداهما استكشافية والأخرى اعتيادية لإدراك الفروق بين المدرستين من حيث البنية التحتية وتوفر برامج تكنولوجيا المعلومات والاتصالات في مؤسساتها، الأمر الذي يدفع بوزارة التربية والتعليم إلى الارتقاء بمؤسساتها التعليمية نحو الأفضل بغية الوصول إلى المجتمع الذي نأمل.

وفي الختام فإنني أسجل لهذا الكتاب حق السبق في هـذا المجـال، ولمؤلفـه حق الإضافة للمكتبة العربية، آملا من القـارئ العـربي الاستفادة مـن هـذا الجهد العلمي المتميز وللمؤلف المزيد من التقدم والنجاح.

الدكتور خالد العجلوني
الجامعة الأردنية

الفصــل الأول

١- المقدمـــــة

٢- مشكلـــة الكتــاب

٣- أهميـــة الكتـــاب

مقدمة الكتاب

الحمد لله الذي علم بالقلم، علم الإنسان ما لم يعلم، والصلاة والسلام على نبي الأمم، سيدنا محمد المعلم الأول الأجل الأكرم، وعلى آله وصحبه، ومن تبعهم بإحسان إلى اليوم الأعظم، الحمد لله الذي أعانني على الانتهاء من تأليف هذا الكتاب الذي يتناول دور الإدارة المدرسية في توظيف برامج تكنولوجيا المعلومات والاتصالات، واشتمل على ثلاثة عشر فصلا، تناولت برامج تكنولوجيا المعلومات والاتصالات وأثرها على كل من الأنشطة المدرسية، والسجلات والوثائق الرسمية، والاختبارات المدرسية، فلم يشهد عصر من العصور التقدم التكنولوجي الذي يشهده هذا العصر من انفجار للمعلومات، والذي أثر في كافة مناحي الحياة العلمية والاقتصادية والاجتماعية والثقافية، والسعي إلى استغلال المصادر المادية والإنسانية. حيث مرت المعلومات بمراحل حاسمة مبتدئة بالمرحلة الأولى الكتابة، ثم تلاها المرحلة الثانية الطباعة، وبعد تراكم النتاج الفكري كماً ونوعاً، أصبح من الصعب السيطرة على مصادر المعلومات وتأمينها بالشكل المناسب، فكان لا بد من تحول جذري في مجال تخزين ومعالجة المعلومات واسترجاعها فظهرت المرحلة الثالثة وهي عصر ـ تكنولوجيا المعلومات والاتصالات (الحلفاوي، ٢٠٠٦)، والتي أفادت منها الدول المتقدمة صناعياً مثل أمريكا وإنجلترا وفرنسا وسويسرا والبرازيل قاطعة شوطاً كبيراً في مجال استخدام برامج تكنولوجيا المعلومات والاتصالات في العملية التعليمية بمختلف مستوياتها، كما أولت اليابان وكندا وألمانيا هذا المجال عناية كبيرة، لذا لابد للدول النامية من مواكبة الدول المتقدمة والسير على نهجها والإفادة من تجاربها للنهوض بالعملية التعليمية (الفار، ٢٠٠٣).

لقد فرض مجتمع برامج تكنولوجيا المعلومات والاتصالات قيما ومفاهيم ومعارف وأساليب جديدة وتحديات قاسية على أفراده، وأعاد النظر في المسلمات المستقرة، وأنذر بصراعات جديدة، وأبرز أهمية المعرفة والثقافة واللغة (Brarry,1996). لذلك وصف العصر الراهن بعصر التلاحم العضوي الوظيفي بين برامج تكنولوجيا المعلومات

والاتصالات والعقل البشري، (الفار، ٢٠٠٠). لذا ركزت وزارة التربية والتعليم في الدول النامية على رفع أداء الإداريين والمعلمين والعاملين فيها، من خلال توظيفهم لبرامج تكنولوجيا المعلومات والاتصالات، فعقدت دورات تدريبية متنوعة في مجال استخدام الحاسوب تناولت عدة مستويات، المستوى التأسيسي- الأول مهارات حاسوبية

(Computer Skills) ويشمل الرخصة الدولية لقيادة الحاسوب، ورخصة الجامعة الأردنية لقيادة الحاسوب، وشهادة كمبردج لتكنولوجيا المعلومات، ومايكروسوفت أوروبا. والمستوى الثاني وهو توظيف تكنولوجيا المعلومات والاتصالات في الأعمال الإدارية والحصة الصفية وتمثل في دورات إنتل التعليم للمستقبل، وورد لينكس، وبرنامج كادر، ومدارس عبر الإنترنت (وزارة التربية والتعليم، ٢٠٠٤). أما المستوى الثالث فيضم دورات تدريبية للمختصين لصيانة وتشغيل الحاسوب، ودورات برمجة متطورة، ودورات لمهندسي الكمبيوتر، ودورات لفنيي مختبرات الحاسوب، ودورات لقاعدة بيانات الوزارة، ومنسق قاعدة بيانات للمدرسة، ومنسق قاعدة بيانات للمديرية. وشمل المستوى الرابع التدريب على مناهج حوسبة الرياضيات واللغة العربية واللغة الإنجليزية والحاسوب والتربية الوطنية والعلوم على الموقع الإلكتروني في الوزارة (وزارة التربية والتعليم،٢٠٠٦). وعند استعراض النظام التربوي لأي تاريخ نجده نظاماً اعتياديا. ولكن في ظل التقدم العلمي والتكنولوجي الكبير، وفي ظل اطلاع الجيل الجديد على هذا التطور، لا ينبغي أن يحافظ المدير على نهجه الاعتيادي، إذ لا بد له من أن يطور أداءه؛ ليرتقي إلى مستوى عصر- التكنولوجيا المعلوماتية كأسلوب حياة حتى يمكننا من تخطي الفجوة المعلوماتية في المستقبل بنجاح (الضمور، ٢٠٠٣). وهذا التطور المستدام يتطلب إنساناً مبدعاً قادراً على التكيف مع تطورات البيئة المحيطة، وتوجيه النشاطات المدرسية المختلفة، واستثمار طاقات الإداريين والمعلمين والطلاب، لتضفي على عملية الأداء السرعة والدقة واختصار الوقت في أمور السجلات والوثائق والمالية والمكتبات والتعليم وتنظيم وإجراء الاختبارات من أجل بلوغ الأهداف المنشودة (حداد، ٢٠٠٢).

فمنذ أواسط ثمانينات القرن العشرين، انشغل صانعو القرار التربوي بمسألة غاية في الأهمية، وهي كيف يمكن أن نتقدم ونرتقي في ميدان إدارة التربية والتعليم؟ فقد ركزوا على الخصائص والمهارات التي يجب على مدير المدرسة أن يمتلكها، مما يؤكد على أن النجاح في المستقبل، يتطلب إعداد قادة مؤسسات تربوية يمتازون بخصائص نوعية تختلف جوهرياً عما كان متوقعاً من القادة خلال العقود الماضية، لكي يغدو أكثر تطوراً وانسجاماً مع هذا العصر. (Fullan , ١٩٩٨). إن المنظور الاستراتيجي في الإدارة الحديثة يفرض على المديرين ضرورة البحث الواعي والمستمر عن مجالات تحسين فعالية أداء منظماتهم، وكفاءتها وزيادة إنتاجيتها، وجودة مخرجاتها، نظراً لتضخم حجم المنظمات التعليمية المعاصرة وتعقدها، وتزايد الصعوبات المالية التي تواجهها، وتنوع أنشطتها، وتشابك عملياتها، وتعقد مشكلاتها، وتعدد أهدافها، وزيادة عدد الكوادر البشرية العاملة فيها (العجمي، ٢٠٠٤)، مما يجعل الحاجة ملحة لتدريب الكوادر الإدارية على برامج تكنولوجيا المعلومات والاتصالات؛ بسبب دورها المؤثر في نجاح المؤسسة وتحقيق أهدافها ورسالتها، وضع الإدارة في موقف الطلب المتزايد على المعلومات التي تحتاجها المؤسسة بالسرعة والدقة والكلفة المناسبة، الأمر الذي جعل الأساليب الاعتيادية المتبعة في جمع البيانات ومعالجتها عاجزة عن الوفاء باحتياجات العمل المطلوبة (الجرايدة، ٢٠٠٦).

لقد دخلت هذه التطورات حقول التربية والتعليم، ولم تعد الأساليب الاعتيادية في الإدارة قادرة على نقل الكم الهائل من المعرفة المتزايدة والمستجدة بشكل دائم وسريع في الوقت المناسب، وبما يتناسب مع التطور السريع والدائم في مختلف مناحي الحياة بما فيها مدارك الإنسان واهتماماته (باكردو ريس، ٢٠٠٣). فالمهمة الأساسية لأي مؤسسة سواء أكانت رسمية أم غير رسمية هي إنجاز الواجبات والمسؤوليات المنوطة بالأعضاء لتحقيق الهدف. والقائد هنا يجب أن تكون لديه القيادة المتطورة في مختلف المستويات حيث يقوم بتنفيذ كل المناحي الإدارية ويهيئ لها بما يتناسب وحجم المسؤوليات، وبما يحقق تطوراً وإنتاجاً أفضل يتلاءم مع متطلبات التقدم (عبد الشافي، ١٩٩٣) . ومن هنا كانت فكرة المدرسة الاستكشافية التي تقوم على إيجاد موقع إلكتروني يخدم القطاع التعليمي والإداري ، ويكون

هذا الموقع مرتبطاً بشبكة الإنترنت بحيث يمكن الوصول إليه، وتطوع فيه البرامج التعليمية للعمل على الإنترنت ليتمكن العديد من المستخدمين من تنفيذ هذه البرامج ولو كانوا في أماكن متعددة (نوبار، ٢٠٠١)، فالمدرسة الاستكشافية تتميز بتقديم أساليب تعليمية وإدارية جديدة لخلق قدرات إبداعية لدى الإداريين والمعلمين والطلبة، بكميات المعلومات الضخمة، والتي لا تحتاج إلى عناء كبير للوصول إليها، كما أن المدرسة الاستكشافية ينعدم فيها الروتين حيث تفتح حواراً مباشراً مع مركز المعلومات على وزارة التربية والتعليم وسهولة معرفة كل ما يدور داخل أسوار المدرسة وخارجها من أنشطة وغيرها وبناء علاقات وثيقة مع قطاعات أخرى ذات الاختصاص الواحد والترابط الوثيق مع هيئات القطاع التعليمي التعلمي وسهولة تلقي الاقتراحات والشكاوي (خميس، ٢٠٠٣). ويكفل التواصل المستمر أثناء وبعد انتهاء العمل الرسمي بين الهيئات الإدارية التعليمية وأولياء أمور الطلبة، وتكوين علاقات وتقارب أكبر مع إمكانية الرجوع إلى القرارات الصادرة عن وزارة التربية والتعليم بسهولة مما يساعد كثيراً في اتخاذ القرار المناسب في الوقت المناسب وبذلك يمكن أن تكون المدرسة الاستكشافية مدرسة نموذجية (سعادة وآخرون، ٢٠٠٣) . كما أن المدرسة الاستكشافية تدعم الأنشطة المدرسية وتخفف من أعباء وزارة التربية والتعليم في هذه المجالات (Teer,1999) . فالإدارات المدرسية التابعة لوزارة التربية والتعليم هي المسؤولة عن التطوير التربوي الذي تنشده الدول وتخطط له، وبشكل خاص في المدارس الاستكشافية ، لذا كان من الضروري تحديد طرق الإفادة من برامج تكنولوجيا المعلومات والاتصالات، ومن الإمكانات الهائلة التي قدمتها الثورة المعلوماتية والتي تتمثل في قدرتها على خلق أجواء إدارية ملائمة لإنجاح العملية الإدارية (مؤتمن، ٢٠٠٢) . فالإدارة من الأنشطة التي تعتمد على التفكير والعمل الذهني المرتبط بالشخصية الإدارية وبالجوانب والاتجاهات السلوكية المتعلقة بتحفيز الجهود الجماعية نحو تحقيق الأهداف المنشودة (الطويل، ١٩٩٧) . وفي ظل اهتمام القيادات بعملية تطوير مؤسسات الدولة ؛ مواكبة للتطور التكنولوجي والمعرفي الذي يشهده عالم اليوم وبخاصة المؤسسة التربوية بما فيها المدارس الاستكشافية ، دأبت وزارات التربية والتعليم على تطوير برامجها في المجالات كافة ؛ وتهيئة

البنى التحتية للارتقاء بمستوى أداء العاملين فيها، وتنمية مهاراتهم، وتقديم خدمات بمستوى عال من الجودة يضمن سير العمل وسرعة إنجازه من أجل تعميم فكرة المدرسة الاستكشافية على جميع المدارس (وزارة التربية والتعليم، ٢٠٠٤). والتي تؤكد على استثمار الطاقات البشرية كاملة ذكوراً وإناثاً إلى أقصى حد ممكن، وذلك باعتبار الإنسان رأس المال المعرفي الأثمن، كما أنه المورد الاستراتيجي الرئيس الذي يعد غاية التنمية مثلما هو وسيلتها، وذلك وفق منظور شمولي تكاملي لتنمية الموارد البشرية بمختلف محاورها: التعليم العام، والتعليم العالي، والتدريب المهني. ويجسد ذلك نظام تربوي يحقق التميز، والإتقان، والجودة، من خلال استثمار الموارد البشرية، والفرص المتاحة، والمعرفة بوصفها ثروة وطنية إستراتيجية، وتعزيز القدرة على البحث والتعلم، وضمان مساهمة الإفراد في بناء اقتصاد معرفي يسهم في تحقيق تنمية مستدامة، ورفع مستوى معيشة جميع الأفراد، بوصفة الطريق الآمن لمواجهة التحديات، لوضع الدولة على خريطة الدول المتقدمة والحديثة والمصدرة للكفاءات البشرية الماهرة والمتميزة القادرة على المنافسة إقليمياً وعالمياً (العمايرة، وآخرون ٢٠٠٦). وبناء على ذلك كان توظيف برامج تكنولوجيا المعلومات والاتصالات من القضايا الرئيسة التي جرى التأكيد عليها، والتي تركز على تطوير القوى العاملة وإدخال تكنولوجيا المعلومات والاتصالات في التربية والتعليم، فتحسين العمل الإداري التربوي وإجراءاته فلسفة تراعي التحسين المستمر في أداء المؤسسة التربوية، بحيث تشمل كل إداري ومعلم. وهي توفر الرضا لجميع المعنيين في بيئة إدارية تسعى إلى تحسين مستمر للأنظمة والعمليات. وطبيعي أن يتم ذلك بمفاهيم وأساليب غير اعتيادية، إذ ينبغي أن نسلم بأن مشكلتنا التربوية هي مشكلة إدارية بالدرجة الأولى (عبيدات، ٢٠٠٢).

لقد فرضت برامج تكنولوجيا المعلومات والاتصالات الحديثة نفسها على النظام التربوي . ومن الطبيعي أن ينعكس هذا على الإدارة المدرسية، إذ يتطلب منها اكتساب مهارات تكنولوجية حديثة تساعدها على تحسين نوعية المخرجات التربوية (وزارة التربية والتعليم، ٢٠٠٢) . ولكن كيف تستفيد الإدارة المدرسية من الإمكانات الضخمة التي قدمها ويقدمها التقدم التكنولوجي في ميدان المعلومات ؟ إن الإدارة المدرسية

الكفؤة التي تعتمد الاتجاهات الحديثة في الإدارة وتستوعب التطور التكنولوجي الذي يخدمها في عملها والتي هي من أهم مقومات المجتمع العصري. فهي تسعى إلى تسهيل ودعم وتحقيق العمليات والغايات التي تهدف إليها طبقاً لما يتطلبه عملها من تنظيم، ودقة، وفاعلية، و تسعى دوماً إلى تجنب الإهدار، والفوضى، والاضطراب، وسوء التخطيط، وتعمل بكل طاقتها للحفاظ على الاستخدام الأمثل للموارد البشرية والمادية. فالعاملون في المدارس _ دون وجود الإدارة الناجحة الكفؤة_ لا يمكن أن ينجزوا أية أهداف أو يتخذوا أية قرارات أو أن يحققوا أية نتائج (ديلور وهانكونك، ١٩٩٦).

إن دور الإدارة المدرسية عامل حاسم في نجاح أو فشل الخطط التربوية، وبناء على ذلك تظهر الحاجة إلى تطوير وتحديث هذا الدور، ولأهمية اضطلاع المدارس الاستكشافية بمهمة استخدام برامج تكنولوجيا المعلومات والاتصالات، برزت أهمية هذا المؤلف لمعرفة دور الإدارة المدرسية في توظيف برامج تكنولوجيا المعلومات والاتصالات، ومتابعة هذا العمل من قبل الإداريين والعاملين في هذا المجال يعد إجراء مهماً للوقوف على ما قد يعيق التنفيذ؛ لذا جاء هذا المؤلف ليلقي الضوء على ما تم تنفيذه في المدارس الاستكشافية في هذا الميدان، وذلك من خلال المقارنة بين المدرسة الاستكشافية والمدرسة الاعتيادية. وملاحظة مدى التطبيق الفعلي لهذه البرامج على أرض الواقع، ومدى فاعلية إدارات المدارس في تحقيق الأهداف التي استخدمت من أجلها برامج تكنولوجيا المعلومات والاتصالات، ولمعرفة طبيعة تطبيقاتها في مجال النشاطات المدرسية، وتنظيم السجلات والوثائق المدرسية، وتنظيم وإجراء الاختبارات وأهم المعوقات التي تواجه عمل الإداريين والعاملين في هذه المدارس، لأنه يسهم في تصحيح المسارات من بداية هذه التجربة ويعزز مواطن النجاح ويقَوم مواطن الخلل فيها قبل المباشرة بتعميم هذه التجربة على المدارس الاعتيادية.

وبعد أن من الله عليَ بإتمام هذا الجهد المتواضع، ومن باب إرجاع الفضل لإهله فإنني أتقدم بجزيل الشكر والعرفان إلى أستاذي الدكتور حارث عبود الذي واكب هذا المؤلف وأشرف عليه منذ أن كان فكرة إلى أن رأى النور.

كما يسعدني أن أتقدم بخالص الشكر والتقدير إلى السيد وائل أبو غربية مـدير عام دار وائـل للنشرـ والتوزيـع، وطـاقم الـدار الـذين أرسـوا وبصـدق وموضـوعية شعارهم "علم ينتفع به".

وقبل أن أختم مؤلفي هذا أرجو أن أتشرف بتقديم عظيم الامتنان إلى كل من مدَ لي يد العون والمساعدة بالنصح أو الجهد ولكل من سهوت عـن ذكـره، وأخـص بالذكر الدكتور محمود أبو قديس، والدكتور مفضي أبو هولا، فما بخلا عليَ بعلم أو رأي أو إجابة، فجزاهم الله عني خير الجزاء.

مشكلة الكتاب

في هذا العصر يتزايد دور برامج تكنولوجيا المعلومات والاتصالات في صياغة الحاضر وتشكيل المستقبل وأصبحت هذه التكنولوجيا مطلباً أساسياً في كافة مجالات الحياة، ومن أهم هذه المجالات مجال الإدارة المدرسية لأنه يستطيع أن يوظف هذه المجالات في بناء مجتمع بأكمله وتظهر مشكلة الكتاب من خلال المبادرة الرائدة التي قامت بها وزارات التربية والتعليم بإدخال برامج تكنولوجيا المعلومات والاتصالات إلى المدارس، حيث إنها تجربة جديدة وما من شك أن هذا العمل يتطلب تضافر الجهود والتشارك من أجل النجاح، ويتطلب تعاون جميع القطاعات سواء أكانت حكومية أم خاصة، وأي تقصير قد يؤدي إلى إحداث الخلل في المبادرة ومن هنا تكون متابعة هذه المبادرة إجراء هاماً للوقوف على كل ما من شأنه أن يعيق التنفيذ، لذا جاء هذا المؤلف ليلقي الضوء على دور الإدارة المدرسية في توظيف برامج تكنولوجيا المعلومات والاتصالات في المدارس الاستكشافية، وملاحظة مدى التطبيق الفعلي لهذه التكنولوجيا على أرض الواقع، وملاحظة مدى فاعلية هذه المدارس في تحقيق الأهداف التي أنشئت من أجلها ولمعرفة طبيعة التجهيزات والبنى التحتية، في هذه المدارس ومدى كفايتها، وملاحظة أهم المعوقات التي قد تواجه الإداريين في هذه المدارس، والقائمين على الأنشطة المدرسية، وإيجاد قنوات للتحاور والتشاور مع المعنيين حول ذلك، لأن ذلك يسهم في تصحيح المسارات من بداية التجربة ويسهم في النجاح المتواصل الذي هو نجاح لكل فرد في المجتمع.

أهمية الكتاب

تكمن أهمية هذا الكتاب في حاجة وزارات التربية والتعليم لدراسة دور الإدارة المدرسية في توظيف برامج تكنولوجيا المعلومات والاتصالات في المدارس الاستكشافية، والوقوف على جوانب القوة والضعف في تطبيق هذه البرامج، ومحاولة تخطي جوانب الضعف

-إن وجدت - وكذلك تغطية جوانب إدارية تتعلق بالأنشطة الرياضية والفنية والموسيقية، وتنظيم السجلات والوثائق الرسمية وتنظيم وإجراء الاختبارات المدرسية والتي تكشف عن واقع استخدام تكنولوجيا المعلومات والاتصالات وتوظيفها في المدارس.

كما يؤمل أن يساعد هذا الكتاب متخذي القرار و مديري المدارس في وزارات التربية والتعليم في تطوير مؤسساتهم التربوية وتحسين عملهم والارتقاء بمستوى أداء الإدارات المدرسية، وتقويم دور إدارات المدارس الاستكشافية من خلال توظيف برامج تكنولوجيا المعلومات والاتصالات في مختلف أنشطتها وأعمالها قبل المباشرة بتوسيع هذه التجربة الرائدة.

الفصــل الثاني

١- مفهوم تكنولوجيا المعلومات والاتصالات

٢- مراحل تطور برامج تكنولوجيا المعلومات والاتصالات

٣- تجارب الدول الأجنبية في مجال استخدام برامج تكنولوجيا المعلومـات والاتصالات

٤- تجارب الدول العربية في مجال استخدام برامج تكنولوجيا المعلومـات والاتصالات

تكنولوجيا المعلومات والاتصالات

إن ثورة المعلومات خلال النصف الثاني من القرن العشرين عمقت الحاجة إلى إجراءات فنية جديدة، ومستحدثات تقنية عديدة لإدارة هذه المعلومات ومعالجتها. ومن هنا برز مفهوم برامج تكنولوجيا المعلومات والاتصالات والتي تداخلت تعريفاتها وتعددت وجهات النظر حولها وذلك حسب فهم الخبراء والمختصين لماهيتها وأهميتها ومن بين أهم التعريفات الآتي:

مفهوم التكنولوجيا (Technology) لغة:

وكلمة تكنولوجيا (Technology) التي عربت تقنيات، من الكلمة اليونانية (Techne) والتي تعني فناً أو مهارة، والكلمة اللاتينية (Texere) وتعني تركيباً أو نسجاً، والكلمة (Togos) وتعني علماً أو دراسة، وبذلك، فإن كلمة تقنيات تعني علم المهارات أو الفنون، أي دراسة المهارات بشكل منطقي لتأدية وظيفة محددة (سرحان، ٢٠٠٧).

مفهوم التكنولوجيا (Technology) اصطلاحاً:

ويقصد ببرامج تكنولوجيا المعلومات والاتصالات " تلك التقنية الأساسية المستخدمة في نظم المعلومات الحديثة المبنية على الحاسوب وتطبيقاتها بالنسبة للجهة المستفيدة منها، وتتضمن الأجهزة وشبكات الاتصال وقواعد البيانات والبرامج اللازمة (Basi , 1998, p.232).

وقد عرفها (السلطان، ٢٠٠٠، ص٣٣) بأنها " مجموعة منظمة من الوسائل والإجراءات التي يمكن بوساطتها تجميع وتشغيل وتخزين وتوزيع ونشر ـ واسترجاع المعلومات عن الماضي والحاضر والتنبؤ بالمستقبل الذي يتعلق بأنشطة المنظمة وعملياتها، وأيضاً بما يحدث في بيئتها الخارجية، والتي تؤدي إلى تدعيم وظائف التخطيط والرقابة والعمليات في المنظمة من خلال ما توفره من معلومات في توقيت مناسب لمتخذ القرار".

وتعني أيضاً " استخدام أجهزة الحاسوب والبرمجيات وتوظيفها في المجالات التعليمية، والإدارية والبحثية بالإضافة إلى استخدام برامج تكنولوجيا المعلومات والاتصالات في استلام الرسائل الإلكترونية والبحث عن المعلومات " (الخواجا، ٢٠٠١، ص٢٣).

كما تعرف تكنولوجيا المعلومات بأنها "مختلف أنواع الاكتشافات والمستجدات والاختراعات التي تتعامل مع شتى أنواع المعلومات، من حيث جمعها وتحليلها وتنظيمها وخزنها واسترجاعها في الوقت المناسب والطريقة المناسبة والمتاحة. وقد تأثرت برامج تكنولوجيا المعلومات والاتصالات كثيراً بظهور تكنولوجيا الحواسيب" (قنديلجي، ٢٠٠٢، ص٤٢).

وتعرف أيضاً بأنها " تطبيق التكنولوجيا الإلكترونية مثل الحواسيب، والأقمار الصناعية، وشبكات الإنترنت، والأقراص المدمجة، والبرمجيات التعليمية، و برامج تكنولوجيا المعلومات والاتصالات تعني "الحصول على المعلومات بصورها المختلفة النصية والصور الرقمية ومعالجتها وتخزينها واستعادتها وتوظيفها عند اتخاذ القرارات" (الجملان،٢٠٠٤، ص٦٣).

وتتكون تقنية المعلومات من نوعين: الأولى تقنية حديثة وهي تقنية الاتصال الضرورية لإرسال المعلومات عبر المسافات الشاسعة ثم استرجاعها. والثانية هي تقنية الحاسوب وغيره من المستحدثات الإلكترونية (حسان، ٢٠٠٣، ص٤٥).

ويرى (الحسيني، ٢٠٠٣، ص٧١) أن برامج تكنولوجيا المعلومات والاتصالات تعد العنصر الأساس في مختلف الأنشطة التي تمارسها الإدارة وتؤثر في فاعلية القائد لتسيير مهامه الإدارية وهناك عدة أشكال لبرامج تكنولوجيا المعلومات والاتصالات وهي الاتصال بالأقمار الصناعية، والإرسال الإذاعي، والتلفزيون الأرضي والفضائي وشبكات التلفون الرقمية، وأجهزة الحاسوب متعددة الوسائط، ومؤتمرات الفيديو التفاعلية والأقراص المدمجة وشبكات الحاسوب المحلية والعالمية.

وخلاصة القول أن برامج تكنولوجيا المعلومات والاتصالات تشمل الجوانب الإدارية والفنية المستخدمة في تناول ومعالجة المعلومات، وتطبيقاتها والحواسيب، وتفاعلها مع الإنسان، والآلات، والقضايا الاجتماعية، والاقتصادية، والثقافية المرتبطة بها. فقد حل بالنظام الإداري التربوي موجة معلوماتية عارمة بينما لا نزال نعاني من التشتت والفرقة في مؤسساتنا التربوية، فبعد أن انطلق الإعصار ألمعلوماتي من خلال شبكة الإنترنت وبرامج تكنولوجيا المعلومات والاتصالات أصبح هذا النظام في مأزق لذلك يجب التصدي للتحدي المعلوماتي.

ويرى (الشناق، ٢٠٠٨) أن برامج تكنولوجيا الاتصالات والمعلومات هي البرامج الحاسوبية المعتمدة في وزارة التربية والتعليم التي جرى تدريب الإدارات المدرسية والعاملين والمعلمين عليها، والمستخدمة في خزن وتنظيم واسترجاع المعلومات المستخدمة لأغراض التطوير الإداري والفني والتعليمي ، وتنظيم وإجراء الاختبارات ودعم الأنشطة المدرسية وتضم   (ICDL / INTEL / WORD LINKS).

مراحل تطور برامج تكنولوجيا المعلومات والاتصالات

يقسم الباحثون في تاريخ المعلومات برامج تكنولوجيا المعلومات والاتصالات إلى ثلاث مراحل مهمة وهي كما يأتي:

- **عصر الكتابة:** حيث اخترعت كل أمة لنفسها لغة تبنتها ظهرت معبرة عن بيئتها وتراثها، وسجلت تراثها على أنواع من مواد التسجيل كالبردي أو سعف النخيل أو الحجارة أو الجدران أو جلود الحيوانات.

- **عصر الطباعة:** حيث ظهرت الطباعة على الآلات وانتشرت وسائط نقل المعلومات كالكتب والمجلات والنشرات وغيرها من أشكال المطبوعات المختلفة.

- **عصر الحاسب الإلكتروني:** حيث بدأت كمية هائلة من المعلومات تسجل على وسائط صغيرة الحجم وفي متناول الجميع، وهذه المرحلة هي التي نعيشها حالياً بما تحمله تكنولوجيا المعلومات من تطورات مختلفة مذهلة في جوانبها (سالم، ١٩٩٠).

وقسم هذا العصر إلى المراحل الآتية:

أوائل محاولات بناء الحاسوب

تشير الدراسات إلى أن شالز بابيج كان قد صمم حاسوب ميكانيكي ليقوم بالحساب ميكانيكيا باستخدام البطاقات المثقبة، عام (١٨٣٣) لغرض تخزين البيانات عبر آلة تحليلية. وفي عام ١٨٨٧م جرى تطوير آخر لمفهوم البطاقات المثقبة الصالحة للقراءة الآلية. وفي عام ١٩٣٧ بدأ أستاذ في جامعة هارفارد يدعى آيكن (Howard Aiken) العمل في بناء آلة حاسبة أوتوماتيكية تستخدم التقنية المتاحة آنذاك والبطاقات المثقبة، واستغرقت محاولاته هذه سبع سنوات تم بعدها بناء حاسوب كهروميكانيكي أطلق عليه اسم مارك (١) Mark وذلك بالتعاون مع شركة تدعى IBM (قنديلجي، ٢٠٠٢).

- الجيل الأول للحواسيب (١٩٤٠ – ١٩٥٩)

يعد الحاسوب الذي أطلق عليه اسم (Atanasoff Berry Computer \ ABC) أول حاسب إلكتروني. وفي عام ١٩٤٨ أنتجت شركة IBM أول حاسوب عرف باسم IBM (٦٠٤) استخدم البطاقات المثقبة في إدخال البيانات واسترجاعها من خلال وحدة بطاقات خاصة، واستمرت هذه الشركة في إنتاج هذا الحاسوب حتى عام ١٩٦٠م.

وفي عام (١٩٤٩) قام موريس ويلكس البريطاني (Maurice Wilkes) ومعاونوه ببناء أول حاسوب يستخدم مفهوم البرنامج المخزون وقد أطلق عليه إدساك (EDSAC) وتميزت هذه الحواسيب عن غيرها بقدرتها على خزن البرامج داخليا.

وفي عام (١٩٥١) تم تطوير أول حاسوب إلكتروني لخدمة الأغراض التجارية ومعالجة المعلومات العامة لمصلحة التعداد السكاني في الولايات المتحدة أطلق عليه اسم يونيفاك (١) وبعد ذلك تعددت أجيال الحواسيب وباتجاهات متعددة (سلامة، ٢٠٠٤).

ومن أهم خصائص حواسيب هذا الجيل ما يأتي:

١- احتوائها على الصمامات والأنابيب المفرغة.

٢- حاجتها لتوفير أجهزة التبريد اللازمة نظرا لارتفاع درجة حرارة الصمامات.

٣- كبر حجمها واحتياجها لكميات هائلة من الطاقات الكهربائية.

٤- تتراوح طاقتها التخزينية ما بين (١٠٠٠) إلى (٤٠٠٠) رقم أو حرف.

٥- تدني سرعتها وغلاء ثمنها وتعرضها للأعطال بكثرة.

كما تميزت هذه المرحلة بإطلاق أقمار الاتصال الصناعية (Satellites) إلى الفضاء الخارجي، مثل القمر السوفياتي سبوتنك (Sputnik) عام ١٩٥٧، تلاه القمر الأمريكي تلستار (Telstar) عام (١٩٦٢م)، ثم مجموعة أقمار المنظمة الدولية للاتصالات الفضائية/ إنتلسات (INTELSAT) ابتداء من العام ١٩٦٥ م وبعد ذلك توالت عمليات إطلاق الأقمار الصناعية لأغراض تبادل وتناقل مختلف أنواع المعلومات (القيسي، ٢٠٠٥).

- الجيل الثاني للحواسيب (١٩٥٩ – ١٩٦٤)

وظهر في نهاية الخمسينات من القرن العشرين، وعملت على إنتاجه شركة (IBM)، وظهرت في هذه الفترة لغات البرمجة ذات المستوى العالي مثل: لغة فورتران (Fortran)، وظهور الأقراص الممغنطة الصلبة (Hard Disk) التي استخدمت لتخزين البيانات.

ومن أهم خصائص حواسيب هذا الجيل:

١- اعتماد تشغيلها على أشباه المواصلات (الترانزستورات) والبطاقات المثقبة.

٢- صغر حجمها (COM) بالنسبة للجيل الأول، وقلة الطاقة اللازمة لتشغيلها حيث تم التفاعل بين تكنولوجيات المصغرات من جهة وجهاز الحاسوب من جهة أخرى (سالم، ١٩٩٠).

٣- زيادة سرعتها إذا ما قورنت بسرعة حواسيب الجيل الأول، وقلة تكاليف صيانتها، وسهولة استرجاع المعلومات المخزنة فيها.

٤- تتراوح طاقة تخزينها ما بين (٤٠٠٠) إلى (٣٢٠٠٠) رقم أو حرف.

الجيل الثالث للحواسيب وبناء النظم المحلية (١٩٦٤ – ١٩٧٠)

وظهر في منتصف الستينات من القرن العشرين، وحصل في هذا الجيل تطوير نظام التشغيل (Operating System). وتعددت البرامج (Multipro-gramming)، و تعددت المعالجات (Multiprocessors)،وظهور لغات برمجة جديدة مثل برمجة بيسك (BASIC) وبرمجة باسكال (PASCAL)، وظهور بعض وحدات الإدخال والإخراج الجديدة مثل: أجهزة القراءة الضوئية، والشاشات الملونة، (السرطاوي، ٢٠٠٣).

حيث امتازت حواسيب هذا الجيل بالآتي:

١- استخدمت الدوائر الإلكترونية المتكاملة المبنية على شرائح من السيلكون.

٢- امتازت حواسيب الدوائر المتكاملة بأنها صغيرة الحجم ودقيقة الأداء.

٣- أقل استهلاكا للطاقة وأكثر سرعة وأكثر قدرة على التخزين، حيث لا تقل طاقة تخزينها عن ثلاثة ملايين حرف أو رقم.

٤- تعددت أنواع الأجزاء الملحقة بالحاسوب.التطور الكبير في برمجياتها حيث لوحظ تطور في نظام التشغيل باستخدام نظم المشاركة الزمنية.

- وتميز هذا الجيل بظهور أحجام متنوعة من الحواسيب مثل حواسيب الميني الصغيرة .

٥- في هذه الفترة وأواخر الستينات ظهر ما يطلق عليه قواعد بيانات محلية (قنديلجي،٢٠٠٢).

- الجيل الرابع للحواسيب (١٩٧٠ – ١٩٨٠)

وظهر في أوائل السبعينات من القرن العشرين، وتحتوي على ألف عنصر أو أكثر من أنواع الترانزستورات على شكل دوائر كبيرة جدا ، والتي سميت بالمعالجات الميكروية (الدقيقة) والتي كانت الأساس في تصنيع الحواسيب المصغرة. كما ظهرت الأقراص

الممغنطة المرنة، وتطورت برامج الحاسوب، حيث أصبح بقدرة أي إنسان تشغيل الحاسوب والتعامل معه.

حيث تميزت حاسبات هذا الجيل بتطور أساليب صناعتها وبرمجتها وصغر حجمها وزيادة سرعتها وقدرتها التخزينية وزيادة طاقة وحدة الإدخال والإخراج وإمكاناتها وقلة تكلفتها وسهولة صيانتها (عبد الشافي، ١٩٩٣).

ومن مميزات حواسيب هذا الجيل ظهور نظم وبرامج تكنولوجيا البحث بالاتصال المباشر (Online Search Systems)، وهو تعامل وإجراء متفاعل لقراءة واستعراض معلومات محوسبة تشمل القيود والتسجيلات المقروءة آليا لملف أو مجموعة ملفات، وتكون قواعد المعلومات هذه مخزنة عادة في حاسوب مركزي كبير (القيسي، ٢٠٠٥).

الجيل الخامس للحواسيب (١٩٨٠ – ١٩٩٠)

وظهر في بداية الثمانينات من القرن العشرين، ولا زالت حواسيب هذا الجيل قيد التطوير والتحسين، وتتميز هذه المرحلة من الحواسيب بما يلي:

١-استخدامها في مجال الذكاء الاصطناعي الذي يحاكي الذكاء الإنساني.

٢- تفعيل قدرتها على الحوار وقدرتها التعبيرية.

٣-اعتمادها في توفر بدائل عديدة تعين في اتخاذ القرار.

٤- قدرتها على تفسير الأوامر المنطوقة والمكتوبة والمرسومة باللمس.

٥- ظهور الحواسيب الصغيرة وحواسيب الجيب.

٦- ظهور إمكانيات وتسهيلات جديدة للحاسوب مكنت ذوي الاحتياجات الخاصة والمعاقين من استخدامه.

٧- زيادة قدرات التنافذ بين البرامج.

٨- انتشار استخدام الوسائط المتعددة، وإدماج الحاسوب بوحدات تكميلية متنوعة في الوقت نفسه.

٩- انتشار استخدام الحاسوب ضمن الشبكة الدولية للاتصال (الإنترنت).

١٠-توسع استخدامات الحاسوب في مجالات عديدة.

١١-زيادة التنافس في ميدان تصنيع الحواسيب وإنتاج البرمجيات للأغراض المختلفة، مما أسهم في انخفاض أثمانها بشكل مضطرد، وسرعة ظهور أنماط وأشكال جديدة من الحواسيب الصغيرة.

كما ظهرت خلال هذه المرحلة نظم الأقراص المكتنزة (Compact Disc) وامتدت هذه المرحلة من أوائل منتصف الثمانينات من القرن السابق وحتى نهايته ، ولا يزال تطورها حتى الوقت الحاضر (الفار، ٢٠٠٠).

الجيل السادس/ الإنترنت والتطورات الأخرى (١٩٩٠ - ٢٠٠٠)

وهي مرحلة نهاية التسعينات من القرن العشرين، ومن أهم تطورات هذه الفترة هو تفعيل وانتشار استثمار إمكانات شبكة برامج تكنولوجيا المعلومات والاتصالات الدولية المحوسبة إنترنت /INTERNAT (زيتون، ٢٠٠٤).

وعلى ذلك فإن الإدارة المدرسية الحديثة يمكنها باستخدام برامج تكنولوجيا المعلومات و الاتصالات أن ترتقي بأدائها الإداري على نحو كبير. وقد دلت تجارب دول عديدة على ذلك وفي مقدمتها الدول المتقدمة صناعياً والتي قطعت شوطاً كبيراً في مجال استخدام برامج تكنولوجيا المعلومات والاتصالات في العملية التعلمية التعليمية وفي مختلف مستوياتها الإدارية. وقد تزايد هذا الاستخدام مع تطور التكنولوجيا، وانتشار برامج تكنولوجيا المعلومات والاتصالات بشكل أوسع (الحسيني، ٢٠٠٣).

تجارب الدول الأجنبية في مجال استخدام برامج تكنولوجيا المعلومات والاتصالات:

التجربة الفرنسية:

ففي فرنسا كانت بداية استخدام برامج تكنولوجيا المعلومات والاتصالات في العملية الإدارية والتعليمية عام (١٩٦٣)، حين استخدمت العديد من المدارس الفرنسية البرمجيات التعليمية في العملية الإدارية. وفي عام (١٩٦٧) تم البدء بتدريب الإداريين على أسس وقواعد استخدام برامج تكنولوجيا المعلومات والاتصالات في المؤسسات التعليمية، واستمرت التجربة الفرنسية خلال عشر سنوات (من عام ١٩٧٠ - حتى عام ١٩٨٠) لتعميم استخدام برامج تكنولوجيا المعلومات والاتصالات في العملية التربوية والإدارية والتعليمية في أكثر من ٦٣% من مدارسها (الفار، ٢٠٠٣).

تجربة الولايات المتحدة الأمريكية:

وفي الولايات المتحدة الأمريكية بدأ استخدام برامج تكنولوجيا المعلومات والاتصالات في العملية الإدارية والتعليمية في مدارس الولايات المتحدة الأمريكية في الخمسينات، حيث كانت الشركة المنتجة لأجهزة الحاسوب تقوم بتدريب الإداريين مباشرة على أجهزة البرمجيات وهذا التدريب كان متزامناً مع إدخالها إلى المدارس والجامعات. ومع بداية الستينات بدأ الباحثون يهتمون جدياً باستخدام برامج تكنولوجيا المعلومات والاتصالات في العملية الإدارية والتعليمية، وقامت الولايات المتحدة بتطوير و إنتاج برمجيات إدارية و تعليمية لخدمة المؤسسات التعليمية.

ومن أهم المشاريع الرائدة بالولايات المتحدة الأمريكية كما أوردها الجسار (٢٠٠٤):

- مشروع شبكة بلاتو Blato : Programmed Logic for automatic teaching Operation

وهو مثال للمشاريع التي تستخدم برامج تكنولوجيا المعلومات والاتصالات في عمليات الإدارة والتعليم والتدريب في المدارس كنظام العمل المشترك.

- مشروع شبكة MECC : Munich Electronic & Computer Consultants

يضم هذا المشروع شبكة واسعة من الحواسيب تشمل حواسيب مركزية ثابتة، وحواسيب صغيرة ذات أجهزة طرفية تخدم الإدارات المدرسية في عدد كبير من المدارس داخل ولاية مينوسوتا.

- مشروع الشبكة المدرسية في فيلادلفيا: بدأ هذا المشروع عام ١٩٧٩ بمحطات طرفية متصلة في المدارس على أساس العمل الإداري المشترك في الوقت نفسه، والأهم في هذا المشروع أن معظم البرمجيات المستخدمة من قبل المدارس يكتبها ويعدها الإداريون والمعلمون والعاملون في تلك المدارس.

- مشروع Prestwood Conduit Development Process (PCDP): تم تطوير هذا المشروع بحيث تستخدم فيه محطات وطابعات طرفية ملونة تخدم المؤسسات التعليمية والإدارة المدرسية.

التجربة السويسرية:

أما التجربة السويسرية فتعود الخطوات الأولى لاستخدام برامج تكنولوجيا المعلومات والاتصالات في العملية الإدارية والتعليمية إلى نهاية الستينات. وتعاظم الاهتمام بهذا المجال إلى أن تم عام (١٩٧٥) تشكيل لجنة قامت على مدى تسع سنوات بتنظيم عدد من الدورات في تربويات الحاسوب الإداري لمعلمي المدارس الثانوية. وفي عام (١٩٨٢) قامت اللجنة بتشجيع كافة الأقاليم على الاستمرار فيما تقوم به (الحسيني، ٢٠٠٣).

تجربة استراليا:

وفي أستراليا انتشر استخدام برامج تكنولوجيا المعلومات والاتصالات في العملية الإدارية والتعليمية دون تنسيق بـين المقاطعات المختلفـة لـبعض الوقـت. إلا أنـه في مطلـع السـبعينات، ظهـرت مجموعـة مـن المشـاريع لاستخدام بـرامج تكنولوجيا المعلومات والاتصالات في العملية الإدارية والتعليمية. وكان أكثرها شـهرة مشروع مقاطعة غرب استراليا حيث أنشأت مركزاً ضخماً لدراسة برامج تكنولوجيا المعلومات والاتصالات وتقنيـة المعلومـات، يمكـن مـدارس المنطقـة مـن الإفـادة مـن إمكاناتـه المتعددة؛ حيث تمكن الإداريون والطلبة والمعلمون مـن الإفـادة مـن إمكانـات هـذا المركز في العطلات، كما استخدم هذا المركز كذلك بكثافة في دورات تـدريب الإداريين والمعلمين أثناء الخدمة (الجملان، ٢٠٠٤).

تجارب الدول العربية في توظيف برامج تكنولوجيا المعلومات والاتصالات في الإدارة المدرسية:

أما في الأقطار العربية فقد بـدأت الإدارة المدرسية في توظيف بـرامج تكنولوجيا المعلومات والاتصالات بصورة متواضعة ومقلدة للدول الغربية في وقت متأخر ونورد أمثلة عليها بعض الدول العربية:

التجربة الأردنية

ولدت التجربة الأردنية عام (١٩٨٣)، وأخذت تتوسع خلال السنوات الأخيرة من القرن العشرين. وكان يحكم هذا التوسع الإمكانـات الفنيـة والماديـة، حتى أصبحت على وشك التعميم، أي استخدام الحاسوب في جميع المـدارس في الأردن. وبـدأت التجربة بشكل اختياري للطلبة الـراغبين في ذلك، وبواقع حصتين أسبوعياً للصـف العاشر، وحصة واحدة لكل من الصفين الأول والثاني الثانوي.

وتم البدء بتطبيق التجربة في مطلع العام الدراسي (١٩٨٤ – ١٩٨٥ م)، واختـيرت لذلك مدرستان في عمان، وتم تجهيز مختبر للحاسوب في كل منهما يحتوي عـلى (١١) جهازا مـن نـوع (Apple II) مـع ملحقاتهـا مـن طابعـات، ومشغلات اسطوانات وأقراص، وبعض البرامج الجاهزة، وتم تشكيل لجنة للإشراف عـلى التجربـة ومتابعـة تطويرها. وفي عام (١٩٨٧) تم توقيع اتفاقية لمشروع تعاون بين الحكومتين الأردنيـة والبريطانية من أجل المساعدة في إدخال الحاسوب إلى المـدارس الأردنيـة بالاستفادة من الخبرات البريطانية.

وفي عام (١٩٨٧) انعقد (المؤتمر الوطني الأول للتطوير التربوي) في عمان، وبناء على التوصيات التي أقرهـا المـؤتمر، قامـت وزارة التربيـة والتعليم الأردنيـة بإنشاء مديرية للحاسوب التعليمي ضمن المديرية العامة للمناهج وتقنيات التعليم، مهمتها الإشراف الإداري والفني عـلى عمليـة إدخال الحاسوب إلى المـدارس الأردنيـة كمادة ووسيلة تعليمية، ومن التوصيات التي وضعها المؤتمر في هذا المجال ما يأتي:

١- وضع فلسفة تربوية واضحة لإدخال الحاسوب إلى المدارس الأردنية.

٢- إعادة النظر في منهاج الحاسوب وتحديثه باستمرار في ضوء المستجدات التربوية والعلمية والتكنولوجية.

٣- عقد دورات تدريبية دورية لمعلمي مادة الحاسوب.

٤- إقامة مركز لإنتاج البرامج التعليمية.

٥- توفير أجهزة الحاسوب وملحقاتها، والصيانة اللازمة لها.

٦- تجهيز مختبرات الحاسوب بالأثاث المناسب.

وفي عام (١٩٩٣) أصبح عدد المدارس الثانوية التي تطبق هذه التجربة (٢٩٤) مدرسة، كما أصبح معدل عدد الأجهزة في المختبر الواحد يتراوح من (٨- ١١) جهازا. واستمرت وزارة التربية والتعليم في التوسع بإدخال الحاسوب إلى المدارس حتى وصل عدد المدارس التي تدرس الحاسوب مع نهاية العام الدراسي (١٩٩٦- ١٩٩٧) إلى (٦٥٣) مدرسة، وعدد أجهزة الحاسوب المستخدمة (٦٠٦٠) جهازا، كما تم إدخال الحاسوب كمادة إلزامية أو إجبارية لطلبة الصفين الأول والثاني الثانوي/ الفرع التجاري، واختيارية لطلبة باقي الفروع، وتم إعداد المناهج والكتب اللازمة للتدريس في هذين الصفين، وتم إدخال الحاسوب إلى الصفين الثامن والتاسع الأساسي في العام الدراسي (١٩٩٧- ١٩٩٨).

وزاد الاهتمام بإدخال الحاسوب في مختلف المدارس الأردنية بحيث أصبح عام (٢٠٠٠) و (٢٠٠٢) الهدف الأول لوزارة التربية والتعليم الأردنية بعد الاتفاق مع عدد من الحكومات والمؤسسات العالمية المشهورة.

يتضح بعد استعراض التجربة الأردنية أنها من أوائل التجارب العربية في إدخال الحاسوب إلى ميدان التربية والتعليم، وأنها قد استفادت كثيرا من التجارب الأجنبية في هذا المجال وخاصة من التجربة البريطانية، كما يتبين مدى التدرج في تعليم الحاسوب في جميع

الصفوف، حيث بدأت التجربة بالصف العاشر الأساسي أولا باستخدام الحاسوب في المدارس كمادة وكوسيلة تعليمية في وقت واحد.

التجربة الإماراتية

فلو استعرضنا التجربة الإماراتية لوجدنا أن من المشاريع الناجحة نحو المدرسة الإلكترونية مشروع الشارقة النموذجية، حيث بدأت هذه التجربة بتنفيذ مشروع المدرسة الإلكترونية الذي يعد الأول من نوعه على مستوى الدولة، وذلك بربط المدرسة مع أجهزة الحاسوب والفيديو والإنترنت لتواكب المعطيات التكنولوجية الحديثة في العملية الإدارية والتعليمية. وكذلك مشروع مدرسة العين النموذجية للبنات وهي المدرسة الإلكترونية النموذجية الأولى في منطقة العين التعليمية التي سعى القائمون عليها إلى أن تكون رؤاها ومشاريعها وإنجازاتها متميزة من خلال استخدام برامج تكنولوجيا المعلومات والاتصالات في أنشطتها وعملها الإداري (إبراهيم، ٢٠٠٤).

التجربة السعودية:

فتتمثل ملامحها في مجال استخدام برامج تكنولوجيا المعلومات والاتصالات في العملية الإدارية والتعليمية، حيث قررت وزارة المعارف السعودية البدء في تدريس مادة الحاسوب من العام الدراسي (١٩٨٧ – ١٩٨٨ م) ، وتم تقديم ثلاثة مقررات على النحو الآتي:

١- مقدمة في الحاسبات: لمدة ساعتين أسبوعياً، ولجميع طلاب المدارس المطورة، ويشمل بعض الموضوعات النظرية مثل: تاريخ تطور الحاسوب وأجياله، وتعريف بوحدات الحاسوب الأساسية وخصائصها، ودراسة الحاسوب المصغر، وتمثيل البيانات.

٢- مقدمة للبرمجة بلغة البيسك: ولمدة ثلاث ساعات أسبوعياً لجميع طلبة المدارس المطورة، ويشمل هذا المقرر البرمجة بلغة بيسك.

٣- برمجة الحاسبات ومقدمة لنظم المعلومات: ولمدة ثلاث ساعات أسبوعياً، وتعتبر إجبارية لطلبة فرع العلوم الإدارية والإنسانية بعد دراستهم المقررين السابقين، ويشمل هذا المقرر البرمجة بلغة بيسك مع تطبيقات في المجال الإداري.

وقد تقرر البدء في (٢٣) مدرسة مطورة منها (١٠) مدارس في الرياض، ومدرسة واحدة في كل من: جدة، ومكة، والمدينة، والطائف، والدمام، والإحساء، وأبها، وتبوك، وعرعر، والجوف، وحائل، والقصيم، والخرج. وقد تم استخدام أجهزة الحاسوب الشخصية في كل مختبر حاسوب، وتزويد كل مختبر بسبعة عشر جهازا، وتم استخدام أجهزة (MSX) صخر اليابانية الصنع المعربة لعدة أسباب من أهمها: انتشارها الواسع، ورخص ثمنها، ووجود عدد من البرامج العربية عليها كالرياضيات والعلوم والأحاديث النبوية الشريفة، والقرآن الكريم، ووجود لغة برمجة عربية.

كما تم إنشاء أندية لبرامج تكنولوجيا المعلومات والاتصالات في المملكة العربية السعودية لنشر الوعي المعرفي في مجال الحاسوب والعناية بعلومه ومستجداته وتهيئة الفرص والظروف الملائمة للموهوبين، والعمل على تنمية قدراتهم وتطويرها في مجال الحاسوب. كما تقوم هذه الأندية بتزويد الجهات التعليمية بالبرامج التربوية والاستشارات الفنية المتعلقة بالحاسوب وإقامة برامج تدريبية لرفع مستوى العاملين في الحقل التعليمي.

وتم إيجاد برنامج مشترك بين المؤسسات التعليمية الحكومية والقطاع الخاص لتعليم الحاسوب في المرحلتين الابتدائية والمتوسطة.

وفي مشروع ضخم يسمى مشروع عبد الله بن عبد العزيز وأبنائه الطلبة للحاسب الآلي. ويعد هذا المشروع من أهم المشاريع التي تم إطلاقها في السعودية لإدخال برامج تكنولوجيا المعلومات والاتصالات إلى المدرسة خلال عام (٢٠٠٠). وانطلق المشروع من خلال قاعدة بيانات ومعلومات ضخمة يقوم متخصصون تربويون وإداريون وفنيون في البرمجة الحاسوبية على تعميمه على مدارس التعليم العام والخاص في السعودية (السرطاوي، ٢٠٠١). وتقدم شبكة المشروع مجموعة من الخدمات المتعلقة بالإدارة

المدرسية وبالمناهج الدراسية، والموسوعات والمراجع، وخدمات ذوي الاحتياجات الخاصة، والخدمات المتعلقة بالربط بالمواقع الإلكترونية، وخدمات البريد الإلكتروني، والتخاطب الإلكتروني، وعقد الندوات والمسابقات والتنافس بين المدارس، والطلبة المغتربين (عامر،٢٠٠٧).

التجربة الكويتية

قام مجلس البحوث العلمية بالاشتراك مع جامعة الكويت عام (١٩٨١)، ببدء العمل بمشروع الإفادة من برامج تكنولوجيا المعلومات والاتصالات في العملية الإدارية والتعليمية؛ حيث أتاح هذا المشروع إجراء بعض البحوث وإنتاج بعض البرمجيات المتواضعة، والتي كان لها الأثر الإيجابي في جامعة ومدارس الكويت (الجسار، ٢٠٠٤).

التجربة المصرية

أما مصر فقد قطعت شوطاً كبيراً في استخدام برامج تكنولوجيا المعلومات والاتصالات في الإدارة المدرسية حيث بذلت جهوداً في إنتاج برمجيات عربية تخدم العملية الإدارية والتعليمية في مدارسها (الفار، ٢٠٠٣)، حيث بدأت المحاولات الأولى لإدخال برامج تكنولوجيا الاتصالات والمعلومات إلى ميدان التعليم في مصر عام (١٩٨٤)، حيث قامت وزارة التربية والتعليم بإنشاء مركز متخصص في الأهرام أطلق عليه اسم (مركز تقنية الأنظمة التعليمية)، واعتمد هذا المركز في نشاطاته الأولى، على تدريب عدد من المعلمين والإداريين على استخدام أجهزة الحاسوب.

وقام وزير التربية والتعليم المصري عام (١٩٨٧) بالدعوة إلى الاجتماع التأسيسي للمجلس التنفيذي لمشروع الحاسوب التعليمي القومي في مصر وكانت هذه الدعوة تمثل البداية العلمية الجادة في التجربة المصرية، وبعد ذلك قامت الحكومة المصرية بالاتصال مع بعض الدول وخاصة بريطانيا، حيث قام الخبراء من كلا الجانبين باجتماعات متعددة أدت إلى تحديد المشروع التعليمي، وبدأ التخطيط للتنفيذ له. واختار الفريق المصري مدرسة ذات ألفي طالب، وتم اعتبار ثمانين طالباً في سن (١٥) و(١٦) عاماً عينة لإجراء التجربة. وبعد

الفترة المتاحة لتعليم المنهاج المطلوب، أعيد تقييم هذا المنهاج، ووضعت اللمسات النهائية للمشروع الأساسي لخمس سنوات. وتم استخدام أجهزة حاسوب صخر اليابانية الكويتية المشتركة، مـع أجهـزة (ليونـارد) الفرنسية المكافئـة لأجهـزة (IBM) خـلال التجربـة (الزغبي، ١٩٩٤).

واهتمـت الدولـة بـدءاً مـن العـام الـدراسي (١٩٨٨ – ١٩٨٩ م) بإدخال نظـم المعلومات والحواسيب في التعليم قبل الجامعي، وقد سـارت في اتجاهين معـاً وفي وقت واحد وهما:

الاتجاه الأول: تطوير التعليـم الأسـاسي (الابتدائي والإعدادي) عـن طريـق إدخال مفهوم التكنولوجيا بشكل عام في المناهج الدراسية.

الاتجاه الثاني: إدخال تعليم الحواسيب ونظم المعلومات إلى التعليم الثانوي بدءاً مـن العام الدراسي (١٩٨٩ – ١٩٩٠ م) تمهيدا لتعميمه خـلال ثلاث سنوات أخـرى حتـى عام (١٩٩٢).

وجوهر إدخال مشروع الحاسوب إلى التعليم الثانوي هو العمل على إيجاد قاعدة بشـرية لـديها ووعـي حاسـوبي مـن مـواطني المسـتقبل تسـتطيع أن تتعامـل مـع الحواسيب، وتوظفها في واقع الحياة العلمية، وفي الوقت نفسه العمل عـلى تحسـين التعليم باستخدام الحاسوب كوسيلة تعليمية تساعد المعلم على أداء رسالته بفعالية، وتسهم في تحقيق التعلم الذاتي، والتعليم العلاجي، والتقويم الحـديث والمساهمة في تطوير عمل الإدارة المدرسية وحل مشكلاتها.

ولقد مر مشروع إدخال الحاسوب إلى التعليم الثانوي في مصر بثلاث مراحل هي:

١- مرحلة التجريب (١٩٨٨ – ١٩٩٠): وتختص بإدخال الحواسيب في (١٢٠) مدرسة ثانوية، يليها (٣٤٥) مدرسة بعد ذلك، على أن يكون في كل مدرسة (١١) جهاز حاسوب من نوع موحد، يخصص واحد منها للمعلم والبـاقي للطلبة، عـلى أن لا يزيد مستخدمو الجهاز الواحد من الطلبة عن اثنين.

٢-مرحلة التعميم الأولى: (١٩٩٠ – ١٩٩٢ م): وتتضمن العمل على إدخال مختبرات الحاسوب في (٣٤٥) مدرسة كل عام.

٣-مرحلة التعميم الثانية: ١٩٩٢- ١٩٩٣ م): وتتضمن إدخال مختبرات حاسوب في (٣٤٥) مدرسة من المدارس الباقية بعد إجراء تقييم للمرحلة السابقة.

وعملت الدولة على إنتاج الحواسيب محليا بالاتفاق مع شركة بنها الإلكترونية التابعة لوزارة الإنتاج الحربي، لتزويد المدارس بالأجهزة اللازمة. وبالنسبة لتدريب المعلمين الموجهين، فقد تم تدريب (٣٨٢) معلما ومعلمة في (٧) مراكز تدريب عام (١٩٨٨) في القاهرة وأسيوط والزقازيق، وكذلك حوالي (٤٠٠) معلم ومعلمة عام (١٩٨٩)، وبرنامج التدريب المستمر وتحت إشراف وزارة التربية والتعليم، ويشتمل برنامج التدريب على تعليم لغة الحاسوب لوغو، وبيسك، ثم برامج تطبيقية تشمل الجداول الإلكترونية، وقواعد البيانات، بالإضافة إلى مقدمة تاريخية عن الحواسيب. وهناك لجنة مكلفة بوضع الكتب المدرسية ودليل المعلم في التعليم بالحاسوب، ويسهم فيها أساتذة من الجامعات، والمركز القومي للبحوث التربوية، وتم الانتهاء من الكتاب المدرسي ودليل المعلم لكل من: الصف الأول الثانوي، والصف الثاني الثانوي العام، والتجاري والفني.

ولكن مهما كان الأمر فإن من الواضح أن الدول العربية لا تزال في بداية الطريق لاستخدام برامج تكنولوجيا المعلومات والاتصالات في العملية التعليمية، سواء أكان ذلك على مستوى الإدارة المدرسية، والعملية التعلمية التعليمية.

الفصـــل الثالث

برامج تكنولوجيا المعلومات والاتصالات

١- الرخصة الدولية لاستخدام الحاسوب (ICDL)

٢- دورات سيسكو (Conrtruction industry Service Corporation)

٣- دورات هندسة نظم التشغيل

٤- دورات صيانة الحاسوب

٥- دورات مطوري البرمجيات (MCAD VISUAL BASIC)

٦- دورة وورد لينكس (WORD LINKS)

٧- إنتل التعليم للمستقبل (INTEL)

برامج تكنولوجيا المعلومات والاتصالات

انتشر استخدام برامج تكنولوجيا المعلومات والاتصالات في السنوات الأخيرة في العديد من الدول وعلى مختلف المستويات، وبالأخص على مستوى المدارس التي وظفت برامج تكنولوجيا المعلومات والاتصالات إدارياً وتعليمياً. ولما كانت وزارات التربية والتعليم معنية بشكل رئيس بإعداد جيل جديد من حملة المعرفة (طاهر، ٢٠٠٢)، فقد سعت إلى استخدام برامج تكنولوجيا المعلومات والاتصالات في الإدارات المدرسية، إذ تسارعت عملية التطور في قطاع تكنولوجيا التعليم الأمر الذي شجع وزارة التربية في الأردن -وعلى سبيل المثال- على استخدام الحاسوب في العملية الإدارية والتعليمية منذ عام ١٩٩٥. وفي إحصائية أجرتها وزارة التربية والتعليم الأردنية بعنوان " إحصائية قاعدة البيانات للمدارس" لعام (٢٠٠٤) بلغ عدد المدارس المزودة بأجهزة حاسوب (٢٥٠٠) مدرسة من أصل (٢٩٩٦) مدرسة موزعة على (٣٤) مديرية تربية وتعليم في مختلف محافظات المملكة، أي ما نسبته (٣و٨٣%) من العدد الكلي للمدارس. إن ربط المدارس الأردنية بخدمة الإنترنت في عام (١٩٩٥) من خلال المجلس الوطني للمعلومات عبر الولايات المتحدة الأمريكية مباشرة من خلال مؤسسة سبرنت لينك الأمريكية (Sprint Link) وفر الاتصال بمؤسسات القطاع العام والجامعات، ثم انتشر ليشمل القطاع الخاص عبر هيئة تنظيم قطاع الاتصالات بإشراف المجلس الوطني للمعلومات (سعادة و آخرون، ٢٠٠٣).

ولكن هذه البرامج تطلبت التدرب على كيفية التعامل معها ومع تجهيزاتها ، لذا عمدت وزارات التربية والتعليم إلى استخدام برامج تكنولوجيا المعلومات والاتصالات باتجاه تطوير الأداء الإداري في المدارس الاستكشافية ، الذي يهدف إلى إحداث تغير تربوي جذري في الموارد البشرية ينسجم مع الاحتياجات الوطنية والتحديات العالمية في عصرنا الحاضر ، من خلال تنظيم مجموعة من الدورات التدريبية على مستويات عدة وعلى مراحل لإكساب العاملين المهارات الأساسية في الحاسوب (Basic Computer Skills) وبرامج تكنولوجيا

المعلومات والاتصالات (وزارة التربية والتعليم، ٢٠٠٦)، وقد شملت هذه الجهود تدريب الإداريين والمعلمين والعاملين على البرامج الآتية:

١- الرخصة الدولية لاستخدام الحاسوب (International Computer (ICDL Driving License

تمثل الرخصة الدولية لاستخدام الحاسوب معياراً دقيقاً لمقدار كفاءة ومؤهلات مستخدم الحاسوب وتطبيقاته ومهاراته، وذلك طبقاً لمعايير عالمية. إذ تعد الشهادة الدولية الأشهر والأوثق المعترف بها في جميع أنحاء العالم، والفئة المستهدفة للتدريب هي الكوادر الإدارية والتعليمية والفنية في وزارة التربية والتعليم.

وهناك صيغتان عالميتان تستخدمان للدلالة على مفهوم رخصة استخدام الحاسوب وهما:

- الرخصة الدولية لاستخدام الحاسوب.

International Computer Driving License - ICDL

- الرخصة الأوروبية لاستخدام الحاسوب .

European Computer Driving License - ECDL

وقد اعتمدت وزارات التربية والتعليم الرخصة الدولية لاستخدام الحاسوب، لتكون معياراً لاكتساب مهارات استخدام الحاسوب وتطبيقاته (الفزاع وأبو حليوة، ٢٠٠٤).

نشأة الرخصة الدولية:

في عام (١٩٩٤) نشأ برنامج الرخصة الدولية لقيادة / الحاسوب في فنلندا حيث عرف باسم (ICDL) وبعدها في أوروبا باسم (ECDL) عام (١٩٩٧) تحديدا في ايرلندا ، ومع نجاح هذه التجربة في أوروبا في العمل على توحيد معايير تدريب الأفراد وتنمية مهاراتهم واختيارهم للمهام المتاحة بسوق العمل، واعتبار هذه الشهادة أحد مسوغات التعيين الأساسية ، بدأ تطبيق هذه الشهادة في عدد من الدول خارج أوروبا . حيث

أخذت اليونسكو على عاتقها نشر برنامج ICDL في الدول العربية كممثل رسمي ووحيد للبرنامج، وذلك عن طريق مكتب اليونسكو في القاهرة.

المنهاج:

المنهاج الدراسي المعتمد للرخصة الدولية لقيادة الحاسوب الإصدار ٣،٠ والذي يتكون من سبع وحدات دراسية:

١- المفاهيم الأساسية لتكنولوجيا المعلومات (IT):

وتتطلب معرفة المكونات الرئيسة للحاسوب وفهم أساسيات تقنية المعلومات مثل تخزين البيانات والذاكرة والبرامج التطبيقية في المجتمع واستخدام شبكات الحاسوب والمعلومات والمعرفة بالمصطلحات الحاسوبية وأمن المعلومات.

٢- استخدام الحاسوب ومعالجة الملفات:

وتتطلب إظهار المعرفة والعلم في استخدام المهام الأساسية للحاسوب ونظم التشغيل في إدارة الملفات وتنظيم الأدلة والحفظ والنقل والنسخ الاحتياطي.

٣- معالج النصوص:

ويتطلب الإلمام والقدرة على استخدام تطبيقات معالج النصوص على الحاسوب من تنسيق وتحرير وطباعة حتى دمج المراسلات.

٤- جداول البيانات:

وتتطلب فهم أساسيات الجداول الإلكترونية وتوضيح القدرة على استخدام الجداول على الحاسوب والمعادلات البسيطة والمخططات البيانية.

٥- قواعد البيانات:

وتتطلب فهم أساسيات قواعد البيانات وإظهار القدرة على استخدام قواعد البيانات على الحاسوب بما فيها النماذج والاستعلام والتقارير.

٦- العروض التقديمية:

وتتطلب إظهار المقـدرة اللازمـة لإعداد العروض التقديمـية المدعمـة بالأشـكال والصور والرسوم والصوت على الحاسوب.

٧- المعلومات وتكنولوجيا الاتصالات (الإنترنت):

أ- الجزء الأول يتطلب إكمال أساسيات البحث في شبكة الانترنت باستخدام متصفح للإنترنت.(وزارة التربية والعليم، دليل الرخصة الدولية لقيادة الحاسوب).

ب- الجزء الثاني يتطلب القدرة على استخدام البريد الإلكتروني في استقبال وإرسال الرسـائل وربـط المسـتندات مـع رسائل البريـد الإلكـتروني باسـتخدام برنامج Outlook Express.

فوائد الشهادة:

تمثل الرخصة الدولية لقيادة الحاسوب معيارا قياسيا لمهارات استخدام الحاسوب وتطبيقاته، حيث تعتبر الشهادة الدولية الأشـهر والأوثق والمقبولـة والمعـترف بهـا في جميع أنحاء العالم لإثبات قدرة حاملها على استخدام الحاسوب وتطبيقاتـه بالمسـتوى المطلوب لأداء الأعمال، ومن فوائدها على مستوى:

١- الأفراد

- رفع مستوى الوعي الحاسوبي والثقافة المعلوماتية.

- تحديث المهارات الحاسوبية والمعارف المعلوماتية.

- تحسين المجالات المتوقعة للتوظيف.

- تحقيق مستوى أداء وظيفي أعلى.

- التمتع بتأهيل دولي موثوق.

٢- المؤسسات

- توفير مقياس محدد وواضح للمهارات الحاسوبية.

- توفير معيار قياسي لتوظيف وترقية العاملين .

- تحسين معدلات الاستثمار في مجال المعلوماتية.

- رفع مستوى الجودة وكم الإنتاجية للعاملين .

- التقليل من أعمال الدعم الفني الحاسوبي.

- المساعدة في إعادة تأهيل العاملين حاسوبياً ومعلوماتياً.

٣- المجتمع

- تجسير فجوة التخلف التقني.

- التوعية بأهمية المعارف التقنية والمهارات الحاسوبية.

- رفع مستوى خدمات التدريب.

- خلق فرص عمل جديدة ومتنوعة.

- جذب الاستثمارات الداخلية في مجال المعلوماتية.

- تسهيل اندماج الأفراد في المجتمع المعلوماتي.

htt://www.csccs.hu.jo/icdl-office.htm

وهناك مجموعة من الأهداف العامة والفوائد لهذه الجهود التدريبية تعود على الإداريين تتعلق برفع مستوى الـوعي الحاسوبي والثقافة المعلوماتيـة، وتحـديث المهارات الحاسوبية والمعارف المعلوماتية، وإكساب الإداريين المهارات الحاسـوبية المناسبة لاستخدامها في مجـال عملهم، وتحقيق مستوى أداء وظيفي أعلى، وتوفير معيار لتوظيف وترقية الإداريين، وتحسين معدلات الاستثمار في مجال المعلوماتيـة، ورفع مسـتوى الجـودة وكـم الإنتاجيـة للعـاملين ، والتقليل من أعمال الدعم الفني الحاسوبي (وزارة التربية والتعليم ، ٢٠٠٢) . كما تشمل

إعداد فريق من الإداريين وفنيي الحاسوب، وذلك للحصول على شهادة (ICDL)، ليأخذوا على عاتقهم تدريب الفئات التربوية لاحقاً (مبسلط، ٢٠٠٥).

٢- دورات سيسكو (Conrtruction industry Service Corporation)

وهي دورات تدريبية تقوم على تقديم الخبرة المتميزة للإداريين وفنيي الحاسوب بأعلى مستوى في مجال شبكات الحاسوب وطرق تركيبها، وتخفف العبء المالي على الوزارة لصيانة الشبكات وتركيبها لوجود ملاك متخصص في ذلك وعدم الاعتماد على القطاع الخاص. كما تزيد قدرة الإداريين وفنيي الحاسوب على استيعاب فكرة الشبكات وطرق عملها على الواقع، مما يجعل المتدرب قادراً على فهم وحل ما يواجهه من مشكلات أو تركيب أو صيانة شبكات الحاسوب لدى الوزارة ومختبراتها، ومدة هذه الدورة (٢٨٠) ساعة تدريبية (شلبي، ٢٠٠٦).

٣- دورات هندسة نظم التشغيل:

وهي دورات تدريبية تهدف إلى تدريب الإداريين (مديري المدارس، والمعلمين وفنيي مختبر العلوم والحاسوب، والمرشدين التربويين، وأمناء المكتبات، والكتبة)على نظم تشغيل برامج تكنولوجيا المعلوما والاتصالات والتعامل معها، ومدة هذه الدورة (٢٢٨) ساعة وذلك بالتعاون مع شركة التدريب (Executives of Jordan).

٤- دورات صيانة الحاسوب:

تهدف هذه الدورات إلى تدريب فنيي ومعلمي الحاسوب والإداريين في وزارة التربية والتعليم وتأهيلهم ورفع كفاءاتهم لصيانة الحواسيب الشخصية والشبكات لتمكنهم من تقديم الدعم الفني لمدارس التربية من أجل المساهمة في دعم قطاع التعليم وتنفيذ خطط الوزارة المستقبلية ومدة هذه الدورة (١٢٠) ساعة تدريبية (مبسلط، ٢٠٠٥).

٥- دورات مطوري البرمجيات (MCAD VISUAL BASIC):

تهـدف الـدورات إلى تطـوير برمجيـات لتحسـين الأداء الـوظيفي للمعلمـين والإداريين، واستخدام التجهيزات المتوافرة في وزارة التربيـة والتعليم، وتـدريب كـادر الوزارة الفني والإداري على برامج فنية مختلفـة كـل في مجالـه للرقـي بمستوى الأداء الإداري والوظيفي له، ومدة هذه الدورة (١٩٢) ساعة (شلبي، ٢٠٠٦).

٦- دورة وورد لينكس (WORD LINKS):

تهدف هـذه الـدورة إلى التـدريب عـلى اسـتخدام بـرامج تكنولوجيا المعلومات والاتصالات، من خلال تطوير الأداء على مستوى الإدارة المدرسية، والانتقال إلى بيئـة تسـاند تطـوير الإدارة المدرسية باستخدام التجهيـزات الحديثـة بـبرامج تكنولوجيا المعلومات والاتصالات، ومدة هـذه الـدورة (٨٠) سـاعة تدريبيـة (لينكس، ٢٠٠٣، ص٢٢).

كما هدفت تعريف المشاركين بالتكنولوجيا والمفاهيم والمهارات الأساسية اللازمـة لدخول عالم تكنولوجيا الشبكات والإنترنت "لأغراض التعليم والتعلم (لينكس،٢٠٠٣، ص١).

تمثـل وورد لينكس المنطقـة العربيـة " الفـرع العربي للمنظمـة العالميـة غير الحكومية"، وورد لينكس قد تأسست عـام (٢٠٠٣) م لتحسـين مخرجـات التعليم، والفرص الاقتصادية، ودعم قدرات الشباب العربي، وتعزيز التواصل بينهم مـن خـلال اسـتخدام التقنيـة والإنترنت، والتنميـة المهنيـة للمعلمـين والإداريين بهدف تطوير أساليب التعلم والتعليم في الغرفة الصفية لتحقيق نتائج تعليميـة أفضل. وتـربط وورلد لينكس المنطقة العربية والشباب العربي بشبكة تعلم عربية وعالمية، تحفـزهم على مشاركة معارفهم ونظرائهم في الـدول العربيـة والعـالم، وتعـزز العمـل التعـاوني بينهم، وتوفر لهم الفرص المناسبة لتطوير مهاراتهم، والعمل الحر، والمساهمة بنجـاح في اقتصاد المعرفة العالمي.

البرامج والإنجازات

أطلقت المنظمة العالمية أول برنامج تدريبي في الأردن أواخر العام ٢٠٠٣، بهدف تـدريب (٤٠٠) إداري ومعلـم في (١٠٠) مدرسـة في أنحـاء المملكـة. وخـلال عـام ونصف، دربـت المنظمـة (٥٢٠) إداريا ومعلما في أكثر مـن مدرسـة عـلى المراحل الأربعة لبرنامج وورلد لينكس، ونتيجة للنجاح المتميز للبرنامج وأثره الواضح في إكساب الإداريين والمعلمين مهارات توظيف التكنولوجيا في المناهج الدراسية، وتفعيل دور الطالب بصفته محور العملية التعليمية، طلب وزير التربية والتعليم مضاعفة حجم البرنامج ليشمل أكثر مـن (١٠٠٠) إداري ومعلـم جديـد في (٣٠٠) مدرسـة. إضافة إلى ذلك، طورت المنظمـة بالتعاون مـع الـوزارة وشركة المجموعة المتكاملة للتكنولوجيا مواد تدريب لـدمج بوابة التعلم الخاصة (Eduwave) لـدعم التعلم والتعليم في الغرفة الصفية. كما ونفذت أول اختبـار للمعلمين لفحص مهاراتهم في مجال توظيف التكنولوجيا في التعليم وتم اعتماد برنامج وورد لينكس للتنميـة المهنية للمعلمين في نظام رتب المعلمين، لتأهيل المعلـم للترقيـة إلى رتبـة معلـم أول وزيادة الرواتب المرتبطة بها وتعمل حاليا وورد لينكس المنطقة العربية مـع الـوزارة لوضع الخطط المناسبة لتوسيع البرنامج ليصل (٥٠٠٠) إداري ومعلم جديد وبالتالي ما يقارب (٤٠٠,٠٠٠) طالب مع نهايـة عـام (٢٠٠٧) كمـا دعيـت المنظمـة لتقييم مرحلـة تـدريب المعلمـين كجـزء مـن مبـادرة التعليم الأردنيـة. www.wlar.org.
ask@wlar.org

٧- إنتل التعليم للمستقبل (INTEL):

يعد هذا البرنامج مبادرة عالمية واسعة النطاق؛ لمساعدة المعلمين والإداريين عـلى استخدام برامج تكنولوجيا المعلومات والاتصالات مـن خـلال حقائب تعليميـة تقوم على التخطيط، والتنفيذ، والمتابعة، هادفة إلى تحقيـق العمـل التعـاوني الـذي يرتقـي بالإداريين والمعلمين لـدمج تقنيـة الحاسوب بفاعليـة في المؤسسـة التربويـة بهدف تحسين مستوى أدائهم في المدارس (مبسلط، ٢٠٠٥).

وحرصاً من وزارة التربية والتعليم على دعم هذا البرنامج وتعزيزه، فقد تم اعتماده لرتب المعلمين بواقع (١٢٠) ساعة تدريبية بالتعاون مع شركة إنتل، وحالياً يتم تدريب عدد من الإداريين والمعلمين في الميدان (المجالي وآخرون، ٢٠٠٥).

سوف تستثمر إنتل على مدار ثلاث سنوات مبلغ مليون دولار أمريكي في شكل مبالغ نقدية ومعدات وتطوير المناهج الدراسية وإدارة البرنامج لتدريب أكثر من ٤٠٠٠٠٠ معلم صف في ٢٠ بلد حول العالم.

هدف البرنامج:

" الحل السحري ليس في أجهزة الحاسوب، ولكنه في المعلمين"

يجسد هدف هذا البرنامج إدراك أن كافة الأجهزة التعليمية المستخدمة في الصفوف حاليا ليس لها قيمة إذا كان المعلمون لا يعرفون كيف يستخدمونها بفعالية. حيث يقول المدير التنفيذي لإنتل كريج باريت أن " الحل السحري ليس في أجهزة الحاسوب، ولكنه في المعلمين".

الغاية من برنامج إنتل- التعليم للمستقبل:

- مساعدة المعلمين والإداريين والعاملين في وزارة التربية والتعليم على توسيع آفاق إبداعهم وإبداع طلبتهم، لكي تنطلق خارج حدود الفصل. وذلك من خلال استخدام القدرات المتعددة لتقنيات الاتصال والمعلومات في إثارة خيال الطلبة والتقدم بهم في النهاية نحو تعلم المزيد.

- تدريب المعلمين والإداريين على كيفية تشجيع التعلم القائم على مشروعات، ودمج واستخدام تقنيات الاتصال والمعلومات بفاعلية في المناهج الدراسية؛ لتدعيم التعلم والتعليم ومهارات البحث والتفكير والاستقصاء وحل المشكلات.

لقد قام بالتدريب على هذا البرنامج :

- مجموعة من الإداريين في وزارة التربية والتعليم.

- مديرو الصيانة.

- قسم الامتحانات.

- قسم التزويد واللوازم.

- المختبرات.

حيث قاموا بعمل حقيبة إلكترونية لمهام وعمل الأقسام التي ينتسبون إليها.

لقد خطت وزارة التربية والتعليم خطوات واسعة باتجاه تطوير دور الإدارة المدرسية لخدمة العملية التعليمية باستخدام برامج تكنولوجيا المعلومات والاتصالات وقامت بإنجاز عدة مشاريع ومكتبات إلكترونية ومراكز لتكنولوجيا التعليم وبوابات إلكترونية وذلك من خلال مداخل أهمها:

- مركز الملكة رانيا لتكنولوجيا التعليم:

تم إنشاء هذا المركز لخدمة التعليم في الأردن وتطويره. ومنذ أن تم افتتاحه عام (٢٠٠١) وهو في تطور مستمر. ومن أهم أهدافه السعي لأن يكون مركزاً رئيساً للمعلومات في وزارة التربية (Data Center) بحيث يتم ربط ما يزيد على (٣٠٠٠) مدرسة مع المديريات ومراكز مصادر التعلم عبر مركز الملكة رانيا العبد الله بشبكة داخلية (إنترانت) بالألياف الضوئية وأن يكون القاعدة الرئيسة لربط المدارس عبر مشروع التعلم الإلكتروني (E-Learning)، وعقد دورات وامتحانات (ICDL) لمديري المدارس علماً بأنه معتمد لعقد دورات (CISCO) ومنح شهاداتها ومرجعاً لتكنولوجيا التعليم والمعلومات لكل الإداريين في مختلف المجالات الإدارية (مؤتمن، ٢٠٠٤).

- البوابة الإلكترونية:

وهدفها الربط بين المركز والوزارة والمديريات والمدارس من خلال منظومة التعلم الإلكتروني (EMS Eduwave platform) مما يسهل على الإدارات المدرسية إدخال العلامات الشهرية والفصلية والسنوية لجميع الطلبة في المملكة ولكافة المراحل، علاوة على إدخال الشهادات المدرسية وأسماء جميع الطلبة. كما تم إدخال أسماء المعلمين والمعلمات في كل مدرسة بالمملكة مع السيرة الذاتية، مع إعطاء رقم سري لكل موظف لسرية المعلومات. هذا فضلاً على أن هذا المشروع يساعد على اطلاع أولياء الأمور على علامات أبنائهم دون الرجوع إلى معلم الصف، واختصار الوقت على الإداري الذي يعد حلقة الوصل بين الطالب والمعلم وأولياء الأمور. وقد تم تنفيذ ذلك عام ٢٠٠٤ بالتعاون مع المختبرات المتوافرة في المدارس المجاورة للمركز (مبسلط، ٢٠٠٥).

الفصل الرابع
الإدارة المدرسية

١- مفهوم الإدارة المدرسية

٢- دور الإدارة المدرسية في توظيف برامج تكنولوجيا المعلومات والاتصالات

٣- العقبات والصعوبات التي تواجه الإدارات المدرسية

٤- دواعي استخدام الإدارات المدرسية لبرامج تكنولوجيا المعلومات والاتصالات في العملية التعليمية

٥- أثر تكنولوجيا المعلومات والاتصالات في الإدارة المدرسية

الإدارة المدرسية

مفهوم الإدارة المدرسية:

إن أي مؤسسـة مهـما كانـت كبـيرة أو صـغيرة تحتـاج إلى إدارة تـدير شـؤونها مستخدمة كل طاقاتها المادية والبشرية، من أجل الحصـول عـلى أفضل النتـائج لـذا تناول العديد من الباحثين تعريف الإدارة المدرسية، إذ عرف روبرت هـارس(Robert Harris, 1976, 126) الإدارة المدرسـية بأنـه سـلوك يصـدر عـن الفـرد أو جماعـات العمل في إطار تنظيم العمل وإجراءاته من أجل تحقيق هدف معين.

أما(اللواتي، ٢٠٠٤، ص١٢) فيرى أنه تفحص المهـام والسـلوكيات التـي يجـب أن يؤديها الإداري في ظل الإصلاحات التعليميـة التـي تشـهدها مختلـف دول العـالم، وقسمه إلى تسعة مجالات ذات العلاقة بالعمليـة التربويـة وهـي التعليـم والـتعلم، ومجال النمو المهني، ومجـال التقـويم، والمـوارد البشـرية، والرؤيـا والقيم الأخلاقيـة، والمجتمـع المحـلي، والبيئـة المدرسـية، ومجـال الأهـداف المدرسـية، والشـؤون الماليـة والإدارية.

كما أنها كل ما يقوم به المدير من قول أو فعل أو تقرير في مدرسته، هادفاً إلى معرفة حاجات الطلاب، ليعمل على تلبيتها متوخياً تحقيق أهداف المؤسسـة التربويـة والتي تحددها المجالات التالية: وهي علاقة المدير بالطالب، والمعلم والمجتمع المحلي، وحفظ النظام في المدرسة وتوفير حاجات الطلاب اللازمة. (النوباني، ١٩٩٣، ص ١٢).

وعرفها حواشين (١٩٨٨، ص٦) "بأنـه الأعمال التـي يقوم بهـا مـدير المدرسـة الحكومية أثناء قيامه بواجبه الرسمي بهدف رفع مستوى أداء المعلمين التعليمي".

ويطلق تعبير الإدارة المدرسية على الأعمال التي يؤديها الإداريون في المستويات الإدارية الثلاثة وهم موظفو الإدارة العليا، وهي النخبة التـي تمـارس الرقابـة عـلى إعـداد وتنفيـذ السياسات العامـة، وصـلتهم وثيقـة مـع الإدارة الوسـطى مـن خـلال الاجتماعـات واللقـاءات ومناقشة التقارير، وعنصر الرقابة والإشراف الذي يمارسونه، لذلك فإن لديهم نطاق إشراف

أكبر، وموظفو الإدارة الوسطى، ويقصد بهم موظفو الإدارة العليا في مديريات التربية والتعليم الذين يقومون بتسهيل مهام الإدارة الدنيا ومراقبة أعمالها وموظفو الإدارة الدنيا، وهـم مـديرو المـدارس الـذين يهتمـون برسـم الخطـة لتنفيـذ أهـداف الإدارة ومواجهة الحاجـات و الظـروف والصعوبات الخاصـة بالمدرسـة. (نشـوان،١٩٨٥، ص ١٣٨).

دور الإدارة المدرسية في توظيف برامج تكنولوجيا المعلومات والاتصالات:

إن الإدارة المدرسية تتسم بالتعقيد والتشابك والاتساع، نظراً لصلتها بجميع شرائح المجتمع. ولتعدد أطرافها وتنوع انتماءاتهم واهتماماتهم، وتنوع المؤسسات التعليمية على المستوى المحلي بحكم تأثر هذه المؤسسة الكبير بالمعطيات البيئية والاجتماعية. كما أن الإدارة المدرسية تتعامل مع جمهور متحرك دائم التغيير، وحاجات متجددة، ومناهج دائمة التطوير، وتبعاً لتطويرها تتطور الاستراتيجيات والوسائل والمهام. وإذا كانت العملية الإدارية المدرسية تتصف بهذه الخصائص، فإن عليها أن تهتم بتطوير أدائها لتواكب تطورات العصر وتستفيد من تقنياته وفي مقدمتها بـرامج تكنولوجيا المعلومات والاتصالات لتحقق جملة الأهداف المتوخاة مـن الإدارة المدرسية (عبـود، ٢٠٠٧).

إن الانفجار المعرفي وتدفق المعلومات في عصرنا وتطور وسائل الاتصالات، قـد ساعدت جميعها في إيجاد وسائل لحفظ المعلومات واسترجاعها عند الضرورة، والمهارة والإتقان في أداء الأعمال والعمليـات الإداريـة المعقـدة، والسـرعة في الحصـول علـى المعلومات، و برامج تكنولوجيا المعلومات والاتصالات هي أفضل وسيلة تحقق هذا الغرض، إذ توفر برامج تكنولوجيا المعلومات والاتصالات القدرة علـى إنجـاز أعـمال إدارية وفنية كثيرة، وبالتالي تقلل تكلفة العملية التعليمية (عامر، ٢٠٠٧).

ويشـير السـرطاوي (٢٠٠١) إلى أن دور الإدارة المدرسـية في خدمـة التطبيقـات الإدارية والتنظيمية من خلال توظيفها لبرامج تكنولوجيا المعلومات والاتصالات يمكـن أن ينعكس إيجاباً على المؤسسة التعليمية من خلال :

- تطبيقات إدارية على مستوى المدرسة، تشمل حفظ ملفات الطلبة، وتسهيل عمليات قبولهم وتسجيلهم، والامتحانات وإصدار شهادات النجاح والتخرج، وعمل الإحصائيات، وإصدار التقارير، والمساعدة في الجداول المدرسية، بالإضافة إلى الأنظمة الإدارية الأخرى التي تحتاجها المدرسة مثل نظام المستودعات والنظام المالي ونظام المشتريات، وتنسيق النصوص، وتسهيل عملية المراسلات، والتخطيط للدروس والمحاضرات.

هناك أكثر من مبرر لاستخدام برامج تكنولوجيا المعلومات والاتصالات في الإدارة المدرسية، فهي تساعد الإداريين على الاتصال بالعالم الخارجي بأسرع وقت ممكن وبأقل التكاليف، وإمكانية الوصول إلى أكبر عدد من الجمهور والمتابعين في مختلف أنحاء العالم ويليامز (Williams ,٢٠٠٢)، كما أن الدور الجديد للمدير في ظل ما توفره برامج تكنولوجيا المعلومات والاتصالات يطرح مسؤوليات كبيرة باتجاه تزويده بأساسيات برامج تكنولوجيا المعلومات والاتصالات لزيادة الإنتاجية وتوفير الوقت والجهد. كما تؤثر برامج تكنولوجيا المعلومات والاتصالات في الإدارة المدرسية من خلال الأعمال الكثيرة التي توفرها ممثلة في بناء قاعدة بيانات للإداريين والمعلمين والطلبة، وتنظيم الجداول المختلفة وإعداد الكتب الإدارية وغيرها من الاستخدامات التي يصعب حصرها (أبو ناصر، ٢٠٠٣).

إن برامج تكنولوجيا المعلومات والاتصالات تمتلك من الخصائص الكثير لتسهيل عمل هذه الإدارات في هذا الإطار، فبوساطتها يمكن تأمين المعلومات المتعلقة بالمستخدمين، وكذلك كشوف المرتبات، وميزانياتها التفصيلية وموجودات مخازنها ومكتباتها ومختبراتها، كما يمكن بوساطة برامج تكنولوجيا المعلومات والاتصالات عمل الإحصاءات التربوية المتعلقة بأعداد الطلبة، ونسب النجاح والرسوب والتسرب المدرسي، مبوبة بحسب المراحل الدراسية والمقررات التخصصية والأعمار والجنس علاوة على جدولة المقررات الدراسية وسجلات استعارة الكتب والمشتريات وكشوف بالمناسبات والفعاليات والانشطة المدرسية, على امتداد العام الدراسي إلى غير ذلك من مهام (شحادة، ٢٠٠١).

ويمكن تصنيف مجالات استخدام برامج تكنولوجيا المعلومات والاتصالات في الأنظمة التربوية في ثلاثة مجالات رئيسة تتضمن استخدام الحاسوب كمادة تعليمية، أو ما يسمى

ثقافة الحاسوب، استخدام برامج تكنولوجيا المعلومات والاتصالات كوسيلة مساعدة في التعليم، واستخدام برامج تكنولوجيا المعلومات والاتصالات في إدارة المنظمات التربوية كاستخدامها في الامتحانات وتحليلها وحفظ الملفات، وضبط الشؤون المالية، وشؤون الموظفين(Heinich,١٩٨٩).

ويذكر الخرابشة (٢٠٠٤) أن من مميزات النظام التربوي أن يتكامل مع نظام الحكومة الإلكترونية وأي أنظمة حاسوبية أخرى لها علاقة بالنظام التربوي، وأن يخصص له موقع على شبكة الإنترنت، يتيح لجميع العاملين في الوزارة والمراجعين وأولياء أمور الطلبة استخدامه بسهولة في أي وقت. وأن يمتاز بسهولة إدخال البيانات وسهولة تدقيقها وإدارتها. وأيضاً أن يتم إدخال البيانات في المدرسة من خلال موقع النظام على شبكة الإنترنت.

من جانب آخر فإن برامج تكنولوجيا المعلومات والاتصالات تقدم المعلومات للمديرين، والعاملين والمتخصصين، والباحثين، وأولياء الأمور، والطلبة، عن عمل المدرسة أو الدائرة التعليمية وتخصصاتها، وتمنح الفرصة للإدارات المدرسية أو الإدارات العليا على التنبؤ الأقرب إلى الدقة عند التخطيط للمراحل اللاحقة، كالتنبؤ بأعداد الطلبة واتجاهاتهم وميولهم, والتسرب الدراسي (البدري، ٢٠٠٥)، كما تمنح المؤسسة التعليمية الفرصة لتقويم عملها بصورة مستمرة، من خلال مراجعة أدائها عبر مرحلة زمنية معينة، وتصحيح مسارات هذا العمل بشكل دائم، ومساعدة الإدارات المدرسية والإدارات الوسطى في تزويد الإدارات العليا بتقارير دورية دقيقة وسريعة تتسم بالثبات والوضوح عن سير عملها والإحصاءات ذات الصلة بأنشطتها، بالإضافة إلى البث الانتقائي للمعلومات، أي نشر معلومات مختارة للتعرف بطبيعة عمل المؤسسة التعليمية، بحسب حاجة المستخدمين من باحثين وأولياء أمور وغيرهم، والرد على استفسارات المتعاملين مع المؤسسة التربوية بما يوفر إجابات جاهزة وسريعة ودقيقة دون إشغال المؤسسة بتفاصيلها (عبود ،٢٠٠٧).

والإداريون في وزارة التربية والتعليم الأردنية يواجهون مجموعة من العقبات أثناء أدائهم الإداري ، وفي مجال حديثنا عن الصعوبات التي تواجه الأداء الإداري على مستوى الإدارة الوسطى ومديريات التربية التابعة لها في وزارة التربية والتعليم الأردنية واستخدام برامج تكنولوجيا المعلومات والاتصالات في الأداء الإداري فقد أثار المهتمون جملة من النقاط وتتمثل فيما يلي :

العقبات والصعوبات التي تواجه القيادات التربوية في وزارة التربية والتعليم:

- بعد القيادة التربوية عن مجرى التطور في علوم الإدارة والتكنولوجيا الإدارية الحديثة وعدم إفادتها من نتائج هذه العلوم وأدواتها في تطوير نفسها أو التغلب على مشكلاتها.

- غياب التخطيط والتنظيم والتوجيه والرقابة والتنسيق بين القيادات التربوية فيما يتصل بتنفيذ الفلسفة التربوية، وبين القيادات في وزارة التربية والتعليم الأردنية مما لا يفسح مجالاً لروح المبادرة والإنتاجية.

- وجود فجوة كبرى بين المجتمع المحلي والمؤسسات التربوية وإداراتها لفقدان الاتصال والتواصل بينهما من حيث استطاعة المجتمع المحلي متابعة ما يجري داخل المؤسسات التربوية و التعليمية.

- الهدر الزائد في الموارد المالية والبشرية من حيث عدم وضوح الآليات المتبعة.

- إن القيادات التربوية وسيلة لتحقيق أهداف المجتمع في التطور والرفاهية وليست سبيلاً للتسلط والهيمنة والاستعلاء على المتعاملين معها سواء أكانوا من الموظفين أو العاملين في القيادة التربوية وذلك لعدم وجود هيكل واضح ومحدد ومطبق على أرض الواقع.

- عدم وجود نظام رقابة دقيق وفعال وتجاوز للصلاحيات الموكلة للإداريين التربويين داخل المؤسسات التربوية (شاويش، ١٩٩٣، ص ٤٩٨).

- لا يستطيع أي نظام إداري أن يدعي لنفسه القدرة على الاكتفاء بوسائله التقنية وبرامجه دون تغيير،وذلك تحت شعارالاستقرارفي هذاالعالم المتغير السريع التغير، إن

مواجهة التغير باحتمالاته ومشكلاته وبصوره المختلفة تتطلب قدرة على التفكير والمراجعة، وتتطلب مرونة في الحركة وقدرة على الاستيعاب والتحصيل في أسرع وقت وبأقل جهد.

- تواجه القيادة التربوية مشكلة جديدة، هي الانفجار المعرفي، وذلك من زوايا النمو المتضاعف للمعرفة واستحداث تعريفات جديدة لها، وظهور تكنولوجيات جديدة، وتضاعف جهود البحث العلمي، ولا بد للقيادات التربوية حينئذ أن تراجع مسؤولياتها، و ذلك لا يحدث إلا عن طريق القيادة القادرة على التجديد، والذي يمتلك سعة الأفق في التحصيل والبحث من أجل ملاحظة الجديد في هذا المجال (طواها، ٢٠٠٢، ص٤٣).

- يواجه القياديون العاملون في الإدارة التربوية تحدياً خطيراً من جانب وسائل التكنولوجيا والاتصال الحديثة بفضل ما حدث فيها من ثورة واسعة نتيجة للتطور التكنولوجي ، فهذه وسائل التكنولوجيا والاتصال الحديثة سريعة الحركة، شديدة التأثير، وهذا يحتم على القيادي تجديد نفسه وعلمه بهذه الوسائل واستخدامها والإفادة بوظيفتها ونقل كل ذلك إلى مؤسسته التربوية.

- يتطلب المجتمع الحديث من القيادي التربوي أن يكون قادراً على التطوير والإبداع والتفكير الخلاق إذ أن المجتمع لا يحتاج إلى القيادي الذي تعود تكرار معارفه وخبراته، وقد ثبت أن برامج تكنولوجيا المعلومات والاتصالات تنم القدرة على التفكير الإبداعي (أحمد، ٢٠٠٣، ص٤٣).

دواعي استخدام الإدارات المدرسية لبرامج تكنولوجيا المعلومات في العملية التعليمية:

هناك أسباب عدة وراء استخدام الإدارات المدرسية والاتصالات لبرامج تكنولوجيا المعلومات والاتصالات وهي:

١-الانفجار المعرفي وتدفق المعلومات:

يسمى عصرنا بعصر ثورة المعلومات وذلك بعد تطور وسائل الاتصالات، وقد أدى ذلك إلى ضرورة إيجاد وسيلة لحفظ المعلومات واسترجاعها عند الضرورة، فكانت تكنولوجيا المعلومات والاتصالات أفضل وسيلة تؤدي هذا الغرض.

٢- الحاجة إلى المهارة والإتقان في أداء الأعمال.

٣- الحاجة إلى السرعة في الحصول على المعلومة:

نتيجة لتطور برامج تكنولوجيا المعلومات والاتصالات، فقد أصبحت أفضل وسيلة توفر لنا المعلومات وفي أسرع وقت ممكن.

٤- توفير الأيدي العاملة:

تقوم برامج تكنولوجيا المعلومات والاتصالات بأعمال إدارية وفنية كثيرة، وبالتالي يوفر الأيدي العاملة اللازمة لهذه الأعمال، وكذلك يقلل تكلفة العملية التعليمية والإدارية.

٥- يوفر الوقت والجهد:

توفر برامج تكنولوجيا المعلومات والاتصالات الوقت والجهد الكافي للإداريين مما يمكنهم من القيام بأعمال أدارية أخرى.

وهنا يظهر أثر تكنولوجيا المعلومات والاتصالات في الإدارة المدرسية:

- توفير بيئة مناسبة للعملية التعلمية باستخدام التكنولوجيا ودعم ذلك.
- متابعة الطالب ومعرفة مدى استفادته من الحقيبة التعليمية.
- الحرص على المتابعة والمساءلة لتطبيق التكنولوجيا في الغرفة الصفية وفي الأعمال الإدارية.
- إدارة القرارات والواجبات والاختبارات.

- توفير الخدمات الضرورية جميعها للمعلم والمتعلم، وعدم الوقوف عند المشكلة وتعطيل العملية التعليمية.

- محاولة إزالة أي معيقات أو صعوبات محتملة من خلال المرونة في اتخاذ القرار (هوانة، ١٩٨٥ ص٤٥).

الفصــل الخامس
المدارس الاستكشافية

مفهومها

خطة مشروع المدرسة الاستكشافية

مقومات نجاح مشروع المدرسة الاستكشافية

أهداف المدرسة الاستكشافية

العناصر والمتطلبات الواجب توافرها في المدرسة الاستكشافية

خصائص الإداري والقائم على الأنشطة المدرسية في المدارس الاستكشافية

مميزات المدرسة الاستكشافية

- **المدارس الاستكشافية:**

مفهومها:

هي المدارس الحكومية التي تم اختيارها من قبل وزارة التربية والتعليم الأردنية لتكون بيئة تجريبية لكل ما تم تطويره من برامج تكنولوجيا المعلومات والاتصالات وتم تجهيزها بكل الإمكانات التكنولوجية واعتبارها بيئة مناسبة لتطبيق تلك البرامج من أجل تقديم أساليب إدارية إبداعية جديدة (الشناق، ٢٠٠٨).

ويرى عامر (٢٠٠٧) أن المدرسة الاستكشافية هي تلك المدارس التي تستخدم الحاسبات الإلكترونية (الحواسيب) والوسائط الرقمية المتنوعة وشبكات الاتصالات المختلفة في توصيل المعلومات إلكترونيا وبهيئاتها المتعددة إلى التلاميذ وذلك سواء كانوا متواجدين داخل أسوار المدرسة أو خارجها او داخل منازلهم.

أطلقت المبادرة التعليمية الأردنية (نموذج الشراكة بين القطاعين العام والخاص) رسمياً في حزيران عام ٢٠٠٣ خلال الاجتماع الاستثنائي للمنتدى الاقتصادي العالمي، الذي عقد في البحر الميت بهدف تسريع التنمية الاجتماعية والاقتصادية في المنطقة، حيث سيكون لهذه المبادرة الأثر الأكبر والفائدة في كل من القطاعين العام والخاص، وبشكل أكبر للمعلمين والطلبة والإداريين الأردنيين. وهو من المشاريع الحديثة التي تهدف إلى تزويد الإداريين والمعلمين بالتكنولوجيا اللازمة للمدرسة والغرفة الصفية لإيصال المادة التعليمية للطلبة، وتوفير جهاز حاسوب محمول لكل إداري ومعلم، إضافة إلى مختبرات للحاسوب، وتوفير البيئة التحتية اللازمة للشبكة الإلكترونية ذات الألياف الضوئية، وتطوير المناهج والمواد التعليمية الإلكترونية، وتوفير التدريب الإلكتروني للمعلمين والإداريين على تغيير الأساليب والمعتقدات بوصفهم ميسرين ومسهلين لعملية تعلم الطالب (الفار، ٢٠٠٣، ٦٥).

وعرفت" بأنها إحدى التطبيقات الحديثة للتعلم المبني على الإنترنت وتشتمل على اتصالات وأماكن خاصة إلكترونية يتواجد فيها المتعلمون ويرتبطون مع بعضهم بعضاً ومع المحاضرين وعن طريق الإنترنت" (قعوار، ٢٠٠٧، ص ٥٦).

وكان المسار الأول في المبادرة التعليمية الأردنية هو المدارس الاستكشافية التي عرفت " بأنها إحدى التطبيقات الحديثة للتعلم المبني على الإنترنت. وهي عبارة عن مدرسة إلكترونية تشتمل على اتصالات أو أماكن خاصة يتواجد فيها المتعلمون، ويرتبطون مع بعضهم بعضاً ومع المحاضرين عن طريق الإنترنت" (العجمي،٢٠٠٧، ص٥٦).

كما عرفت المدارس الاستكشافية على أنها "مجموعة من المدارس تم اختيارها من قبل وزارة التربية والتعليم الأردنية لتكون بيئة تجريبية لكل ما يتم تطويره من برامج تكنولوجية أو مناهج محوسبة، وتم تجهيزها بكل الإمكانات التكنولوجية واعتبارها بيئة مناسبة لتطبيق برامج تكنولوجيا المعلومات والاتصالات" (الحمران، ٢٠٠٦، ص١٦).

وعرفت على أنها تلك "المدارس التي تستخدم الحاسبات الإلكترونية والوسائط الرقمية المتنوعة وشبكات الاتصالات المختلفة في توصيل المعلومات الرقمية إلكترونياً وبهيئاتها المتعددة إلى التلاميذ وذلك سواء أكانوا متواجدين داخل أسوار المدرسة أم خارجها ام داخل منازلهم " (عامر، ٢٠٠٧، ص٨٦).

وبناءً على ما تقدم فإن مسار المدارس الاستكشافية يهدف إلى تقديم أساليب جديدة للتعلم ولبناء القدرات الإبداعية للإداريين وللمعلمين والطلبة وتعريفهم بالأساليب التعليمية الجديدة المتوافقة مع التطورات العالمية وإكسابهم المهارات الضرورية لمواكبة عصر الاقتصاد المعرفي في القرن الحادي والعشرين. ويقوم الفريق المعني بالمدارس الاستكشافية بتطوير التعليم وتطبيق المناهج وتوفير البنية التحتية في (١٠٠) مدرسة استكشافية وبالتالي الوصول إلى (٥٠٠٠٥) طالب و (٢٣٠٠) معلم ومعلمة وإداري وإدارية (عميرة، ٢٠٠٦).

ويقدم المسار أيضاً الفرصة للتطوير المستدام لصناعة تكنولوجيا المعلومات والاتصالات المحلية من خلال توفير البنية التحتية للمدارس الاستكشافية وتطبيقه (المبادرة التعليمية الأردنية،٢٠٠٣). وتم اختيار هذه المدارس داخل عمان إضافة إلى خمس مدارس في المحافظات الأخرى، كنماذج لمدارس ريادية تكون نماذج لمدارس المستقبل

(المدرسة الإلكترونية) ويتم فيها استخدام التكنولوجيا في الغرفة الصفية، وربطها بالإدارة المدرسية واستخدام المنهاج المحوسب.

لقد تم ربط جميع المدارس الاستكشافية بشبكة الانترنت وبمركز الملكة رانيا، وتمت عملية التجهيز خلال ثلاث مراحل، شملت المرحلة الأولى (١٣) مدرسة حكومية توافرت فيها الأجهزة والبنية التحتية اللازمة لذلك. وشملت المرحلة الثانية (٥٠) مدرسة استكشافية تم تجهيزها بكافة المعدات والأجهزة اللازمة لتوظيف برامج تكنولوجيا المعلومات والاتصالات في الغرفة الصفية. وتوسعت المرحلة الثالثة لتصل (١٠٠) مدرسة استكشافية في عمان إضافة إلى خمس مدارس خارج محافظة عمان تم تجهيزها بكافة الأجهزة والتقنيات لتفعيل منظومة التكنولوجيا في المدرسة، وتم الانتهاء من هذه المراحل في نهاية عام ٢٠٠٥، لتبدأ بعدها مرحلة التطبيق على أرض الواقع. وتعد المدارس الاستكشافية البيئة التجريبية لتوظيف برامج تكنولوجيا المعلومات والاتصالات في عمليات التعليم والتعلم فيها (عبد الله، ٢٠٠٦).

إن إنشاء شبكات الإنترنت المدرسية لا ينبغي أن يقتصر على شراء الأدوات والأجهزة اللازمة ثم مد التوصيلات المختلفة بينها، وترك كل شيء بعد ذلك رهناً لوقت استخدامه، بل لا بد في البداية من وضع خطة محددة المعالم للشبكة التي تم إنشاؤها والأدوار المنوطة بها، ويتم ذلك بتحديد الأهداف الإدارية والتعليمية التي من أجلها تم إنشاء شبكة الإنترنت، وتحديد المحيط الذي تغطيه الشبكة بعملها، هل هو محيط المدرسة فقط أم للمدرسة والمنطقة المحيطة بها بحيث تتصل بمنازل التلاميذ، أم عدة مدارس متجاورة، أم شبكة إنترنت للإدارة التعليمية كاملة في المنطقة المحلية. إن ذلك يحدد نوعية الشبكة التي سيتم إنشاؤها، وتدريب الإداريين والمعلمين والعاملين في المدرسة على استخدام شبكة الإنترنت وتفعيلها في عمليات الاتصال والبحث عن المعلومات، وتجهيز المكاتب الإدارية في المدرسة للاتصال بالشبكة (العمايرة، ٢٠٠٦).

وقد أشار حناش (٢٠٠٤) إلى فكرة المدارس الإلكترونية إذ تأتي خطوات إنشاء الشبكات اللازمة لربط الأنظمة الداخلية للمدارس المختلفة، والربط بين الإدارة المدرسية،

والمعلمين، والآباء، والطلبة،والإدارة العليا والمجتمع، بالإضافة للـربط بـين المدرسـة وشبكة أخرى، فإنها تربط أيضاً بين الجهات الإشرافية وفق احتياجات أطراف العمليـة التعليمية وتعاونهم الناجح، فضلاً عن الإفادة من موارد الكمبيوتر المتاحة في المـدارس الإلكترونية لخدمة المجتمع في ساعات ما بعد الدراسة، مما يجعل المدرسـة مجتمعـاً تقنياً متكاملاً. وبالتالي لا بد من الاعتماد على برامج تكنولوجيا المعلومات والاتصالات في الإدارة المدرسية تطبيقاً لمفهوم(المدرسة الإلكترونية).

وأوردت عميرة (٢٠٠٦) أن إنشاء المدرسـة الاستكشافية، ينقسم إلى شـقين، إداري وتعليمي: الشق الإداري: ويشمل إدارة شـؤون الطلبة، ومتابعة الـدرجات والنتائج، ومتابعة التنقلات، والجـداول المدرسية، والإدارة الماليـة والمحاسبية، وإدارة الموارد البشرية، والحضور والانصراف، وإدارة المخـازن والمشتريات، وإدارة المكتبـات، وأيضاً موقع تفاعلي للمدرسة بالإنترنت (جورج، ٢٠٠١)؛ أي بشكل عام يقوم الشـق الإداري بالمدرسة بخدمة كافة الأنشطة والمهام الإدارية والمحاسبية عـن طريـق إدارة وتخزين ومعالجة كافة البيانات والمعلومات وطباعة التقارير المتنوعة، وكذلك تحديد الموقع بالإنترنت تلقائياً. أما الشق التعليمي فيقـوم بتقـديم المعرفة المنهجيـة لكافـة الأطراف المعنية بالعملية التعليمية.

لقد تفهمت العديد مـن الـدول دور الشـبكات المدرسية في خدمـة العمليـة التعليمية والإدارة المدرسية وكانت الأردن واحدة مـن الدول التي عملت علـى إنشاء المدارس الاستكشافية انسجاماً مـع هـذا التوجـه، فمـا هـو دور الإدارة المدرسية في توظيف برامج تكنولوجيا المعلومات والاتصالات لخدمة العملية التعليمية في المدارس الاستكشافية الأردنية؟

خطة مشروع المدرسة الاستكشافية

وتقسم إلى قسمين كالآتي:

القسم الأول: ويضم أربع مراحل هي:

المرحلة الأولى:

ويتم فيها طرح الفكرة العامة للمشروع والتخطيط لنواة المدرسة الاستكشافية.

المرحلة الثانية:

ويتم فيها إيجاد نواة للمدرسة الاستكشافية من خلال التجريب على إحدى المدارس بتجهيز مختبر حاسوب فيها مناسب للقيام بتجربة عملية متكاملة، يمكن من خلالها ملاحظة وتقييم الإيجابيات والسلبيات تمهيداً لإجراء أية تعديلات مطلوبة.

المرحلة الثالثة:

ويتم فيها التخطيط للمدرسة الاستكشافية بالاستفادة من التجربة العملية في المرحلة الثانية.

المرحلة الرابعة:

يتم فيها تنفيذ المدرسة الاستكشافية وربط عدد من المدارس بها وتقييم هذه المرحلة.

القسم الثاني:

ويتم في هذا القسم التخطيط والتنفيذ المرحلي لربط بقية المدارس بناء على تقييم نتائج التجارب في المراحل السابقة.

مقومات نجاح مشروع المدرسة الاستكشافية:

لتحقيق أهداف مشروع المدرسة الاستكشافية، فإنه يجب توافر مقومات يستند إليها، ويمكن إجمالها في الآتي:

١- التمويل: حيث يمكن تمويل المشروع من خلال عدة جهات مقترحة مثل:

- الدعم الحكومي من خلال رصد ميزانيات مناسبة لتنفيذ المشروع بمراحله المختلفة.

- مساهمة القطاع الخاص ومشاركته في دعم المشروع بصورة مختلفة، سـواء مـن خلال الدعم المادي المباشر، أو التبرع بتجهيزات ومعدات تلزم المشروع.

٢- توفير الأجهزة والبرامج للمدارس.

٣- الدعم الفني والصيانة.

٤- توفير وسائل الاتصال من شبكات ومعدات لازمة.

٥- توفير دورات وبرامج تدريبية للمعلمين والإداريين والمشرفين التربويين حول آليـات الاستفادة من شبكة المشروع.

٦- وضع فصول خاصة في المناهج الدراسية حول كيفية استخدام الشـبكة والاسـتفادة من خدمتها، بالإضافة إلى التطبيق التعليمي.

٧- إقامة الندوات والمحاضرات لتبصير رجال التعليم بالمشروع وأهدافه ومزاياه.

٨- التوعية الإعلامية بالمشروع في كافة وسائل الإعلام المكتوبة والمسموعة والمرئية.

أهداف المدرسة الاستكشافية:

تهدف المدارس الاستكشافية إلى تحقيق الأمور الآتية:

١- توفير البرامج التعليمية والاستفادة منها داخل المدرسة وخارجها.

٢- التواصل بين فئات المجتمع التعليمي (الطالب والمعلم والمدير والمشرف وغيرهم).

٣- توفير الاتصال بمصادر المعلومات سواء بالمتخصصين أو بالمكتبات.

٤- اتصال الطالب بالمدرسة خارج الدوام المدرسي.

٥- نشر الثقافة الحاسوبية بين الطلبة.

٦- الاستفادة من تجارب الآخرين ونجاحهم في هذا المجال.

٧- الاطلاع عـلى آخـر المسـتجدات العلميـة في مجـال الإدارة والتعلـيم (السرطاوي، ٢٠٠٣).

العناصر والمتطلبات الواجب توافرها في المدرسة الاستكشافية:

من أجل نجاح المدرسة الاستكشافية فلا بد من توافر عـدة عوامـل وعناصـر أساسـية منها:

١-أعداد كبيرة من أجهزة الحواسيب ويفضل وجود جهاز واحد لكل تلميذ.

٢-برامج تشغيلية متخصصة للمدرسين لتحضير الدروس والامتحانات وتقييم ومراقبـة التلاميذ.

٣-برامج تشغيلية خاصة بالتلاميذ واستغلال النظام بالأسلوب الأمثل.

٤-شبكة اتصالات عالية الكفاءة تستطيع أن تنقل كماً كبيراً مـن المعلومـات الرقميـة وبسرعات عالية تربط هذه الشبكة كل التلاميذ وأساتذتهم داخل جدران الفصل الواحد وقد تكون هذه الشبكة سلكية أو لاسلكية كمـا تـربط فصـول وأقسـام وإدارة ومكتبة المدرسة كلها معاً والتي تكون شبكة سلكية في معظم الأحيان.

٥-اتصال مباشر بشبكة الإنترنت، حتى يمكن إتمام ربط المدرسة بمدارس أخرى وبالعالم الخارجي، ولاستمرار الاتصال بالتلاميـذ وأوليـاء أمـورهم حتـى بعـد انتهاء اليـوم الدراسي وذلك للتعرف على آخر أخبار المدرسة وأنشطتها وللحصول علـى أعمال السنة ودرجـات الامتحانات ولا شـك أنها مـن أفضل وسـائل الاتصال المسـتمر والمباشر بين أولياء الأمور والمدرسين والمسؤولين داخل المدرسة مما يكون له أفضل الأثر في تطوير العملية التعليمية ورفع كفاءتها.

٦-أجهزة كمبيوتر تعمل "سيرفر" كخادم للنظام حيث يمكن تخزين المناهج المختلفـة عليها إلى جانب تخزين ملفات خاصة عن كل تلميذ وكل ما يرتبط بذلك التلميذ مـن معلومـات وبيانـات، إلى جانـب تخـزين الكتـب والمراجـع والـدوريات والموسوعات العلميـة رقميـاً لتسـهيل عمليـة البحـث والاستفادة عـن بعـد مـن المعلومات الموجودة في الأرشيف الإلكتروني الخاص بالمدرسة.

٧- مكتبة إلكترونية يستطيع التلاميذ الاستفادة منها من أي مكان وزمان.

خصائص الإداري والقائم على الأنشطة المدرسية في المدارس الاستكشافية:

يتسم الإداري والقائم على الأنشطة المدرسية في المدارس الاستكشافية بعدة خصائص هامة والتي من أهمها ما يلي:

١- أن يكون صاحب ثقافة عالية .

٢- متمكناً من أساسيات العلم.

٣- قادراً على تنظيم المواقف التعليمية وإدارتها في وجود هذه التكنولوجيات المتقدمة.

٤- قادراً على إدارة التفاعلات داخل الصف وخارجه.

٥- يمتلك القدرة على تنمية ثقة المتعلم فيما سيستخدمه من أشكال التكنولوجيات.

٦- يفهم معنى التكنولوجيا، فالتكنولوجيا ليست مجرد أجهزة موضوعة بل هي منهجية في التفكير قبل أن تكون أي شيء آخر.

٧- قادراً على جعل التفكير التكنولوجي جزءاً من الخريطة المعرفية والوجدانية للمتعلم.

٨- تشجيع المتعلمين على صناعة المعرفة، لأن العالم العربي لن يرقى إلا إذا كان شريكا في صناعة المعرفة وهذه التكنولوجيا إن لم تنتج لنا عقولا مفكرة، تستطيع أن تنتج المعرفة وتشارك في حقل صناعة المعرفة العالمية فلن يكون لها قيمة تذكر.

٩- أن يكون واعيا بأهمية المشاركة للجميع، فالكل لا بد أن يشارك في صناعة المعرفة.

١٠- أن يشجع تبادل الخبرات بين المؤسسات التعليمية.

١١- أن يدرك أهمية العنصر البشري إلى جانب تلك الإلكترونيات.

١٢- أن يكون قادرا على مساعدة التلاميذ على اكتساب المهارات الخاصة بالاتصال على كافة المستويات.

١٣- أن يكون قادراً على تنمية العقل وقدراته والكشف عن الطاقات الكامنة.

١٤- ان يحقق متطلبات الجودة الشاملة.

مميزات المدرسة الاستكشافية:

١- إمكانية ومرونة الدراسة والتدريب في أي مكان دون قيود وبما يتناسب مع ظروف الدارس والمتدرب.

٢- إعادة الدرس الواحد مرات عديدة بكل سهولة وكفاءة حسب رغبة وفهم الدارس.

٣- إضافة إمكانات الوسائط المتعددة (مثل الصوت والأفلام المتحركة) مما يساعد بشكل فعال على سرعة وجودة واستيعاب الدارس وفهمه إلى جانب تشويقه وجذب انتباهه.

الفصل السادس

تطبيقات برامج تكنولوجيا المعلومات والاتصالات في المدارس الاستكشافية

١-تنظيم السجلات والوثائق المدرسية

٢- مفهوم السجلات والوثائق المدرسية

٣- أنواع السجلات المدرسية

تطبيقات برامج تكنولوجيا المعلومات والاتصالات في المدارس الاستكشافية

تعد برامج تكنولوجيا المعلومات والاتصالات في الإدارة المدرسية من أولى التطبيقات التي بدأت منذ أن دخل الحاسوب إلى البيئة المدرسية، وتشمل هذه التطبيقات عدداً من الخدمات التي تعمل بها المدارس الاستكشافية:

تنظيم السجلات والوثائق المدرسية

يقتضي عمل كل مدرسة الاحتفاظ بسجلات منظمة يقوم العمل عليها وينظم من خلالها. و المدرسة تعنى بأن تحتفظ بالوثائق الرسمية التي تنظم عملها في الداخل وعلاقاتها في الخارج مع السلطات التعليمية وغيرها (الصمادي، ٢٠٠٣).

ويهتم إداريو المدرسة أيضاً أن تحتفظ بسجلات عن التلاميذ ونموهم وتقدمهم وسجلات نتائج الامتحانات، وسجلات المناهج والأنشطة التربوية المختلفة. وهذه السجلات مهمة للمعلم لأنه يستطيع أن يقف على تقدم تلميذه باستمرار ومهمة للمدير لكي يتابع مجريات الأمور في مدرسته ومدى التقدم الذي تحرزه، ومهمة للعملية التربوية نفسها من حيث إن هذه السجلات مهمة للمخططين ومخططي السياسة التعليمية، ومهمة أيضاً للبحوث التربوية التي تدفع عملية تقدم علم التربية إلى الأمام (الخولي، ١٩٩٣).

وتستطيع برامج تكنولوجيا المعلومات والاتصالات أن تبني ملفات أو سجلات للإداريين والمعلمين والعاملين والتلاميذ في المدرسة، ومن ضمنها سجل دوام المعلمين، والاجتماعات الإدارية، وحضور وغياب وأحوال التلاميذ، وأحوال المعلمين، والمالية، والأثاث المدرسي، ومختبر الحاسوب، ومختبر العلوم، والمكتبة المدرسية، والزيارات الصفية، بحيث يحتوي الملف على المعلومات الأساسية والشاملة لكل هؤلاء. وتستطيع برامج تكنولوجيا المعلومات والاتصالات أن تؤمن للإدارة المدرسية جميع البيانات والمعلومات التي تحتاج إليها في الوقت والزمان المناسب (لال،٢٠٠٠).

إن الأعمال الكتابية الروتينية تشكل الجانب الإداري التنفيذي من دور مدير المدرسة، ونتيجة لتعقد العمل الإداري في المؤسسات، وزيادة متطلباته، فقد أصبحت الأعمال الورقية

والواجبات الإدارية الروتينية من أكثر الأعمال الإدارية استهلاكاً للوقت. ولا تخلو اي مؤسسة من وجود نوع من التقاليد. أو الأصول المتبعة في تنظيم سجلاتها وملفاتها، بحيث يصبح لها قدر كبير من الأهمية، والسيطرة على جميع مجريات المؤسسة. و حتى في الدول المتقدمة فإن الإداريين التربويين يعانون من ضغط الأعمال الروتينية اليومية التي لا تترك لهم مجالاً كافياً لتخطيط العملية التربوية وتطويرها داخل مدارسهم (الغول، ٢٠٠٢). وقد أجريت إحدى الدراسات على مديري المدارس في الولايات المتحدة الأمريكية فتبين أن مدير المدرسة يواجه ضغوطاً من الواجبات والمسئوليات الروتينية اليومية التي لا تكاد تترك له نصف ساعة خلال يوم العمل لا يقاطع فيها بمشكلة عابرة أو مهمة عاجلة وإن لم يبذل جهداً خاصاً في وضع أولويات العمل، وتخطيطه بدقة؛ فإن الأعمال الكتابية الروتينية والشكلية ستستهلك وقته وجهده (الفار٢٠٠٣).

مفهوم السجلات والوثائق المدرسية:

مجموعة السجلات والوثائق المستخدمة في تنظيم العمل الإداري المدرسي في المدارس التي شملتها الدراسة وهي سجل الأثاث المدرسي، والمالي، وسجل شؤون الطلاب، وسجل شؤون المعلمين، وسجل مختبر العلوم، وسجل مختبر الحاسوب، وسجل المكتبة، وسجل الاجتماعات المدرسية وتبادل الزيارات الصفية.

أنواع السجلات المدرسية:

وتشمل السجلات والملفات الإدارية التي تنظمها الإدارات المدرسية الآتي:

- سجل الأثاث المدرسي

وينظم هذا السجل وترقم صفحاته بحيث يتضمن جميع موجودات المدرسة من أثاث سواء على شكل مقاعد، أم كراسي، أم خزائن، أم مدافئ (حناش، ٢٠٠٤).

- السجل المالي

ويمكن أن يشمل هذا السجل جميع مصروفات المدرسة وسحوباتها، وكذلك حساب البنك والرصيد وحساب الصندوق، ويجب تخصيص لكل مجال من مجالات الصرف باب خاص به، مثل باب خاص لمصروفات المختبر، والمكتبة، والوسائل والأدوات والمشروعات التحسينية والرياضية وأجهزتها، والتربية المهنية وأدواتها والتربية الفنية وأدواتها والكهرباء والماء والهاتف، والمصروفات المالية الجارية اليومية للأحداث الطارئة (مياس، ١٩٩٦).

- سجل شؤون الطلاب

وهو سجل أو مجموعة سجلات تنظم أعمال شؤون وأحوال الطلاب في عدة أبواب أو في عدة سجلات فرعية، ومن الأمثلة على هذه السجلات:

أ- سجل حضور الطلاب: وينظم هذا السجل بحيث يشتمل على ثلاثة جداول رئيسة هي جدول أحوال الطلبة، وجدول الحضور، وجدول الخلاصة.

ب- سجل فئات الطلاب: وينظم هذا السجل ليشتمل على حالات الطلبة في المدرسة مقسمين إلى فئات مناسبة تخدم أغراض عملية التعلم والتعليم وتوفر المعلومات الضرورية التي تساعد على تطور وتحسن عمليات التدريس، والتغلب على المشكلات اليومية الطارئة والصعوبات الخاصة ببعض الطلبة في حالة وجودها. ويمكن تقسيم فئات الطلبة حسب: المنطقة الجغرافية أو مكان السكن والحالات الاقتصادية أو مستويات الدخل، والحالات الاجتماعية، والحالات الصحية أو المرضية (لال، ٢٠٠٠).

ج- سجل الطلبة الملتحقين بالمدرسة أو التاركين لها: وينظم هذا السجل ليشتمل على أسماء جميع طلبة المدرسة الملتحقين حسب: صفوفهم، وشعبهم، وكذلك أسماء الطلبة المنقولين أو التاركين لها.

د- سجل درجات أعمال السنة: وينظم هذا السجل بحيث تسجل فيه أسماء الطلبة هجائياً، وتسجل فيه درجاتهم طوال العام الدراسي مع مراعاة الدقة التامة في ذلك.

هـ- سجل مجلس الفصل: وتنظم فيه معلومات عامة تبين الفصل والصف والسنة والمرحلة واسم المدرسة والإدارة التعليمية، ويشكل فيه المجلس وأعضاؤه، وتوزيع الأنشطة، والاجتماعات المتعلقة بالمجلس والملاحظات، والاقتراحات للنهوض به وتحقيق أهدافه (العجمي،٢٠٠٧).

- سجل شؤون المعلمين

وهو سجل أو مجموعة سجلات تعنى بتوثيق ما يتصل بأعمال المعلمين وأنشطتهم وأحوالهم، وأهمها:

أ- سجل أحوال المعلمين: يقوم المدير باعداد ملف خاص لكل معلم في مدرسته، بحيث يشتمل على كل ما يتعلق بالمعلم من حيث: قرار تعيينةأو نقله وتخصصه ومؤهلاته العلمية، وعدد سنوات الخبرة، ونوع الخبرة، والإجازات والتقارير الطبية والفنية، ونشرات خاصة بالمدرس، أو تعميمات من مدير المدرسة، أو نتائج تحقيقات في مخالفات، أو كتب شكر من الإدارة نتيجة لإنجاز على تفوق في مجال معين، كما يقوم بإعداد ملفات خاصة بالعاملين في مدرسته من سكرتاريا، ومسئولي مخازن (نشوان، ١٩٩١).

ب- ملف دوام المدرسين: ويشتمل على تعليمات الحضور اليومي الصادرة من مديرية التربية والتعليم التي تتبعها المدرسة والتعليمات الخاصة بالإجازات المرضية وفي حالات الطوارئ، والمغادرات، وعقوبات التغيب عن الحضور (نظامي،١٩٩٨).

- سجل مختبر العلوم

يجب أن تتوفر في كل مدرسة قاعات مختبرات علمية لإجراء التجارب من قبل المعلمين والطلبة، وتزود هذه القاعات بالأجهزة والأدوات المختبرية اللازمة لإجراء التجارب العلمية وعليه فيجب على إدارة المدرسة أن تحتفظ بسجل تدون فيه مكونات مختبر العلوم من أجهزة ومواد صالحة للاستخدام (الحيلة،٢٠٠١).

- سجل مختبر الحاسوب

وينظم هـذا السـجل بحيـث يتضـمن توثيقـاً لجميـع موجـودات المختـبر مـن حواسيب وملحقاتهـا، وأجهـزة العـرض، وسجل خـاص بالحصـص التـي تعـد داخـل الحاسوب وموضوعها والمعلم المشرف على ذلك (عرفة، ١٩٧٤).

- سجل المكتبة

يجب أن يشتمل هذا السجل على قائمة بجميع الكتب والمراجع والمصادر التـي تحويها مكتبة المدرسة، وما يرد إليها باستمرار بحيـث يصـنف وفـق تبويـب خـاص بالكتب المتـوافرة في المكتبـة وحسـب تصنيفها فيهـا مثـل: بـاب القصـص، والمراجـع والمصـــــــــــــــادر، ومعـــــــــــــارف متنوعـــــــــــــة (مثـل الكتـب العلميـة، والتاريخيـة، والجغرافيـة، والأدبيـة، والكتـب المدرسية، والقواميس) كما يمكـن أن يشـمل هـذا السـجل مـواد مكتبيـة أخـرى مثـل الملفات، والوثائق، والبحوث،والدراسات، ووسائل سمعية وبصرية (حناش، ٢٠٠٤).

- سجل الاجتماعات المدرسية

تعد الاجتماعات من الوسائل المهمة في قيام عمليـة اتصـال إداريـة فعالـة بـين المعلمين أنفسهم أو بينهم وبين إدارة المدرسة؛ لأنها تـوفر فـرص التفاعـل الاجتماعـي والوظيفي وتسمح بتبادل الآراء والاتجاهات ووجهات النظر والمعلومات بـين الأفـراد، لذلك لا بد من وجود ملفات خاصة بالاجتماعات وتواريخها والمشاركين فيها ومحاضر الاجتماعات وأهم القرارات التي انتهى إليها الاجتماع (الرشايدة، ٢٠٠٧).

- الزيارات الصفية

وتتضمن الزيارات الإشرافية وتبادل الزيارات بين المعلمين أنفسهم إذ يتضمن كـل سجل عرض كل زيارة وتاريخها ومـدتها، وانطباعـات الزائـرين وملاحظـاتهم بشـكل مـوجز للإفـادة مـن الملاحظـات والتوجيهـات في عمليتـي التحسـين والتطـوير (العجمي،٢٠٠٧).

الفصل السابع

تطبيقات برامج تكنولوجيا المعلومات والاتصالات
في المدارس الاستكشافية
الأنشطة المدرسية

١- مفهوم الأنشطة المدرسية

٢- أهداف النشاط المدرسي بالنسبة للطلبة

٣- النشاط الفني

٤- النشاط الرياضي

٥- النشاط الموسيقي

٦- آثار توظيف برامج تكنولوجيا المعلومات والاتصالات على الأنشطة المدرسية

الأنشطة المدرسية

يعد النشاط المدرسي وسيلة وأداة من أدوات التربية لتحقيق الكثير من الأهداف التربوية، وأهمها نمو الطلبة عقلياً وبدنياً ونفسياً وتدريبهم على ممارسة العلاقات الاجتماعية السليمة واكتساب الخلق القويم وإشباع ميولهم ورغباتهم، ووسيلة أساسية من وسائل التوجيه والإرشاد النفسي (نشوان،١٩٩١)، وإذا ما تم ربط النشاط المدرسي بمنهج المواد الدراسية فإنه يصبح دافعاً لزيادة معدلات التحصيل وتكامل المواد الدراسية، ولا تقتصر مهام برامج تكنولوجيا المعلومات والاتصالات على الجوانب النظرية، فقد كان لبرامج تكنولوجيا المعلومات والاتصالات دور مهم ومؤثر على الأنشطة المدرسية (محمد، ٢٠٠٤).

مفهوم الأنشطة المدرسية:

وهي الجزء المكمل للمنهاج، للارتقاء بالمهارات التي يتعلمها الطلبة في المدارس التي شملتها الدراسة من خلال دروس التربية الرياضية، والتربية الفنية، والموسيقى، تطبيقاً لمبدأ التعلم عن طريق المشاهدة والممارسة الفعلية.

أهداف النشاط المدرسي بالنسبة للطلبة:

١- تشجيع النمو الخلقي والروحي.

٢- تقوية العلاقات الاجتماعية السليمة وتعميق التفاعل بين التلاميذ وبيئتهم.

٣- تقوية الصحة العقلية والبدنية.

٤- تحقُيق النمو الاجتماعي الشامل.

٥- إيجاد الفرص أمام الطلبة كي يشبعوا قدراتهم على الابتكار بطريقة أكثر فاعلية.

٦- اكتساب الطلبة معارف ومهارات جديدة.

٧- ممارسة الاهتمامات القديمة وتنمية أخرى جديدة.

٨- يسهم في عملية الإرشاد والتوجيه النفسي.

أنواع الأنشطة المدرسية:

وأهم هذه الأنشطة مما يتصل بميدان الدراسة:

- النشاط الفني

تستخدم برامج تكنولوجيا المعلومات والاتصالات في المدارس الاستكشافية وربطها بالشبكة العالمية للمعلومات لغرض الارتقاء بمهارات الطلبة في مجالات مختلفة كالرسم مثلاً، فهناك برامج تسمح للمتعلم بابتكار أشكال ثلاثية الأبعاد، كما يقوم بإدخال عنصر الحركة و الصور. وقد يقوم بإجراء تغييرات في الحجم واللون والحركة وكأنها فنون جديدة لم يكن بالإمكان تنفيذها بالطريقة الاعتيادية (الفار، ٢٠٠٣). وهذا النوع من النشاط يتطلب تخطيطاً وتدريباً للمسئولين عن إدارته في كيفية تنظيمه بما يحقق الأهداف التي يتوخاها.

- النشاط الرياضي

يركز النشاط الرياضي في المدارس على تشكيل الفرق الرياضية للألعاب الجماعية، والألعاب الفردية التي تعمل في المدرسة والفرق الرياضية التي تجري مباريات بين المدارس ومتابعة تنظيمها وتدريبها (الجلاد، ٢٠٠٢). مما يشجع الفرق الرياضية التي تعمل في المدرسة على المشاركة الفاعلة من خلال خلق المنافسة بينها كما تهدف إلى تنمية مهاراتهم الرياضية، وإشباع ميولهم واستثمار طاقاتهم البدنية وتشمل هذه الفرق الرياضية كرة القدم، الكرة الطائرة، العاب القوى وغيرها (سمعان، ١٩٧٥).

كما يضم النشاط الرياضي الأخبار الرياضية، وحلقات النقاش، وروابط للمواقع ذات الصلة على الإنترنت (السرطاوي، ٢٠٠٣).

إن ربط المدارس الاستكشافية بشبكة الإنترنت العالمية يمكن أن يكون له الأثر الأكبر على تطوير نشاطها الرياضي، من خلال تمكين طلبتها من الدخول على المواقع الرياضية العالمية للتعرف على أنشطتها الرياضية وآخر مستجداتها بتوجيه من إدارتها المدرسية والقائمين على الأنشطة الرياضية. هذا فضلاً عن الطرق الصحيحة لممارسة الأنشطة والألعاب الرياضية الأمر الذي يؤدي إلى الارتقاء بأنشطتها الرياضية من خلال زيادة المشاركة في الأنشطة على كافة المستويات (محمد،٢٠٠٤).

- النشاط الموسيقي

لا تقتصر الإدارة المدرسية التي توظف برامج تكنولوجيا المعلومات والاتصالات في المدارس الاستكشافية من خلال تشجيع القائمين على النشاط الموسيقي على تعليم النظريات الموسيقية لطلابها، وإنما تستطيع من خلال برمجيات خاصة تدريب الطلبة الممارسين للنشاط الموسيقي على التأليف الموسيقي، وابتكار الأنغام الجديدة؛ إذ لا يحتاج الممارس للنشاط الموسيقي إلا استخدام مفاتيح الحاسوب (نظامي، ١٩٩٨). وهي التي تتيح ابتكار قطع موسيقية جديدة، وتكملتها بأصوات إضافية لآلات موسيقية مألوفة أو جديدة. و يجري تعديلات سريعة لتحديد سرعة النغمة ودرجتها وتتابعها وسعتها. وبعد ابتكار القطعة الموسيقية، يستطيع أن يسمعها أو يخزنها أو يسترجعها في أي وقت. وهكذا يمكن أن تجمع البرمجيات أوركسترا متكاملة في جهاز واحد، مما يجعل القطعة الموسيقية متكاملة منذ بداية التأليف الموسيقي. وقد تجري التعديلات دون الرجوع إلى الاوركسترا، وتطبع النوتة الموسيقية لإعطائها لأعضاء الاوركسترا، مما يوفر الوقت والجهد والمال على الإدارة المدرسية، وتتيح فرصاًَ أكثر للإبداع الموسيقي والمشاركة في النشاطات المدرسية على مستوى المدارس الأخرى (الفار، ٢٠٠٣). إن هذا النشاط هو الآخر يحتاج إلى جهد تخطيطي وتنظيمي من قبل الإدارة، وهو جهد يمكن أن تؤدي التكنولوجيا الحديثة دوراً في إنجاحه.

آثار توظيف برامج تكنولوجيا المعلومات والاتصالات على الأنشطة المدرسية:

١- الحصول على المعلومة في أي وقت والاستجابة للأنشطة المدرسية بما يتناسب وقدرات الطلبة.

٢- القدرة على استخدام تقنيات الحاسوب وتوظيفها لزيادة المعرفة.

٣- توفير المعلومات وبأشكالها المتنوعة في أسرع وقت ممكن.

٤- توفير الوقت والجهد لممارسة أمور أخرى وذلك لسرعة وسهولة الحصول على المعلومة مما يتيح فرصاً للإبداع في الأنشطة الرياضية والفنية والموسيقية.

٥- يوفر المال.

٦- إثارة الحماسة والدافعية والمتعة لدى الطلبة.

٧- إن استخدام برامج تكنولوجيا المعلومات والاتصالات من شأنه أن يحسن جودة الأنشطة المدرسية والوقوف على أحدث ما توصل إليه العلم في هذا المجال.

الفصل الثامن

تطبيقات برامج تكنولوجيا المعلومات والاتصالات في الاختبارات المدرسية

١- مفهوم الاختبارات المدرسية

٢- أهمية الاختبارات المدرسية

٣- أنواع الاختبارات المدرسية

٤- أثر تكنولوجيا المعلومات والاتصالات على الاختبارات المدرسية

٥- بناء الاختبارات المدرسية

٦- تطبيق الاختبارات المدرسية

٧- تصحيح الاختبارات المدرسية

الاختبارات المدرسية

إن أكثر أنواع أساليب التقويم شيوعا هي الاختبارات وخاصة بين العاملين في المجال التربوي وبخاصة في مجال التقويم والقياس ويعمل كل اختبار عملي على حده ويخدم غرض أو أكثر، من الأغراض التربوية والتعليمية وفقاً للهدف الذي وضع له.

مفهوم الاختبارات المدرسية:

وهي تنظيم وإجراء الاختبارات التي تجريها المدرسة لتحديد مستوى تحصيل الطلبة من المعلومات والمهارات والاتجاهات في المواد الدراسية المختلفة في المدرسة.

أهمية الاختبارات المدرسية:

تنبع أهمية الاختبارات المدرسية في قياس مستوى التحصيل الدراسي للتلميذ ومعرفة الفروق الفردية بين التلاميذ أنفسهم، ومعرفة أوجه القصور في تخلف التلاميذ في بعض المواد الدراسية ولقياس الميول المهنية. وكل أنواع الاختبارات المختلفة تعتبر وسائل قياس لاحتياجات المدرسين لذلك فهي مهمة خاصة في مجال التربية والتعليم.

أنواع الاختبارات المدرسية:

١- الاختبارات الوصفية: ويستخدم للتعرف على صفات الفرد من الناحية العضوية والمعنوية والعقلية وتشمل القدرات العقلية الخاصة كالقدرة على عزف الموسيقى، والقدرة الفنية، وتشمل أيضا القدرات العقلية العامة مثل الذكاء وتتولى هذه الاختبارات وصف الحالة التي عليها الشخص كانت متعلقة بصفات الفرد أو الجماعة.

٢- الاختبارات التشخيصية: وتقدم وصفا لنقاط القوة أو الضعف في القدرات التي يقيسها اختبار ما وتستخدم من قبل المدرس بوجه عام فإذا استخدمت اختبارات الذكاء لأغراض التشخيص على سبيل المثال فإنها قد تشير إلى نقص في القدرات

اللغوية أو العلمية أو ضعف في القدرة على التصور أو إدراك أسباب حـدوث الأشـياء وغيرها.

ومن أنواع الاختبارات حسب الهدف:

تختلف تسميات الاختبارات وفقا لما هدف إليه مضمونها:

الاختبارات اللفظية وتقسم إلى قسمين:

أ- الاختبارات اللفظية الشفوية

ب- الاختبارات اللفظية التحريرية

اختبارات المقال:

وهي صياغة أسئلة تتيح للطالب الحرية في الإجابة حسب تعبيراته وفهمـه وهـي أسئلة بسيطة.

ومن مواصفات اختبارات المقال:

١- يوفر للتلميذ الفرصة للتدريب والكتابة ويقيس قدرته على الكتابة.

٢- يعطي الحرية للتعبير والإجابة للتلميذ ليكتب مـن آرائـه وإبداعاتـه وأفكـاره أو يقيس قدرة التلميذ على الشرح والتلخيص والوصف والتفسير.

على الرغم من أنها تجبر التلميذ على القـراءة الواسـعة والمعمقـة في دراسـته إلا أنهـا سهلة مقارنة مع الاختبارات الأخرى.

عيوبها:

١- إن أسئلة المقال لا تناسب كافة قدرات الطلبـة بـل تناسـب مـن لـديهم ملكـات للكتابة.

٢- إن صعوبة فهم السؤال للتلميذ يعني إجابة غير صحيحة وغير واضحة.

٣- أنها لا تغطي جميع الموضوعات التي تمت دراستها من قبل الطالب.

الاختبارات الموضوعية:

اتسع استخدام الاختبارات الموضوعية بمختلف أشكالها كونها سهلة التصحيح موضوعية في تقدير درجاتها في الجوانب التي يراد قياسها ومن أشكالها:

١- أسئلة الاختيار من متعدد: تتطلب الموضوعية وتستخدم في القياس بكافة مظاهره وهي تتكون في إعطاء سؤال أو جملة أو كلمة ثم إعطاء أربع إجابات تكون من ضمنها إجابة واحدة صحيحة.

٢- أسئلة الصواب والخطأ: وهي التي يجيب عليها الطالب بوضع علامة خطأ أو علامة صح وتكون على شكل جملة ذات معنى مفهوم.

مواصفاتها:

١- لا تحتاج لوقت طويل في الإجابة ويسهل على المدرس إعدادها.

٢- على الطالب الإجابة على أكبر عدد من الأسئلة في وقت قصير مما يتيح للمدرسين بوضع أكبر عدد من الأسئلة.

٣- لا تقبل التأويل ويمكن تصحيحها بموضوعية.

٤- تصحح بسرعة ويمكن استخدام نماذج خاصة من الأوراق تصحح في الكمبيوتر.

٥- يمكن قياس الحقائق العلمية كالأسماء والتواريخ والأحداث والأماكن بواسطة أسئلة الخطأ والصواب.

٦- يستخدم هذا النوع من الأسئلة عندما تكون العبارة خطأ أو صواب بشكل مؤكد.

٧- عدم استخدام الكلمات التي تعتبر حكما على العبارة بأنها صحيحة مثل بعض، أحياناً، من المحتمل وغيرها.

٨- يجب أن تكون نصف العبارات خطأ والباقي صواب وأن توضع الأسئلة بنظام معين عند ترتيبها عدم استنتاج جمل من الكتاب المقرر.

٣- أسئلة الربط:

أسئلة الربط تعتبر شكلا من أشكال الأسئلة الاختيارية المقررة بحيث تكون جملة من جمل المدخل ما يتناسب مع جملة من قائمة المرجع التي تكون مقابلها، وعلى شرط أن تكون الجمل التي ترد في قائمة المرجع أكثر من الجمل التي وردت في قائمة المدخل.

شروط إعداد أسئلة الربط واستخدامها:

١- عدم استخدام أكثر من مفردة واحدة صحيحة في قائمة المرجع لكل مفردة من مفردات قائمة المدخل.

٢- ترتيب الفقرات في قائمة المدخل والمرجع في عمودين متجاورين.

٣- أن تكون الفقرات في قائمة المرجع متجانسة أي تتضمن موضوعا واحدا وأفكارا متقاربة.

٤- أن تتضمن الأسئلة إشارات واضحة بشأن طريقة الإجابة أي الربط بين فقرات قائمة المدخل وقائمة المرجع.

مواصفات أسئلة الربط:

١- يجب أن يغطي استخدامها أجزاء واسعة من المقرر الدراسي.

٢- يمكن استخدامها عندما نريد قياس حقائق قصيرة.

٣- يسهل تصحيحها بسرعة وموضوعية وتقل فيها فرص التخمين.

٤- من السهل تصميم أسئلة جيدة من هذا النوع إذا أريد قياس جوانب معينة.

عيوبها:

١- لا تصلح لقياس الفهم وحل المشكلات وغيرها من أنواع التعليم.

٢- تستخدم في الحالات التي تكون فيها مناسبة.

الأسئلة التكميلية:

تستخدم في:

١- قياس القدرة على التعميم والقدرة على التذكر كالتاريخ والأسماء وغيرها.

٢- تستخدم في المرحلة الدراسية المتقدمة.

شروطها:

١- ترك فراغ للإجابة مباشرة بعد انتهاء السؤال.

٢- مراعاة أن تكون الفقرة على صيغة سؤال والابتعاد عن الجمل الناقصة بصياغة السؤال.

٣- أن تكون إجابة السؤال إجابة واحدة صحيحة.

٤- لكي تكون الإجابة صحيحة يجب أن يعلم الطالب بشكل واضح عن معلومات السؤال.

٥- عدم صياغة الأسئلة ذات المؤثرات المساعدة للإجابة الصحيحة مثل تحديد كلمة أو حرف للمساعدة.

٦- الابتعاد عن استخدام الجمل الناقصة بصيغة السؤال.

أثر تكنولوجيا المعلومات والاتصالات على الاختبارات المدرسية:

تستخدم برامج تكنولوجيا المعلومات والاتصالات في إدارة وتنظيم وتطبيق الاختبارات وتقديمها للطلاب ، وإعطاء تقارير شاملة لحالة الطلاب التعليمية ومدى نموهم العلمي. وبعد إعداد هذه الاختبارات وبناء صورها المتكافئة ومراجعتها للتأكد من خلوها من أية أخطاء، تكون الاختبارات جاهزة للعرض والتقديم. وتقوم برامج تكنولوجيا المعلومات والاتصالات بتجميع كل البيانات المتعلقة بأداء الطالب، وتوفير برامج المعالجات الإحصائية حسب نوع الاختبار، كما تستطيع إدارة المدرسة وأولياء أمور الطلاب الحصول على نتائج الاختبارات المدرسية في أسرع وقت بعد إجرائها (حناش، ٢٠٠٤).

وربما تكون إدارة الاختبارات من أهم التطبيقات الإدارية التي يعنى بها المعلمون والإدارات التعليمية. إذ يمكن للمعلمين بناء الامتحانات وتطبيقها وتصحيحها باستخدام الحاسوب بكفاءة عالية.

كما أن الإدارات التربوية معنية بدقة الامتحانات وتحليل نتائجها وسرعة إنجاز عمليات التقويم فيها. وتشكل هذه النتائج القاعدة الأساس لبناء قاعدة المعلومات الخاصة بنتائج الطلبة في المساقات التي تدرس في المدرسة، ثم عدة مدارس، أو منطقة تعليمية كاملة لتوضع أمام الإدارات التعليمية الأعلى، للإفادة منها في إعادة تقويم المناهج ومخرجات عملية التعلم والتعليم مما يساعد في إعادة تخطيط هذه العملية على نحو يتصف بالدقة والشمول والتفصيل (عبود، ٢٠٠٧).

بناء الاختبارات:

يمكن للمعلم إنشاء قاعدة بيانات تحتوي أسئلة عديدة تغطي مختلف جوانب المنهاج الدراسي، وبما يغطي الأهداف السلوكية الموضوعة ومستويات الإتقان المطلوبة، ولها القدرة على التمييز بين قدرات الطلبة. ومثل هذه القواعد يمكن تحديثها من قبل المعلم باستمرار بحسب متغيرات الموقف التعلمي التعليمي.

ولا يقصد بقواعد البيانات الخاصة بالاختبارات أن تحتوي أسئلة مقالية أو موضوعية، إنما يمكن بناء اختبارات باستخدام الصور الثابتة والمتحركة والملونة إضافة إلى الصوت.

كما يمكن بناء اختبارات بمعلومات نظرية أو صورية أو صوتية غير مكتملة ويطلب من الطالب إكمالها. بمعنى أن الإجابة هنا تقتضي- خبرة مناسبة من قبل الطالب لوضع إجابته باستخدام الرسم أو إضافة الصور وتركيبها، أو إنشاء الرسوم والمخططات الهندسية، أو إضافة الأصوات وغيرها.

تطبيق الاختبارات:

لا يقتصر تطبيق الاختبار من قبل المعلم على توزيع نسخ ورقية من أسئلة الامتحان الذي اختار فقراته من قاعدة البيانات على الطلبة للإجابة عن أسئلتها.

ففي حالة إنشاء الاختبار في صيغة برمجية معدة لعرضها بالحاسوب، يطلب من الطالب التعامل معها بموجب خبراته السابقة. وقد يستخدم الحاسوب في تطبيق الاختبارات داخل الصف، أو عن طريق الإنترنت أو ذاتياً دون اتصال مباشر مع المعلم. وقد يتاح للطالب الإجابة في زمن محدد أو بحسب قدراته، وذلك جزء من الاختبار ومعايير تصحيحه. وهنا يفضل تمكين الطالب من الحصول على الإجابة الصحيحة بعد وضع إجابته على كل سؤال في الاختبار بما يؤمن له التغذية الراجعة الفورية. كما يمكن أن يطلع على ما جمعه من علامات في نهاية الاختبار. ويستكمل تطبيق الاختبار أحيانا بتزويد الطالب فورا عند إخفاقه في الإجابة بما هو مطلوب منه لمعالجة ذلك الإخفاق.

تصحيح الاختبارات:

يقوم المعلم بعد أداء طلبته الامتحان، وتسلم إجابات الطلبة، وتأشير ملاحظاته عليها، ووضع العلامات وخزنها على الحاسوب، واطلاع الطالب، إن لم يكن اطلع عليها بصورة فورية، على تقويم المعلم لأدائه، وربما اطلاع أولياء الأمور على النتيجة أو تسليم كل طالب تقريرا عن أدائه وما هو مطلوب لتحسين الأداء.

ويمكن للمعلم أن يقوم بمراجعة جملة إجابات الطلبة وتقسيم أداءهم إلى مستويات عدة، للإفادة منها في بناء أنشطة مضافة لمعالج إخفاقاتهم أو بمراجعة أجزاء من الوحدات الدراسية التي تم إجراء الاختبار فيها. ويمكن للمعلم أيضا الرجوع إلى علامات الطلبة ومستويات إتقانهم لاحقاً، واستخراج المتوسطات الحسابية والمنوال والنسب المئوية وغيرها، مما قد يتطلب عمليات إحصائية معقدة يصعب إنجازها بدون برامج تكنولوجيا المعلومات والاتصالات ووضعها في صيغة خرائط وأشكال بيانية إجمالية تسهل قراءتها ومقارنتها بأدائها السابق واللاحق، واستخراج النتائج النهائية لمجموعة من الطلبة أو مجموعة من

الشعب. وتشكل هذه النتائج القاعدة الأساس لبناء قاعدة المعلومات الخاصة بنتائج الطلبة في المساقات التي تدرس في المدرسة، ثم عدة مدارس أو منطقة تعليمية كاملة لتوضع أمام الإدارات التعليمية الأعلى، للإفادة منها في إعادة تقويم المناهج ومخرجات عملية التعلم والتعليم مما يساعد في إعادة تخطيط هذه العملية على نحو يتصف بالدقة والشمول.

الفصل التاسع

الدراسات التي تناولت برامج تكنولوجيا المعلومات والاتصالات

١- الدراسات العربيــة

٢- الدراسات الأجنبيــة

٣- خلاصة الدراسات السابقة وموقع الدراسة الحالية

الدراسات التي تناولت برامج تكنولوجيا المعلومات والاتصالات

حظيت الإدارة المدرسية بأهمية خاصة على مر العصور، فكثيرة هي الدراسات التي تناولت دور الإدارة المدرسي وتوظيفها لبرامج تكنولوجيا المعلومات والاتصالات على تقدمها وتطورها. ومن هنا كان لا بد من الإشارة إلى بعض الدراسات العربية والأجنبية ذات الصلة بالموضوع.

أ- الدراسات العربية:

وأجرت صالح (١٩٩١) دراسة بعنوان نظام معلومات مقترح لتطوير العملية الإدارية والتعليمية لكلية التربية بجامعة عين شمس في ضوء الاتجاهات العالمية المعاصرة، تناولت أهمية نظام المعلومات في تطوير العملية الإدارية والتعليمية، وقد شملت عينة الدراسة مستويين إداريين: (تمثل المستوى الأول بالإدارة العليا عميد الكلية، ونائب العميد)، أما المستوى الثاني فقد تمثل بالإدارة الوسطى (رؤساء الأقسام)، والبالغ عددهم (٨٦) إدارياً، وكانت الاستبانات تتعلق بموضوع الدراسة. وقد بينت الدراسة إجماع العينة ضمن المستويين على عدم توفر كل البيانات التي يحتاجونها عند اتخاذ قرار معين وذلك لعدم وجود بيانات مجمعة ومجهزة، وعدم وصول المعلومات لمتخذي القرار في الوقت المناسب وعدم وجود وسائل اتصال جيدة، وأن الحاسوب في حال وجوده سيساعدهم في الحصول على المعلومات بشكل أسرع، وبالتالي مساعدتهم في اتخاذ قراراتهم.

وقام حرب (١٩٩٣) بدراسة بعنوان احتياجات الجامعات الأردنية الرسمية لخدمات الحاسوب في المجال الإداري. وسعت الدراسة إلى توفير قاعدة بيانات وصفية تتعلق بالخصائص الأكاديمية والإدارية والتعليمية في الجامعات الأردنية الرسمية الأربع (الأردنية، اليرموك، والعلوم والتكنولوجيا، ومؤتة) والبالغ عددهم (١٧٤) عميداً ورئيس قسم، ووزعت استبانات على عمداء الكليات ورؤساءالأقسام في الجامعات الأردنية للكشف عن احتياجاتهم التدريبية لحوسبة مهامهم الإدارية . وتوصلت الدراسة أن هناك نقصاً

واضحاً في استغلال أجهزة الحاسوب من قبل عمداء الكليات ورؤساء الأقسام الأكاديمية في الجامعات الأردنية نظراً لعدم توفره بالدرجة الأولى والنقص في الدورات التدريبية المتعلقة بالعمل على الحاسوب وضعف الدراية الكافية بالتشغيل لدى الكثير من العمداء ورؤساء الأقسام وعدم وضوح مجالات استخدامه في عملهم الإداري.

أما دراسة الهرش (١٩٩٩) فقد هدفت إلى معرفة مدى استخدام شبكة الإنترنت من قبل الطلبة والموظفين والإداريين وأعضاء هيئة التدريس بجامعة اليرموك وأنواع البرامج التي يستخدمونها عن طريق استبانه أعدت لهذا الغرض. وتكون مجتمع الدراسة من جميع الإداريين والموظفين وأعضاء هيئة التدريس المشاركين بشبكة الإنترنت بجامعة اليرموك من العام الدراسي (١٩٩٧ /١٩٩٨). وأظهرت نتائج الدراسة أن أعضاء هيئة التدريس أكثر استخداماً لشبكة الإنترنت من غيرهم من أفراد الدراسة، وقد أظهرت نتائج الدراسة أن الفوائد المرجوة لاستخدام شبكة الإنترنت من وجهة نظر الطلبة والموظفين والإداريين تقتصر على البريد الإلكتروني، أما أعضاء هيئة التدريس فكانوا يستخدمون البريد الإلكتروني للحصول على المعلومات الدارجة والحديثة.

وهدفت دراسة لال (٢٠٠٠) إلى الكشف عن دور تكنولوجيا المعلومات في تطوير الإدارة التربوية من وجهة نظر أعضاء الهيئة التدريسية في بعض الجامعات السعودية وفقاً لمتغيري الجنس والتخصص العلمي. واشتملت عينة الدراسة على عدد من مديري الإدارات التربوية، ووزع الباحث استبانات صممت حول دور برامج تكنولوجيا المعلومات والاتصالات على الإدارات التربوية. و توصلت نتائج الدراسة إلى وجود أثر دال إحصائياً لمتغير التخصصات العلمية في تطوير الإدارة التربوية من ذوي التخصصات الأدبية، ووجود أثر دال إحصائياً لمتغير الجنس لصالح الذكور، فالذكور يعطون أهمية لتكنولوجيا المعلومات أكثر من الإناث.

كما قام الخروصي (٢٠٠١) بدراسة تقويمية لنظام إدارة المعلومات التربوية بوزارة التربية والتعليم ومديريات التربية التابعة لها في سلطنة عمان. وتكونت عينة الدراسة من العاملين في المديرية العامة للتخطيط والمعلومات التربوية في الديوان العام لوزارة التربية والتعليم في سلطنة عمان والعاملين في مديريات التربية والتعليم بالمناطق (تسع مديريات) ممن لديهم خبرة وعلاقة مباشرة بنظام إدارة المعلومات التربوية. وقد تم تطبيق الدراسة على أفراد المجتمع كافة وعددهم (٦٩) فرداً. واعتمدت الاستبانة في بنائها على خمسة مجالات (وظائف النظام، والهيكل التنظيمي، والأجهزة والبرامج والتسهيلات والبيانات والمعلومات ومقترحات تطوير النظام).

وتوصلت الدراسة إلى عدم وجود فروق ذات دلالة إحصائية بين أفراد مجتمع الدراسة فيما يتعلق بمجالات الدراسة الأربعة تعزى إلى متغيرات المستوى التنظيمي والجنسية وسنوات الخبرة. وأوصت الدراسة بضرورة تطوير النظام وجعله متناسباً مع نظام التعليم الأساسي واستكمال البيانات وتحديثها وتدقيقها، وتفعيل عملية الإفادة من النظام، وتطوير الكوادر وتفعيل عملية التدريب، والاهتمام بعملية التقويم المستمر للنظام، وتفعيل عملية صيانة النظام، وزيادة اللامركزية، وربط النظام بأنظمة المعلومات الأخرى بالوزارة في سلطنة عمان.

وقامت علاونة (٢٠٠١) بدراسة ميدانية بعنوان " واقع آثار استخدام أنظمة المعلومات المحوسبة في وزارة التربية والتعليم "، وشملت عينة الدراسة عدداً من العاملين في وزارة التربية من موظفين وإداريين، ووزعت علاونة عدداً من الاستبانات حول آثار استخدام برامج تكنولوجيا المعلومات والاتصالات على العاملين والإداريين في هذا المجال. وقد توصلت الدراسة إلى أن الذين يستخدمون نظاماً أو أكثر من المعلومات نسبتهم(٩٨و٨ %) من العينة، وكان الترتيب التنازلي لفقرات آثار استخدام أنظمة المعلومات المحوسبة في المجال الإداري كما يأتي: تقليل الوقت والجهد اللازمين لإنهاء المعاملات الإدارية المختلفة، وزيادة وتحسين كمية ونوع الخدمات المقدمة لمراجعي الوزارة، وحوسبة العديد من الأعمال الإدارية الروتينية في دوائر الوزارة المختلفة.

وقام أبو ناصر(٢٠٠٣) بدراسة هدفت إلى تعرف الاحتياجات التدريبية لإداريي مدارس التعلم الإلكتروني الأردنية كما يراها القادة التربويون، وتعرف أثر الجنس والمؤهل العلمي والإقليم والمسمى الوظيفي في الاحتياجات الراهنة والمستقبلية. وقد شملت عينة الدراسة عدداً من مديري المدارس، ووزع الباحث استبانات تتعلق بالاحتياجات التدريبية لمديري المدارس وأثرها على المديرين. وأظهرت نتائج الدراسة أن مديري مدارس التعلم الإلكتروني والقادة التربويين أجابوا بحاجة إداريي مدارس التعلم الإلكتروني العالية للتدريب في المستقبل على مجالي: الكفايات والمهارات المتعلقة بتكنولوجيا المعلومات، الكفايات والمهارات الإدارية والفنية. وأظهرت النتائج أيضاً عدم وجود فروق ذات دلالة إحصائية تعزى إلى الجنس أو القائد التربوي أو المسمى الوظيفي أو المؤهل العلمي وتبين أن هناك فرقاً ذا دلالة إحصائية بين إقليمي الوسط والشمال لصالح إقليم الشمال.

كما أجرى الصمادي (٢٠٠٣) دراسة بعنوان " الاحتياجات التدريبية لمديري المدارس الحكومية في محافظة جرش في مجال استخدام الحاسوب"، حيث شملت عينة الدراسة عدداً من مديري ومديرات المدارس الحكومية في محافظة جرش، وذلك في ضوء مجموعة من المتغيرات شملت الجنس، والمؤهل العلمي، وسنوات الخبرة، ومستوى المدرسة، كما أعد الباحث استبانة تتعلق بموضوع الاحتياجات التدريبية لمديري المدارس في محافظة جرش. وتوصلت الدراسة إلى أن درجة الاحتياجات التدريبية في مجال استخدام الحاسوب في الإدارة مرتفعة، ودرجة الاحتياجات التدريبية في مجال استخدام الحاسوب كانت متوسطة.

كما قام الجسار (٢٠٠٤) بدراسة بعنوان " درجة فاعلية برنامج الرخصة الدولية لاستخدام الحاسوب في تحقيق أهداف الإدارة المدرسية لدى مديري المدارس العامة في محافظة عمان من وجهة نظر المشرفين التربويين"، وقد تشكل مجتمع الدراسة من جميع المشرفين التربويين في مديريات التربية والتعليم في محافظة عمان العاصمة وعددهم (١١٩) مشرفاً. ولغايات جمع معلومات الدراسة استخدمت استبانة لقياس أداء المديرين في المجال الإداري والفني، وكانت نتائج الدراسة على النحو الآتي: إن فاعلية برنامج الرخصة الدولية لاستخدام الحاسوب على أداء مديري المدارس في تحقيق أهداف الإدارة المدرسية في المجال

الإداري كانت متوسطة، وإن فاعلية برنامج الرخصة الدولية لاستخدام الحاسوب على أداء مديري المدارس في المجال الفني كانت متوسطة وظهرت آثارها في السجلات والوثائق الرسمية واللوازم، وعدم وجود فروق ذات دلالة إحصائية لبرنامج الرخصة الدولية لاستخدام الحاسوب على أداء المديرين في تحقيق أهداف الإدارة المدرسية من وجهة نظر المشرفين التربويين تعزى إلى متغيرات الجنس أو الخبرة الإدارية أو المؤهل العلمي.

وأجرى القيسي ـ (٢٠٠٥) دراسة بعنوان: " مستوى كفاءة برامج تكنولوجيا المعلومات والاتصالات وعلاقتها بمستوى الأداء الإداري من وجهة نظر مديري ورؤساء أقسام الوحدات الإدارية في الجامعات الأردنية العامة". تكون مجتمع الدراسة وعينتها من جميع المديرين ورؤساء الأقسام في الوحدات الإدارية في الجامعات الأردنية العامة، وبلغ عددهم (٤١٠) أفراد. ولتحقيق هدف الاستبانة تم تطوير استبانة مكونة من قسمين: القسم الأول استبانة خاصة لقياس مستوى كفاءة برامج تكنولوجيا المعلومات والاتصالات في الجامعات الأردنية العامة، والقسم الثاني، استبانة خاصة لقياس مستوى الأداء الإداري في الجامعات الأردنية العامة. أظهرت نتائج الدراسة أن برامج تكنولوجيا المعلومات والاتصالات في الجامعات الأردنية جاءت على مستوى عال من الكفاءة، ولكل المجالات، كما بينت النتائج أن مستوى الأداء الإداري في الجامعات مرتفع ولكافة المجالات وأن هناك علاقة ارتباطيه إيجابية دالة إحصائياً بين مستوى كفاءة برامج تكنولوجيا المعلومات والاتصالات، ومستوى الأداء الإداري في هذه الجامعات.

وقامت عميره بدراسة (٢٠٠٦) عنوانها " دور تكنولوجيا الاتصالات والمعلومات في تطوير الإدارة المدرسية من وجهة نظر المشرفين التربويين ومديري المدارس الثانوية في مديريات التربية في عمان" ولتحقيق هدف الدراسة تم تطوير استبانة مكونة من (٥٩) فقرة موزعة على جانبين إداري وفني لأعمال مدير المدرسة. وتم تطبيق الاستبانة على (٣٦٦ فرداً) وهم جميع المشرفين التربويين والمشرفات التربويات ومديري ومديرات المدارس الثانوية في مديريات التربية والتعليم في عمان، وقد بينت النتائج أن تقديرات

المشرفين التربـويين ومـديري المـدارس الثانويـة لـدور تكنولوجيـا المعلومـات الاتصـالات في تطوير الإدارة المدرسية كانت عالية في الجانبين الفني والإداري وفي المجالات جميعها.

وأجـرى العنـزي (٢٠٠٦) دراسـة بعنـوان واقـع اسـتخدام المشرفين التربـويين للحاسوب في مهماتهم الإدارية والفنية بمنطقة الحدود الشـمالية في المملكـة العربيـة السعودية. وتكون مجتمع الدراسة من جميع المشرفين، للعام الدراسي (٢٠٠٥/ ٢٠٠٦)، والبالغ عددهم (٧٢) مشرفاً و (١٠٤) مشرفات وتم اسـتخدام اسـتبانه تطبيقـات الحاسوب في المهمات الإدارية، و المهمات الفنية، والصعوبات التي تحد من اسـتخدام المشرفين التربويين للحاسوب في مهماتهم. وكان من أهم نتائج الدراسة وجود تباين في اسـتجابات أفـراد مجتمـع الدراسـة لاسـتخدام أفـراد مجتمـع الدراسـة للحاسـوب في مهماتهم الإدارية والفنية لاستخدام برمجيات أوفيس (Office) في المهمات الإدارية عن بقية التطبيقات الأخرى، مثل اسـتخدام برمجيـات أوفـيس (Office) في المهـام الفنية، ووجود صعوبات من أهمها عدم توفر الوقـت الكـافي لاسـتخدام الحاسـوب و قلة الحوافز المادية والمعنوية للمشرف والمتعلقة باستخدام الحاسـوب، وعـدم الإلمـام بأسس التصميم التعليمي وتوظيفها في مجال إنتاج البرمجيـات التعليميـة المحوسـبة، ووجود فروق ذات دلالة إحصائيا، في استجابات المشاركين لاستخدامات الحاسوب بين الذكور والإناث في مجال المهمات الإدارية لصالح الإناث باسـتثناء اسـتخدام برمجيـات أوفيس الذكور، ووجود فروق ذات دلالة إحصائياً في استجابات المشـاركين للتطبيقـات المستخدمة حسب المؤهل العلمي لصالح الماجستير.

ب- الدراسات الأجنبية

قام فيشر (A و١٩٩٩وFisher) بدراسـة بعنـوان " حوسـبة الإدارة المدرسـية" اشـتملت عينتها على عدد من إداريي المدارس ووزعت اسـتبانات تتعلـق بحوسـبة الإدارة المدرسـية، إذ بحث فيها تطور واستخدام أهمية ما أسماه بنظام معلومـات الإدارة المدرسـية حيـث أوضـح أربعة محاور مهمة لتطبيق هذا النظام والإفادة منه وهي: إستراتيجية تصميم وتطوير النظام المعلوماتي، ونموذج ضبط جودة النظام. وكيفية اسـتخدام نظـام المعلومـات، وتـأثير اسـتخدام نظام المعلومات، وعوامل أخرى تؤثر على استخدام النظام. وتبين من نتائج الدراسة أن هناك

أثراً لاستخدام الحاسوب على الإدارة المدرسية في سرعة الإنتاج وتوفير الوقت أكثر من المدارس ذات النظام الاعتيادي.

كما قام فيشر (B و١٩٩٩وFisher) بدراسة أخرى بعنوان " الكمبيوتر المساعد في الإدارة المدرسية / التجربة الهولندية " إذ درس أهمية استخدام الحاسوب في الإدارة المدرسية، واشتملت عينة الدراسة على عدد من إداريي المدارس، وأعد فيشر استبانه لهذا الموضوع وتوصل إلى أن استخدام الحاسوب في الإدارة المدرسية مر بثلاث مراحل وهي العمل المنفرد، إذ استخدمت المدارس الحاسوب في الإدارة المدرسية بشكل منفرد دون الاعتماد على مدارس أخرى أو التعاون معها. واللامركزية، حيث استخدمت المدارس الحاسوب في الإدارة المدرسية مع مدارس أخرى تنتمي لنفس المنطقة التعليمية. والمركزية في هذه المرحلة كان الموقع الرئيس للحاسوب الوزارة نفسها، وأصبحت المعلومات تصل إليها من جميع المدارس وتم معالجتها وإرسالها كما ينبغي للمدارس المعنية. أما مستقبل استخدام الكمبيوتر في مدارس هولندا فإن فيشر يرى أن العديد من المدارس ستحتاج نظام معلومات ذا جودة عالية لاستخدامه في الإدارة المدرسية، وهذا سيتطلب إنشاء قاعدة معلومات تفاعلية من خلال نظام معلومات مرن مرتبط بشبكة واسعة يمكن أن يستخدم في مدارس عدة، مما سيدفع العديد من المدارس لاستخدامه للحصول على المعلومات التي تحتاجها.

وأجرى ديجاسيمو (Dejacimo,1998) دراسة حول تحسين نظام إدارة المعلومات التربوية في مقاطعة أوهايو بالولايات المتحدة الأمريكية. وقد اشتملت الدراسة على أكثر من سبعين وثيقة لها علاقة بنظام إدارة المعلومات، وزيارات إشرافية شملت (١٣) منطقة تعليمية، ومقابلات مع بعض الموظفين من قسم الخدمات الإدارية وقسم التربية بمقاطعة أوهايو، واجتماع مع مجموعتين من الموظفين الذين يعملون على نظام إدارة المعلومات لمناقشة الصعوبات التي تواجههم. وتوصلت الدراسة إلى عمل خطة شاملة لتطوير نظام المعلومات التربوية، وتطوير قسم التربية بأوهايو لتزويد نظام إدارة المعلومات التربوية بالبيانات المطلوبةووضع مشروعين للتطوير،الأول قصيرالمدى يهدف إلى تطوير البيانات المخزنة

وربطها بالبيانات الواردة من الأجهزة الأخرى، والآخر طويل المدى يهدف إلى تطوير شامل للنظام بحيث تدخل المعلومات مرة واحدة، وتحويل نظام إدارة المعلومات التربوية من قاعدة هندسية إلى قاعدة بيانات عامة للإيفاء بالمتطلبات الخاصة بالتحليل والتقرير التي يحتاجها القسم.

وفي دراسة لكل من سنكو وليتنن (Sinko & Lehtinen ,١٩٩٩) بعنوان " التحديات التي تواجه تكنولوجيا المعلومات والاتصالات في العملية الإدارية والتعليمية الفنلندية " وكانت أدوات الدراسة ثلاث استبانات تناولت الموضوع نفسه والتي صممت في مركز تعليم برامج تكنولوجيا المعلومات والاتصالات في جامعة هلسنكي، الاستبانة الأولى للطلبة والثانية للمعلمين والثالثة لإدارات المدارس، وزعت الاستبانات على (٢٠٠) مدرسة أساسية، و(١٠٠) مدرسة ثانوية دنيا، و(١٠٠) مدرسة ثانوية عليا، يهدف إلى استقصاء مدى جاهزية هذه المدارس من حيث المعدات ومدى استخدامها من قبل الإداريين والمعلمين، كما هدفت إلى معرفة إسهامات تكنولوجيا الاتصالات والمعلومات في المناهج في ذلك الوقت، وما التطورات المستقبلية، وما الكفايات التي يمتلكها الإداريون والمعلمون بالإضافة إلى اتجاهات الإداريين والمعلمين والطلبة نحو التعليم والمعلومات، وأثر تكنولوجيا المعلومات والاتصالات كأداة للتعلم وأثر هذه الاتجاهات على التطبيق العملي، ومدى إتقان الطلبة للمهارات الحاسوبية. وخلصت هذه الدراسة إلى ضرورة تحديث وزيادة عدد الحواسيب المستخدمة، وكذلك حاجة الإداريين إلى التدريب.

وأجرى ليبوتز (Liebowttz, 1999) دراسة بعنوان " نظم المعلومات الإدارية: النجاح أم الفشل؟". أجريت في الولايات المتحدة الأمريكية على (١٥) مديراً يديرون نظم معلومات في مؤسسات مختلفة ومن خلال استبانة اشتملت على (٤١) سؤالاً وذلك بغرض معرفة مدى النجاح أم الفشل في أنظمة المعلومات الإدارية في تلك المؤسسات. وكان من بين نتائج الدراسة أن العامل الرئيس في فشل أنظمة المعلومات الإدارية يتعلق بالإدارة والقضايا التنظيمية المتعلقة بها. كذلك أشارت النتائج إلى أن هناك درجة رضا جيدة من قبل المديرين عن أنظمة المعلومات الإدارية ، وأن مخرجات هذه الأنظمة ذات فائدة كبيرة ، ولكن إجراءات

المدخلات صعبة في الفهم والاستخدام. كما أظهر غالبية المستجيبين أن أنظمة المعلومات الإدارية تحسن الطرق الإدارية ولم تحسن الإنتاج والخدمات. وبشكل عام فقد أظهر المستجيبون أن أنظمة المعلومات أضافت قيمة للأنشطة التي كانوا قد أنجزوها. وأشارت الدراسة إلى أن هناك عوامل تؤثر في نجاح نظام المعلومات الإدارية تتمثل في سلوك المديرين فيما يتعلق باتجاهاتهم نحو أنظمة المعلومات الإدارية وخبرات العاملين فيها.

وأجرى تيلم (Telem, ١٩٩٩) دراسة بعنوان " دراسة حالة حول تأثير حوسبة الإدارة المدرسية على دور مدير الدائرة التعليمية"، إذ درس تأثير حوسبة الإدارة المدرسية في المدارس الثانوية على دور مديري المناطق التعليمية من حيث التغيرات الفنية المهمة المؤثرة في المعلومات المدرسية وكيفية التعامل معها. وأجريت الدراسة على مديري عشر مناطق تعليمية تضمنت الدراسة علاقتهم مع مديري المدارس الثانوية، والمعلمين، والمعلمين مربي الصفوف، والمشرفين التربويين، وصمم الباحث استبانات حول تأثير الحواسيب على الإدارات المدرسية في المدارس الثانوية. وتوصلت الدراسة، أن الكمبيوتر المساعد في الإدارة المدرسية له تأثيرات واضحة في ستة مجالات إدارية تخص مدير الدائرة التعليمية وهي: المساءلة، وتقييم عملية التدريس، وتقييم الإشراف، وجود التغذية الراجعة الفورية، وإمكانية الاجتماعات بشكل متواصل، والمشاركة باتخاذ القرار.

وأجرى توركزادن ودول (Torkzadan & Doll, 1999) دراسة بعنوان: " تطوير أداة لقياس الأثر المدرك لاستخدام برامج تكنولوجيا المعلومات والاتصالات على العمل". تكونت عينة الدراسة من (٤٠٩) مستجيب في (٥٠) مؤسسة حكومية أمريكية، إذ توصلت الدراسة إلى أن برامج تكنولوجيا المعلومات والاتصالات تعد مقياساً للكفاءة الإنتاجية، لأن لها أهمية كبيرة بالنسبة للإدارة التنفيذية. كما أن برامج تكنولوجيا المعلومات والاتصالات تحفز على القيام بدراسات جديدة من خلال تأثيرها على زيادة إنتاجية وإبداعية المهام، الرضا الوظيفي، وتفعيل الرقابة الإدارية داخل المؤسسات.

وقـام أوسـبروكس (Ausbroks, ٢٠٠٠) بدراسـة للكشـف عـن مـدى أهميـة استخدام التكنولوجيا في مجال تطوير الإدارة المدرسية. واشتملت عينة الدراسة علـى مجموعة من مديري المدارس في نيوجرسي بلغ حجمها (٢٨٧) مديراً. وصمم الباحث استبانة تتعلق بهذا الموضوع.

وتوصلت الدراسـة إلى وجـود علاقـة بـين مسـتوى مـديري المـدارس في اسـتخدام تكنولوجيا المعلومات وبين مستوى إثراء تكنولوجيا المعلومـات في مدارسـهم، ووجـود فروق جوهرية بين المديرين في كفاءة اسـتخدام الحاسـوب، وبصـفة خاصـة المتعلقـة بإدارة التكنولوجيا كقادة تعليميين، وتحليل البيانات وتجميعها غالبا مـا تتجاهلهـا القيادات المدرسية خلال عملية اتخاذ القرار، إن الاستخدام الجيد للبيانات يعد عـاملا مهما في الاضطلاع بالإصلاحات التربوية وتقديم العون والمساعدة للمدارس والقيادات المدرسية والمعلمين والطلاب.

وأجرى باريت (Barret, 2001) دراسة بعنوان " عوامل تطـوير الإدارة وتأثيرهـا في استخدام المديرين لنظم المعلومات الإدارية". تكونـت عينـة الدراسـة مـن جميـع مديري المـدارس الحكوميـة في ولايـة تكسـاس الأمريكيـة الـذين يسـتخدمون أنظمـة المعلومات الإدارية. وتم جمع البيانات من خلال استبانة. وتوصلت الدراسة إلى زيـادة الفائدة لأنظمة المعلومات الإدارية تشترك مع قيم المعلومات التي تتفق إيجابيـاً مـع فائدتها، وفاعليتها، ووظيفتها. وأن قلة الفائدة قورنت مع مستوى المهارة التي تشترك بإدراك أن نظام المعلومات مربك، معقد، إضافة إلى خبرة المديرين الذين يستخدمون أنظمة المعلومات الإدارية، كمـا توصلت إلى أن مـديري المـدارس الثانويـة يعتمدون بشكل كبير على أنظمة المعلومات الإدارية مما يساعدهم على إنجاز أعمالهم.

أمـا دراسـة كـارتر (Carter, ٢٠٠١) فقـد هـدفت إلى التعـرف إلى المشـرف التربـوي ومهامه وواجباته ونمـاذج الاتصـال بـين المشـرفين والإداريـين والمعلمـين والطلاب وتطبيق تكنولوجيا الاتصالات وإدارة المعلومات من أجل تحقيق الاتصال الفعال بينهم، كما هدفت الدراسـة إلى إدخـال التكنولوجيا الحديثة في الإشراف التربوي، وتطوير البنيـة التحتيـة الالكترونية المناسبة لتطبيق تكنولوجيا المعلومات والاتصالات في المدارس. وتكونت عينة

الدراسة من عدد من المشرفين والإداريين والمعلمين والطلاب في استراليا، وقد استخدمت المقابلة لجمع البيانات اللازمة لتحقيق أهداف الدراسة. وقد أظهرت النتائج وجود معيقات وصعوبات في إدخال الحاسوب ضمن العملية الإشرافية، وضرورة أن يكون الإشراف عملية تفاعلية تتضمن المشاركة في تبادل المعلومات بين المشرفين والإداريين والمعلمين.

كما قام كين (٢٠٠١, Cean) بدراسة عن استخدام الحاسوب بوساطة الإداريين في المدارس العامة بغرب فرجينيا. حيث شملت الدراسة (٥٠٣) مديرين، وصممت استبانة بخصوص ذلك. وتوصل فيها إلى أن أكثر البرامج استخداماً من قبل أفراد العينة هي برنامج معالج النصوص، وبرامج البريد الإلكتروني، بينما قل استخدام الجداول الإحصائية وبرامج نظم المعلومات، وأشارت نتائج الدراسة إلى أهمية الدورات والبرامج التدريبية لتشكل وعيا عند الإداريين في استخدام برامج تكنولوجيا المعلومات والاتصالات، وأظهرت نتائج الدراسة وجود اتجاهات إيجابية لدى الإداريين الذين يستخدمون برامج تكنولوجيا المعلومات والاتصالات إضافة إلى وجود مجموعة من المعوقات تتمثل في ضعف البنية التحتية وقلة الوقت المتاح للإداريين لاستخدام برامج تكنولوجيا المعلومات والاتصالات.

وتحت عنوان " تكنولوجيا المعلومات والاتصالات في المدارس الثانوية: دور قيم مختبر الحاسوب" أجرى لاي وبرات (Lai & Pratt, 2002) دراسة هدفت إلى تقييم استخدام تكنولوجيا المعلومات والاتصالات في المدارس في نيوزلندة، كما هدفت الدراسة إلى البحث عن دور منسقي تكنولوجيا المعلومات والاتصالات والمعوقات التي تواجههم. وتشكلت عينة الدراسة من (٢١) مدرسة ثانوية، واستخدم الباحث أدوات المقابلة والاستبانة لجمع البيانات، وتم إجراء المقابلات مع (١٤) شخصاً من منسقي تكنولوجيا المعلومات والاتصالات في المدارس، وتم توزيع الاستبانة على (٢١) مدرسة ارتبطت الاستبانة بدور المنسق في تفعيل برامج تكنولوجيا الاتصالات والمعلومات في المدرسة. وأظهرت نتائج الدراسة أن منسقي تكنولوجيا المعلومات والاتصالات في هذه المدارس يتمتعون بكفاءة عالية وأنهم يحتلون مركز القيادة في هذا المجال، وكان لهم تأثير واضح على لقيام بتفعيل منظومة (ICT) في المدرسة، وأما بالنسبة للمعوقات التي تواجههم فدلت النتائج أن هناك نقصاً في

مصادر التكنولوجيا في هذه المدارس، وإيجاد خطط لتعاون معلمي المباحث مع منسقي التكنولوجيا لإدماج تكنولوجيا المعلومات والاتصالات في الإدارة وتنظيم وإجراء الاختبارات المدرسية والتدريس.

وفي دراسة أجرتها أدمنسون (Edmonson, ٢٠٠٣) في إنجلترا حول الاحتياجات التدريبية للإداريين والمعلمين لتوظيف (ICT)، واتجاهاتهم نحو الحاسوب وملحقاته، طورت الباحثة استبانة طبقت على عينة الدراسة، كما صممت برنامجاً تدريبياً يهدف إلى تغيير اتجاهات المعلمين الخطأ وتحويلها إلى اتجاهات إيجابية وأكثر انفتاحاً نحو (ICT) وصمم البرنامج بطريق مشوقة وجذابة وتعطي حرية للمتدربين باختيار النشاط الذي يلبي احتياجاتهم، ويسمح لهم بعمليات الاستكشاف أثناء ممارسة الأنشطة، لأن ذلك يسهم في التخلص من القلق المرتبط عادة بارتكاب الأخطاء، ويسمح لهم بتحديد مسار تعلمهم الخاص، وأثناء ذلك يكتشفون مهارات جديدة، ويستمتعون أثناء عملهم، وتوصلت الباحثة أن عند الإداريين والمعلمين شعوراً بأنه من الضروري أن تكون المهارات المطلوبة والتي تنقصهم ذات علاقة بخبرتهم، ويمكن استخدامها بشكل فوري، ووجدت أن لمحتوى التدريب دوراً كبيراً في تغيير اتجاهات الإداريين والمعلمين، حيث توصلت إلى اتجاهات إيجابية نحو (ICT) وإلى زيادة الثقة بالنفس، وأكدت على أهمية دور المدير في الالتزام ومتابعة التنفيذ مع الحرص على توفير المتطلبات اللازمة لأن ذلك له دور كبير في المحافظة على الاتجاهات الإيجابية وحسن التعامل مع الأنشطة والأمور الإدارية وتنظيم وإجراء الاختبارات المدرسية.

وهدفت دراسة كريستوفر (Christopher, ٢٠٠٣) إلى تعرف مدى تأثير استخدام تكنولوجيا المعلومات من قبل المديرين في المدارس الثانوية على عملية صنع القرار. وقد تم الاتصال هاتفياً مع أفراد عينة الدراسة من مديري المدارس العامة جنوب نيومكسيكو لمعرفة آرائهم حول الاشتراك في الدراسة وأخذ آرائهم، وتم توزيع استبانات تتعلق بمدى تأثير استخدام برامج تكنولوجيا المعلومات والاتصالات على المديرين في صنع القرار. وقد أظهرت النتائج أن المديرين الذين يستخدمون تكنولوجيا المعلومات يمتلكون سلوكات إدارية تنظيمية جديدة، وذلك يمكنهم من صنع القرارات، وتنظيم أعمالهم. كما أظهرت النتائج أن استخدام

تكنولوجيا المعلومات ساعد على تهيئة فرص تعليمية جديدة عند الطلبة. وفي مجال معرفة أثر استخدام تكنولوجيا المعلومات من قبل المعلمين عن تفاعلهم الصفي، أظهرت النتائج أن المعلمين الذين يوظفون تكنولوجيا المعلومات يمكنهم مساعدة الطلاب على بناء مواقف جديدة لدى الطلبة نحو عملية التعلم والتعليم كما أظهرت النتائج أيضاً وجود علاقة إيجابية لاستخدام تكنولوجيا المعلومات من الإداريين والمعلمين بالإدارة وتنظيم الصف، وتنظيم وإجراء الاختبارات المدرسية.

وفي دراسة العجلوني (Ajlouni , ٢٠٠٤) كان الهدف الحصول على مؤشرات إحصائية لمدى دمج تكنولوجيا المعلومات والاتصالات في العمليات التعليمية، ففي العام الدراسي ٢٠٠٤ بدأت المرحلة الأولى بإعداد استبانة لعينة من مدارس وزارة التربية والتعليم الأردنية وقد اهتمت بالبنية التحتية (معدات، برمجيات، وسائل اتصال)، واستخدام ICT في المنهاج (الممارسات البيداغوجية، الأهداف المتصلة بتكنولوجيا التعليم، استخدام الإنترنت)، و تطوير الكوادر التعليمية (الأهداف ومدى تحقيقها)، والمسائل المتعلقة بالإدارة والتنظيم. وتكونت عينة الدراسة من جميع مدارس وزارة التربية والتعليم الأردنية التي تمتلك حواسيب مدرسية ومراحل دراسية من الصف السابع فما فوق والبالغ عددها (١٢٤٠) مدرسة يدرس بها حوالي (٣٥١٢٧٩) واستخدمت الاستبانة كأداة تم تطويرها مسبقاً لمديري المدارس ومشرفي مختبرات الحاسوب. وكانت نتائج المرحلة الأولى أنه خلال الأعوام القليلة الماضية تحسن الوصول إلى تكنولوجيا المعلومات والاتصالات واستخدامها في المدارس الأردنية وأن جميع المدارس من خلال إداراتها وبحلول ربيع (٢٠٠٤) تمكنت من استخدام الحواسيب مما أدى إلى دمج تكنولوجيا الاتصالات والمعلومات في العملية التعليمية سواء أكان ذلك على مستوى التعليم أم الإدارة المدرسية. كما امتلكت غالبية المدارس وإداراتها برمجيات تطبيقية إلا أن البرمجيات الخاصة بتوظيف برامج تكنولوجيا الاتصالات في المناهج المدرسية كان منخفضاً وكذلك الدخول للإنترنت.

وهدفت دراسة السودي والعضايلة(Alsudi& Adaieleh ,٢٠٠٤)إلى التعرف إلى واقع وحجم استخدام أعضاءهيئة التدريس في جامعة البلقاءالتطبيقيةفي الأردن أجهزة

الحاسوب والإنترنت وبعض وسائل الاتصال الإلكترونية في العملية التعليمية والإدارية والاستخدامات الشخصية، واتجاهاتهم نحو استخدام هذه التكنولوجيا، وتحديد أبرز المعوقات التي تقلل من استخدام هذه التكنولوجيا في الغرفة الصفية، وشملت عينة الدراسة (٢٩٤) عضو هيئة تدريس وإداري من مختلف الكليات في جامعة البلقاء التطبيقية .

ودلت النتائج أن غالبية أفراد العينة يستخدمون الإنترنت والحاسوب للأغراض الشخصية، كما يعتقدون أهمية الآثار الإيجابية على العملية التعلمية التعليمية. وبينت النتائج أهم الأسباب والمعوقات التي تحد من استخدام هذه الوسائل هي عدم توافرها أو عدم استخدامها عند الحاجة، وغلاء ثمنها، ونقص المهارة والخبرة والوقت المتاح لاستخدامها.

خلاصة الدراسات السابقة:

بعد استعراض الدراسات السابقة لوحظ أنها تنوعت في أهدافها، فبعضها هدف إلى تقييم واقع النظام الإداري في وزارة التربية والتعليم، وبعضها هدف إلى تقييم مشاركة القادة التربويين في التخطيط التربوي في وزارة التربية والتعليم، ومنها ما هدف إلى إعداد نظام تكنولوجي معلوماتي تربوي في المجال التخطيطي وتنسيق الوظائف بين مديريات التربية والتعليم .

وقد أظهرت الدراسات السابقة مدى اهتمام الإدارات ببرامج تكنولوجيا المعلومات والاتصالات في مجال التعليم خاصة عربياً وعالمياً، ورسمت صورة واضحة عن تأثير برامج تكنولوجيا المعلومات والاتصالات على أداء كل من الإداريين والمعلمين والعاملين والطلبة، واتجاهاتهم نحو التكنولوجيا التي يستخدمونها.

كما استخدمت هذه الدراسات طرقاً مختلفة لجمع البيانات والحصول على المعلومات مثل مراجعةالأدب المكتوب، وتطبيق الاستبانات، ودراسة التقارير، والزيارات الميدانية.و يلاحظ أن توظيف برامج تكنولوجياالمعلومات والاتصالات في الدول العربيةلا تزال بحاجة إلى مزيد من الاهتمام والتطويروالإفادةمن تجارب الدول المتقدمةفي هذا المجال،كما تحتاج

إلى مزيد من الموارد المالية والكوادر البشرية المدربة اللازمة، ودعم من قبل المسؤولين على جميع المستويات ليحقق أهدافه.

إن ما يميز هذه الدراسة عن الدراسات السابقة أنها سعت إلى معرفة دور الإدارة المدرسية في توظيف برامج تكنولوجيا المعلومات والاتصالات لخدمة العملية التعليمية في المدارس الاستكشافية ومقارنتها بغيرها في المدارس الاعتيادية، وهو ما لم يدرس حتى الآن اذا جاز القول.

الفصل العاشـــر

نموذج مقارنة بين مدرسة استكشافية ومدرسة اعتيادية

الطريقـة والإجراءات

يتناول هـذا الفصـل الطريقـة والإجراءات التـي انتهجهـا المؤلـف للمقارنـة بـين المدرسة الاستكشافية والمدرسة الاعتيادية:

منهج المقارنة

اعتمـد المؤلف منهـج المقارنـة بين مدرسة استكشافية واعتيادية، من خـلال دراسـة المواقع والتحقـق من البيانات وربطهـا ومقارنتها للخـروج بنتائـج يمكـن اعتمادهـا في التعـرف إلى دور الإدارة المدرسـية في توظيـف بـرامج تكنولوجيا المعلومـات لخدمـة العمليـة التعليميـة في المدارس الاستكشافية. وقد اختيرت لهـذا الغرض مدرستان واحدة استكشافية والأخرى اعتيادية.

- اختيار مدرستي الدراسة:

حيـث بدأ العمل في شهر تمـوز مـن عـام (٢٠٠٧) بدراسـة استطلاعيـة بـدأ مـن خلالهـا استطلاع آراء بعـض الأسـاتذة في الجامعـات الأردنيـة الحكوميـة والخاصـة، ومديرية إدارة التدريب والتأهيل والإشـراف التربوي في وزارة التربية والتعليـم الأردنية والأقسام التابعة لها في مديريات التربية والتعليم، ومنسقة بـرامج المبـادرة التعليميـة الأردنيـة، ومديـري المـدارس، حـول وجهـة نظرهـم في صفـات المدرسـة الاستكشافية والمدرسـة الاعتياديـة المتميـزة. وكانـت نتيجـة الاستطـلاع أن تـم اختيـار مدرسـتين، إحداهما استكشافية توظـف بـرامج تكنولوجيا المعلومـات والاتصالات في الأنشطة المدرسية الرياضية والفنية والموسيقية، وحفظ السجلات والوثائق الرسـمية، وتنظيم وإجراء الاختبارات المدرسية، والأخرى اعتيادية، بناء على المعايير الآتية:

- أن لا تقل خبرة مدير المدرسة المختارة في مجال الإدارة المدرسية عن خمس سنوات.

- أن يكون مدير المدرسة حاصلاً على شهادة دبلوم عالي في التربية في أقل تقدير.

- أن يكون المدير قد حصل على ثلاثة تقارير بتقدير جيد جداً مرتفع في آخر ثلاث سنوات.

- أن تكون المدرسة قد شاركت خارج الأردن ـ إن حصل ذلك ـ وداخله على مستوى الوزارة في العديد من الفعاليات، والأنشطة (الرياضية والفنية، والموسيقية)، وحازت على نتائج.

- أن يكون مستوى تحصيل الطلاب في المدرسة للعام الدراسي ٢٠٠٦/ ٢٠٠٧م مرتفعاً مقارنة مع المدارس الأخرى المشابهة.

- أن تكون المدرسة حاصلة على تقرير إيجابي عالي من المشرف الإداري للمدرسة للعام الدراسي ٢٠٠٦/ ٢٠٠٧م بالاستناد إلى تقارير زياراته الميدانية للمدرسة في العام نفسه.

بناء على ما تقدم اقترحت مديرية التدريب والتأهيل والإشراف التربوي في وزارة التربية والتعليم الأردنية، والأقسام التابعة لها في مديريات التربية والتعليم، ومنسقة برامج المبادرة التعليمية الأردنية، عشر ـ مدارس، خمس منها استكشافية، وخمس أخرى اعتيادية، تنطبق عليها هذه المعايير. وبعد ذلك تم القيام بمسح شامل لهذه المدارس، من خلال زيارة هذه المواقع بإذن رسمي عمم على مدارس وزارة التربية والتعليم الأردنية، بهدف التعرف إليها والاطلاع على تقاريرها ووثائقها وسجلاتها، ورصد دور الإدارة المدرسية في توظيف برامج تكنولوجيا المعلومات والاتصالات لخدمة الأنشطة الرياضية والفنية والموسيقية، والسجلات والوثائق الرسمية، وتنظيم وإجراء الاختبارات المدرسية، وملاحظة مدى استعداد هذه المدارس للمشاركة والتعاون. وبعد تحليل ما تم جمعه من بيانات تم اختيار مدرسة استكشافية واحدة مختلطة، ومدرسة اعتيادية واحدة للإناث اختياراً قصدياً إذ إنهما الأكثر تطابقاً مع المعايير الموضوعة لأغراض اختيار المدرسة، بالإضافة إلى التعاون والاستعداد الذي أبدته المدرستان من خلال إدارتيهما.

ومع نهاية آب عام ٢٠٠٧م تم زيارة المدرستين لأخذ الموافقة من إدارتهما، للبدء بإجراءات الدراسة في الوقت المناسب لهما وملاحظتهما من الداخل، وإجراء المقابلات مع المعنيين موضوع الدراسة، والاطلاع على الوثائق والسجلات الرسمية الخاصة بهما.

وبدأت إجراءات الدراسة من بداية شهر أيلول عام ٢٠٠٧م بزيارة الموقعين الأول والثاني، وفيما يأتي وصف لكل من المدرستين:

الموقع الأول المدرسة الاستكشافية:

وعدد شعبها (٢٣) شعبة، من الصف الأول الأساسي وحتى الصف الثاني الثانوي، بفروعه العلمي والأدبي والإدارة المعلوماتية، ومجموع طلبتها (٦٦٠)، وعدد الإداريات   (٨) إداريات، وعدد معلماتها (٣٤) معلمة، وعدد المستخدمين (٤) مستخدمين، ويبلغ عدد اللواتي يحملن شهادة دبلوم متوسط (٣) إداريات ومعلمات، وعدد اللواتي يحملن شهادة البكالوريوس (٢٦) إدارية ومعلمة، وعدد اللواتي يحملن شهادة دبلوم عالٍ (٦) إداريات ومعلمات، وعدد اللواتي يحملن شهادة الماجستير (٥) إداريات ومعلمات، وعدد اللواتي يحملن شهادة الدكتوراه (٣) وعدد اللواتي تدربن على دورة ICDL (٢٩) إدارية ومعلمة، وعدد اللواتي تدربن على دورة INTL (١٣) إدارية ومعلمة، وعدد اللواتي تدربن على دورة WORLD LINKS (٣)، وعدد الحاصلات على دورة صيانة وتشغيل الحاسوب (٢)، وتقدم المدرسة العديد من الأنشطة مثل: النشاط الفني والمسرحي والموسيقي، وأنشطة بيئية، وتوعية مرورية وأنشطة رياضية، أما البناء المدرسي فيتألف   من (٣) طوابق، الطابق الأرضي يتكون (١٢) غرفة، عدد غرف الإداريات (٤) (غرفة المديرة والمساعدة ، والكاتبة، والمرشدة) و (٨) غرف أخرى المسرح، والحضانة، وغرفة المهني، وغرفة المعلمات، ومختبر حاسوب، ومختبر علوم، ومطبخ، وغرفة وسائط متعددة (Multimedia) ويضم الطابق الأرضي (٤) مداخل وحديقتين، وساحتي اصطفاف وألعاب. إذ يحتوي الطابق الأول (١٢) غرفة صفية، ومختبرين للحاسوب، ومكتبة مدرسية واحدة، ومختبران للعلوم، ومستودع، ودورة مياه. ويحتوي الطابق الثاني (١٢) غرفة صفية، ودورة مياه، وصفوفه كبيرة الحجم، تحوي ألواحاً عادية وألواح وايت بورد و (١٠) لوحات إعلانات، ومقاعدها فردية وزوجية متجاورة نسبياً وعددها (٢٥) في كل شعبة، وعدد الطالبات في كل شعبة (٢٨).

جدول (١)

تشكيلات طلبة المدرسة الاستكشافية للعام الدراسي ٢٠٠٧/٢٠٠٨

الصف	عدد الشعب	عدد الطلاب	الجنس	التخصص
الأول الأساسي	٢	٥٥	مختلط	-
الثاني الأساسي	٢	٥٥	مختلط	-
الثالث الأساسي	٢	٦٣	مختلط	-
الرابع الأساسي	١	٣٥	إناث	-
الخامس الأساسي	١	٤٢	إناث	-
السادس الأساسي	١	٤٥	إناث	-
السابع الأساسي	٢	٥٠	إناث	-
الثامن الأساسي	٢	٦٠	إناث	-
التاسع الأساسي	٢	٦٧	إناث	-
العاشر الأساسي	٢	٥٥	إناث	-
الأول الثانوي	١	١٩	إناث	العلمي
الأول الثانوي	١	٢٧	إناث	الإدارة المعلوماتية
الأول الثانوي	١	٢٥	إناث	الأدبي
الثاني الثانوي	١	٢٠	إناث	العلمي
الثاني الثانوي	١	٢١	إناث	الإدارة المعلوماتية
الثاني الثانوي	١	٢١	إناث	الأدبي
المجموع الكلي	٢٣	٦٦٠	-	-

الموقع الثاني المدرسة الاعتيادية

وعدد شعبها (٢٢) شعبة، من الصف الأول الأساسي وحتى الصف العاشر الأساسي، ومجموع طالباتها (٨٤٠)، وعدد الإداريات (٧) إداريات، و (٣٧) معلمة، و(٤) مستخدمين، وبلغ عدد اللواتي يحملن شهادة دبلوم متوسط (٩) إداريات ومعلمات، وبكالوريوس (٢٦) إدارية ومعلمة، ودبلوم عالٍ (٣) إداريات ومعلمات، وماجستير(٥)

إداريات ومعلمات، ومعلمة واحدة تحمل شهادة الدكتوراه، وعدد اللواتي تدربن على دورة ICDL (٢١) إدارية ومعلمة، وعدد اللواتي تدربن على دورة INTL (٩) إداريات ومعلمات، ولم تتدرب أي منهن على دورة WORLD LINKS ، ولم تتدرب أي منهن على دورة صيانة وتشغيل الحاسوب، وتقدم المدرسة العديد من الأنشطة مثل (النشاط الفني والمسرحي والموسيقي، وأنشطة بيئية، وتوعية مرورية وأنشطة رياضية). أما البناء المدرسي فيتألف من (٣) طوابق وتضم جناحين؛ الجناح الأول ويضم الطابق الأرضي ويتكون من (٢٤) غرفة، وهي (٧) غرف إدارية (غرفة مديرة، ومساعدة، وكاتبة، ومرشدة تربوية) وغرفة معلمات، ومختبر حاسوب، ومختبران للعلوم، وغرفة صحة مدرسية، و(٤) مرافق صحية، ومطبخان، ومصلى، وحضانة، و(٤) غرف تعليمية، ومقصف مدرسي، ومستودع، ومشغل مهني كما ويشمل الطابق الأول (٤) مداخل، وساحة أمامية لاصطفاف الطالبات، وساحة مرورية خلفية، وحديقة مدرسية، ومدخلان رئيسيان خارجيان.

أما الطابق الثاني فيحتوي (٨) غرف، وهي (٦) غرف تعليمية، و مكتبة مدرسية واحدة فقط، وغرفة مهني. أما الطابق الثالث فيحتوي (٦) غرف تعليمية، وصفوفه كبيرة الحجم، تحوي ألواحاً عادية، و (٨) لوحات إعلانات للطالبات، مقاعدها فردية وزوجية متجاورة نسبياً وعددها في كل شعبة (٢٢) تقريباً، وعدد الطالبات في كل شعبة (٤٠) طالبة. والجناح الثاني يضم طابقين، الطابق الأول ويحتوي على (٤) غرف تعليمية، والطابق الثاني يحتوي (٤) غرف تعليمية، ويحتوي هذا الجناح على ساحة أمامية، بالإضافة إلى (٣) مرافق صحية، وصفوفه كبيرة الحجم، وتحتوي على طاولات وكراسي، وتحتوي على ألواحٍ عادية كما ويضم مدخلاً واحداً.

جدول(٢)

تشكيلات طالبات المدرسة الاعتيادية للعام الدراسي ٢٠٠٧/٢٠٠٨

الصف	عدد الشعب	عدد الطلاب	الجنس	التخصص
الأول الأساسي	٢	٦٩	إناث	-
الثاني الأساسي	٢	٧٠	إناث	-
الثالث الأساسي	٢	٨١	إناث	-
الرابع الأساسي	٢	٨٧	إناث	-
الخامس الأساسي	٢	٨٥	إناث	-
السادس الأساسي	٢	٩٦	إناث	-
السابع الأساسي	٣	١١٨	إناث	-
الثامن الأساسي	٣	١١٧	إناث	-
التاسع الأساسي	٢	٨٥	إناث	-
العاشر الأساسي	٢	٨٧	إناث	-
المجموع الكلي	٢٢	٨٩٥	-	-

المشاركون في الدراسة:

شارك في الدراسة ثماني عشرة عاملة في كل من المدرستين من إداريات وقائمات على الأنشطة المدرسية، قام الباحث باختيارها بطريقة قصديه للتعاون مع الباحث في الإجابة عن أسئلته، و توضيح الإمكانات والإجراءات التي تعتمدها المدرستان في أداء أعمالهن، وهن على النحو الآتي:

١- الجهاز الإداري في المدرسة الاستكشافية: ويتكون من (مديرة المدرسة، والكاتبة، والمرشدة التربوية، وأمينة المكتبة، وقيمة مختبر العلوم، وقيمة مختبر الحاسوب)، وعددهن(٦) إداريات.

٢- الجهاز الإداري في المدرسة الاعتيادية: ويتكون من (مديرة المدرسة، والكاتبة، والمرشدة التربوية، وأمينة المكتبة، وقيمة مختبر العلوم، وقيمة مختبر الحاسوب)، وعددهن (٦) إداريات.

٣- القائمات على الأنشطة الرياضية، والفنية، والموسيقية، في المدرسة الاستكشافية وعددهن (٣).

٤-القائمات على الأنشطة الرياضية، والفنية، والموسيقية، في المدرسة الاعتيادية وعددهن (٣).

ويبين الجدول التالي المشاركات في الدراسة:

جدول (٣)

مجتمع الدراسة

القائمات على الأنشطة المدرسية في المدرسة الاعتيادية	القائمات على الأنشطة المدرسية في المدرسة الاستكشافية	الإداريات في المدرسة الاعتيادية	الإداريات في المدرسة الاستكشافية	المركز الوظيفي
٣	٣	٦	٦	العدد
٦		١٢		المجموع
١٨				المجموع الكلي

دور المؤلف:

قام المؤلف بملاحظة سير العمل في جميع أقسام المدرستين وشعبهما وفي الممرات والساحات في أوقات مختلفة وبمواقف مختلفة؛ ولاحظ مدى توظيف المدرستين لبرامج تكنولوجيا المعلومات والاتصالات في أنشطتها الرياضية والفنية والموسيقية، وحفظ سجلاتها ووثائقها الرسمية، بالإضافة إلى جهود كل من المدرستين في تنظيم وإجراء الاختبارات المدرسية؛ لأن فهم أي ظاهرة وتعميقها يتطلب إعطاء بيانات ومعلومات عن هذه الظاهرة أثناء الممارسة الفعلية أو التجربة العملية لها. وقد سجل البيانات أثناء فترة الدوام الرسمي ودون الملاحظات الميدانية، حول السجلات والوثائق الرسمية ومدى توظيف برامج تكنولوجيا المعلومات والاتصالات في الأنشطة الرياضية والفنية والموسيقية وطريقة تنظيم وإجراء الاختبارات المدرسية، بالإضافة إلى تسجيل الملاحظات التي كان يسجلها في المدرستين. وكذلك قام بإجراء المقابلات الرسمية والتي كان قد أعد لها مسبقاً بالتنسيق مع إدارتي المدرستين، وغير الرسمية وهي مقابلات تلقائية لم يعد لها مسبقاً، والتي كان يحدد نوعها تبعاً لهدف ومحتوى المقابلة. واعتمد الملاحظات المكتوبة في معظم المقابلات باستثناء الشفوية منها. كما قام بجمع البيانات من الوثائق والسجلات الرسمية من القائمين عليها وكل حسب عمله، بالإضافة إلى الاستماع الجيد للمشاركين، والتحدث مع المشاركات في كل من المدرستين. وقد حاول أن يكوَن ملاحظات دقيقة ومعمقة، فسجل البيانات بأمانة مستخدماً جهاز التسجيل الصوتي، وطرح تساؤلاته، ومن ثم انتقل نحو التحليل. ولكي يحقق الصدق في جمع وتسجيل البيانات فقد استخدم استراتيجيات متعددة منها: التواجد في الميدان لمدة طويلة، فاستطاع تسجيل الظواهر المهمة للأسئلة الأولية وأطرها المفاهيمية وملامح تفاعلاتها، والملاحظات الميدانية لأفعال الآخرين وأحاديثهم التي تعكس مشاعرهم وأفكارهم، ولم يتوقف جمع البيانات حتى نهاية الموقف أو الحدث الذي كان يرصده. وقد حاول رصد وسائل الاتصال المباشرة وغير المباشرة مثل: تعابير الوجه ونبرة الصوت، وحركة الجسم والتفاعلات الاجتماعية. وقام الباحث بتسجيل الملاحظات بوضوح وبدون إصدار أحكام مسبقة أو اعتماد انطباعات المشاركين ، والأوقات التي جمع البيانات فيها . وكان يتم تدوين

هذه الملاحظات أولاً بأول ثم تعبأ على شكل مختصرات ورموز مباشرة بعد مغادرة الموقع. وخلال ذلك كانت تظهر بعض الملاحظات فتوضع في الهامش ويعطي لها بعض التفسيرات المؤقتة، ثم يتم طرحها للمقابلة الشفوية مع المشاركة في اللقاء التالي، وكان يقوم بكل ذلك للكشف والتحقق من أن هذه البيانات لا تتناقض مع ما تقوله المشاركة وما تفعله.

ولكي يضمن دقة وعمق الاستخلاصات التي يتوصل إليها، فقد سعى إلى بناء العلاقات الاجتماعية التفاعلية لتطوير الثقة المتبادلة مع العاملين في المدرستين، وإزالة الحواجز النفسية لدخول المواقع من خلال توضيح الهدف من البحث مع مراعاة السرية والاعتبارات الأخلاقية. وتسجيل ملاحظاته بصورة حيادية تمهيداً لطرح أسئلة جديدة والبحث عن إجابات لاحقة قبل تحليلها. وقد ساعده ذلك كثيراً في تتبع الظواهر تدريجياً وبناء نتائجه بعد كثير من التمحيص والمراجعة للوصول إلى الدقة المطلوبة عند عرض نتائجه.

وسائل جمع البيانات:

اعتمدت هذه المقارنة على الوسائل التالية في جمع البيانات وهي الملاحظة، والمقابلة، والوثائق والسجلات والاستبانة.

الملاحظة:

تم فيها مشاهدة المشاركات في المدرستين موقعي الدراسة من مديرة المدرسة وقيِّمة مختبر العلوم، وقيِّمة مختبر الحاسوب وكاتبة المدرسة (السكرتيرة)، والمرشدة التربوية، وأمينة المكتبة، والقائمات على النشاط الرياضي، والفني، والموسيقي، وتابع مدى توظيفهم لبرامج تكنولوجيا المعلومات والاتصالات لخدمة الأنشطة الرياضية والفنية والموسيقية، وحفظ السجلات والوثائق الرسمية وتنظيم وإجراء الاختبارات المدرسية.

وكانت هذه الملاحظات تهدف إلى وصف المواقف والأنشطة، والمعاني التي يتم ملاحظتها، وأن تكون متابعة للإشارات والكلمات اللفظية وغير اللفظية المحدودة والواضحة.

إن جمع البيانات هنا لم يكن من أجل الإجابة عن فرضية محددة، بل تم اشتقاق التفسيرات استقرائياً من الملاحظات. ولأهمية السياق الـذي تجـري فيـه الملاحظات، فقد كان الباحث حريصاً على توثيق المواقف، وأثرها المحتمل على النتائج.

لذا تم إعداد دليل مسبق للملاحظات اشتمل على ما يلي:

- عدد الأجهزة المتاحة لاستخدام الإداريات والقائمـات علـى الأنشطة الرياضية، و الفنية، والموسيقية، في المدرسة.

- عدد الأجهزة الحديثة.

- عـدد الإداريات والقائمـات علـى الأنشطة الرياضية، والفنيـة، والموسيقية، اللواتي يمتلكن حواسيب شخصية.

- مـدى توظيـف الإدارة المدرسـية والقائمـات علـى الأنشطة الرياضية، والفنيـة، والموسيقية، المدرسـية لـبرامج تكنولوجيا المعلومـات والاتصالات في العمليـات الإدارية اليومية.

- ربط المدرسة وإنشاء بريد إلكتروني خاص بها على شبكة الإنترنت.

- حوسبة السجلات والوثائق الرسمية.

- حوسبة الأنشطة المدرسية الرياضية والفنية والموسيقية.

- حوسبة الاختبارات المدرسية.

- عدد الطلبة في كل شعبة.

- عدد مختبرات الحاسوب في المدرسة.

- مدى اتصال إدارة المدرسـة مـع الإدارات العليـا ومع المـدارس الأخرى عـبر شبكة الإنترنت.

- متابعة إدارة المدرسة لأحوال الطلبة من خلال الاتصال مع أولياء أمورهم عبر شبكة الإنترنت.

- مدى تحفيز وتعزيز مديرة المدرسة للإداريات على توظيف برامج تكنولوجيا المعلومات والاتصالات.

- مدى توافر البرمجيات والمعدات الخاصة ببرامج تكنولوجيا المعلومات والاتصالات وإجراء الصيانة الدورية لها.

وتوصل الباحث إلى الملاحظات المبينة أدناه في الجداول الآتية:

الجدول (٤)

الإمكانات المتوافرة في المدرسة الاستكشافية

الفقرة	العدد الكلي
عدد مختبرات الحاسوب	٣
عدد أجهزة الحاسوب المتوافرة في المدرسة	٦٠
متوسط عدد الطلبة في الشعبة الواحدة	٢٨
عدد أجهزة العرض المتوافرة	٣
عدد غرف الوسائط المتعددة	١
عدد الطابعات	٦
عدد لوحات الإعلانات الموظفة لبرامج تكنولوجيا المعلومات والاتصالات	١٠
عدد أجهزة الحاسوب القديمة في المدرسة	١٧
عدد أجهزة الحاسوب الحديثة في المدرسة	٤٣
العدد الكلي لأجهزة الحاسوب المتاحة لاستخدام الإداريات	٧
عدد أجهزة الحاسوب المتاحة لاستخدام مسؤولات الأنشطة المدرسية	٣
عدد الحاصلات على دورة الرخصة الدولية لاستخدام الحاسوب(ICDL)	٢٩
عدد الإداريات الحاصلات على دورة الرخصة الدولية لاستخدام الحاسوب(ICDL)	٦
عدد الحاصلات على دورة إنتل التعليم للمستقبل (INTEL)	١٣
عدد الإداريات الحاصلات على دورة إنتل التعليم للمستقبل (INTEL)	٢
عدد الحاصلات على ورد لينكس (WORD LINKS)	٣
عدد الإداريات الحاصلات على دورة ورد لينكس (WORD LINKS)	١
عدد الحاصلات على دورة صيانة وتشغيل الأجهزة	٢
عدد الإداريات الحاصلات على دورة صيانة وتشغيل الأجهزة	١
العدد الكلي للحواسيب الشخصية	٦

الجدول (٥)
الإمكانات المتوافرة في المدرسة الاعتيادية

الفقرة	العدد الكلي
عدد مختبرات الحاسوب	٢
عدد أجهزة الحاسوب المتوافرة في المدرسة	٤٠
متوسط عدد الطالبات في الشعبة الواحدة	٤٥
عدد أجهزة العرض المتوافرة	١
عدد غرف الوسائط المتعددة	٠
عدد الطابعات	٤
عدد لوحات الإعلانات الموظفة لبرامج تكنولوجيا المعلومات والاتصالات	٢
عدد أجهزة الحاسوب القديمة في المدرسة	٢٧
عدد أجهزة الحاسوب الحديثة في المدرسة	١٣
العدد الكلي لأجهزة الحاسوب المتاحة لاستخدام الإداريات	٦
عدد أجهزة الحاسوب المتاحة لاستخدام مسؤولات الأنشطة المدرسية	١
عدد الحاصلات على دورة الرخصة الدولية لاستخدام الحاسوب (ICDL)	٢١
عدد الإداريات الحاصلات على دورة الرخصة الدولية لاستخدام الحاسوب(ICDL)	٦
عدد الحاصلات على دورة إنتل التعليم للمستقبل (INTEL)	٩
عدد الإداريات الحاصلات على دورة إنتل التعليم للمستقبل (INTEL)	١
عدد الحاصلات على دورة ورد لينكس(WORD LINKS)	٠
عدد الإداريات الحاصلات على دورة ورد لينكس (WORD LINKS)	٠
عدد الحاصلات على دورة صيانة وتشغيل الأجهزة	٠
عدد الإداريات الحاصلات على دورة صيانة وتشغيل الأجهزة	٠
العدد الكلي للحواسيب الشخصية	٠

ومن خلال نموذج الملاحظة لوحظ الاهتمام بالمدرسة الاستكشافية من قبل وزارة التربية والتعليم أكثر من المدرسة الاعتيادية، وهذا يظهر من خلال العدد الكلي لنموذج الملاحظة لكلا المدرستين.

المقابلة:

تعد المقابلة إستراتيجية رئيسة لجمع البيانات خاصة إذا كانت مصاحبة للملاحظة، وتحليل الوثائق والسجلات. والهدف من المقابلات هو السبر المعمق لما تم ملاحظته من إمكانات ومواقف واتجاهات وإجراءات عملية متخذة في كل من المدرستين بقدر تعلق الأمر بأهداف الدراسة.

لقد تم مقابلة المشاركات في المدرستين موقعي الدراسة من مديرة المدرسة وقيمة مختبر العلوم، وقيمة مختبر الحاسوب وكاتبة المدرسة (السكرتيرة)، والمرشدة التربوية، وأمينة المكتبة، والقائمات على الأنشطة الرياضية الفنية والموسيقية، لمعرفة دور الإدارة المدرسية في توظيف برامج تكنولوجيا المعلومات والاتصالات، حيث تم إعداد الأسئلة المنوي طرحها على المشاركات بشكل مبدئي، وحدد الأشخاص الذين ستطرح عليهم الأسئلة. وعمل تهيئة ذهنية لطرح مزيد من الأسئلة، أو أسئلة مغايرة على المشاركات، خلال فترة إجراء المقابلة، خصوصاً بعد معرفة المزيد من الأشخاص الذين تمت مقابلتهم حول آرائهم وخبراتهم. ثم تم إدخال تعديلات على مجموعة الأسئلة الأولية، من حيث عددها وطريقة طرحها، عندما تعمقت المعرفة بالشخص الذي تمت مقابلته وآرائه حول الموضوع. و تواصل تكرار طرح بعض الأسئلة للحصول على مجموعة واسعة ومتنوعة من الأفكار والموضوعات والتفسيرات، كما تم الحد من تقييد إجابات المشاركات على الأمور المطروحة.

لقد أجريت المقابلات على مرحلتين، المرحلة الأولى خلال الشهر الأول من الإقامة في الموقعين وهو شهر أيلول للعام الدراسي ٢٠٠٧م ، حيث كانت الإدارات المدرسية تعمل على تهيئة مجموعة من السجلات والوثائق الرسمية استعداداً للعام الدراسي الجديد، وكانت تتضمن سؤالاً رئيساً مفتوحاً عن مدى توظيف المدرسة لبرامج تكنولوجيا المعلومات

والاتصالات، تبعه مجموعة من الأسئلة الفرعية لغاية الفهم المعمق للإجابات، والكشف عن مدى توظيف برامج تكنولوجيا المعلومات والاتصالات في المدارس الاستكشافية، وهذه الأسئلة صممت لتعطي خلفية كافية تضيف مرونة على اكتشاف بعض الأبعاد للدراسة، وكانت هذه المقابلات شفوية في طبيعتها، وتم تسجيل البيانات وإعادتها على المشاركات.

وابتدأت المرحلة الثانية من المقابلات ابتداء من شهر تشرين أول بعد أن استقر توثيق بيانات القبول وانتقال المعلمين الجدد، وتسجيل حضور وغياب الطلبة وأحوالهم الاجتماعية والصحية، وتنظيم بيانات الكتب ومحتويات مختبرات العلوم والحاسوب، بعد أن بدأت المدرسة بفعالياتها التعليمية. وتضمنت هذه المقابلات أسئلة للقائمات على الأنشطة الرياضية والفنية والموسيقية، وأسئلة أخرى لمديرة المدرسة في كل من الموقعين حول تنظيم وإجراء الاختبارات المدرسية.

ويبين الجدول مقابلات الإداريات والقائمات على الأنشطة المدرسية في الموقعين:

الجدول (٦)

عدد زيارات المدرسة الاستكشافية والاعتيادية

الموقع	شهر ٩	شهر ١٠	شهر ١١	هدف الزيارة
المدرسة الاستكشافية	١٠	٩	١٠	ملاحظات/ مقابلة/سجلات
المدرسة الاعتيادية	١٠	٩	١٠	ملاحظات/ مقابلة/سجلات

وقد اتخذت المقابلات أشكالا ثلاثة وهي على النحو الآتي:

١- المقابلات الرسمية ذات الطابع الشفوي.

٢- المقابلات شبه محددة البناء والتي أجريت بناء على قرارات طارئة.

٣- المقابلات التي اعتمدت الأسئلة المفتوحة التي تبحث عن إجابات تفصيلية، وأسئلة المقابلة كانت على النحو الآتي:

١- ما مدى توظيفك لبرامج تكنولوجيا المعلومات والاتصالات في مدرستك؟

٢- ما نواحي التغير التي حصلت نتيجة توظيفك لبرامج تكنولوجيا المعلومات والاتصالات في حفظ السجلات والوثائق الرسمية؟

٣- هل أنت بحاجة لتدريب خاص أو مهارات جديدة لتوظيف برامج تكنولوجيا المعلومات والاتصالات في عملك؟

٤- كيف ترى دعم الوزارة واهتمامها بتوظيف برامج تكنولوجيا المعلومات والاتصالات في الإدارة المدرسية؟

٥- ما الصعوبات التي تواجهك أثناء توظيفك لبرامج تكنولوجيا المعلومات والاتصالات في مدرستك؟

٦- ما نواحي التغير التي طرأت على تنظيم وإجراء الاختبارات المدرسية نتيجة توظيفك لبرامج المعلومات والاتصالات في مدرستك؟

٧- هل تتوقعين استمرار وتفعيل برامج تكنولوجيا المعلومات مستقبلاً؟ لماذا؟ الملحق (١١)

وتم إعطاء الوقت الكافي للشخص المقابل للتحدث بصراحة لتحري جانب الموضوعية، وعقدت المقابلات في مكان عمل المشاركة ليتسنى للباحث ملاحظة الأحداث في مكان تواجدها. كما تم توضيح هدف المقابلة مع المشاركة، و كتابة التقارير المختصرة أثناء المقابلة، ثم القيام بصياغة نتائجها التفصيلية لاحقاً في اليوم نفسه.

الوثائق والسجلات:

تم الاطلاع على السجلات والوثائق الرسمية للمشاركات في المدرستين والتي تعد دليلاً واضحاً على توظيف الإداريات لبرامج تكنولوجيا المعلومات والاتصالات في المدارس الاستكشافية والتي تشمل سجل دوام المعلمين، والاجتماعات الإدارية، وحضور وغياب وأحوال التلاميذ، وأحوال المعلمين، والمالية، والأثاث المدرسي، ومختبر الحاسوب، ومختبر العلوم، والمكتبة المدرسية، والزيارات الصفية، ونماذج الاختبارات المدرسية، ومدى توظيف

برامج تكنولوجيا المعلومات والاتصالات لخدمتها، وهي سجلات قـد تكون مطبوعة أو مكتوبة أو محفوظة على الحاسوب، وقد تكون رسـائل، وأنظمـة وقـوانين، وأيـة سجلات ووثائق ذات صلة بالموضوع، وتتضمن الوثائق أيضاً أمـوراً أخرى كالشـهادات، والملصـقات والشـعارات الرسـمية التـي وظفـت فيهـا بـرامج تكنولوجيا المعلومات والاتصالات، ومراجعتها بدقة إلى جانب استخدام الملاحظة والمقابلـة بصـورة متكـررة لتعرف جوانب عمل المدرستين بصورة تفصيلية، سواء أكـان ذلك في مجـال تفسـير البيانـات الإحصائية عنـد العـاملين والطلبـة والنتـائج الدراسية، ومجريـات عمـل المدرستين في استخدام برامج تكنولوجيا المعلومات والاتصالات في إدارة أعمال المدرسة وخدمة العملية التعليمية.

استبانتا الدراسة:

استناداً إلى الأمور السابقة تم إعداد استبانتين هما:

١- استبانة خاصة للعاملات الإداريات في المدرستين:

تضمنت (٩٣) فقرة، وقد عرض الباحث هذه الاستبانة على هيئة من المحكمـين، وقد أبدى الخبراء ملاحظاتهم بشأن الاستبانة. وقد أخـذ الباحـث بالملاحظـات التـي كانت نسبة الاتفاق بين الخبراء عليها لا تقل عن (٨٠%) فحذف (٣٨) واستبقى (٥٥) فقرة موزعة على أربعة محاور على النحو الآتي:

- السجلات والوثائق.

- تنظيم وأجراء الاختبارات المدرسية.

- المرافق المدرسية.

- الدورات التدريبية. ملحق (٢)

٢- استبانة خاصة للقائمات على الأنشطة المدرسية في المدرستين:

استناداً إلى ما اطلع عليه الباحث في الأدب النظري وآخذاً بعين الاعتبار أهداف الدراسة، قام الباحث بإعداد استبانة خاصة للقائمات على الأنشطة المدرسية الرياضية والفنية والموسيقية في المدرستين تضمنت (٢٧) فقرة. وقد عرض الباحث هذه الاستبانة على هيئة من المحكمين، وقد أبدى الخبراء ملاحظاتهم بشأن الاستبانة، وقد أخذ بالملاحظات التي كانت نسبة الاتفاق بين الخبراء عليها لا تقل عن (٨٠%) فحذف (١١) واستبقى (١٦) فقرة. (ملحق ٣)

بعد ذلك تم توزيع الاستبانتين على عينة الدراسة.

خطوات جمع البيانات:

تم جمع البيانات في أربع مراحل تضمنت الآتي:

١- **التخطيط:** حيث تم هنا تحليل دور الإدارة المدرسية في توظيف برامج تكنولوجيا المعلومات والاتصالات في المدارس الاستكشافية ، والأسئلة التي تركز على الجهود المبذولة في جمع البيانات. ثم تم بعدها وصف موقع المدرستين، وخصائص الأشخاص الذين ستتم مقابلتهم، والوثائق التي يمكن أن تقدم معلومات عن المشكلة، ففي هذه المرحلة يتم تحديد الموقع، والحصول على الموافقات لاستخدام الموقع، وتحديد الأشخاص المشاركين في المدرستين والذين تتوفر لديهم المعلومات، والوثائق والسجلات الضرورية.

كما شملت مرحلة التخطيط مقابلات أولية في بداية العام الدراسي في بداية شهر أيلول عام ٢٠٠٧م مع المواقع المحددة، وتحديد أوقات المقابلة مع الإداريات والقائمات على الأنشطة الرياضية والفنية والموسيقية، والتعرف على خرائط المواقع المكانية والتنظيمية والاجتماعية وتطوير بعض الأدوات المناسبة لجمع وتفسير البيانات.

٢- **بداية جمع البيانات:** تتضمن هذه المرحلة الأيام الأولى في الميدان، حيث بدأت هذه المرحلة مع بداية جمع البيانات في بداية شهر أيلول عام ٢٠٠٧م،وتم فيها بناء ثقة متبادلة

مع المشاركات، والحصول على البيانات من أجل الاطلاع على الميدان. ومقابلة عاملات قلائل واستخدام أسلوب المقابلة في جمع البيانات، وتم في نفس الوقت إعادة تنظيم إجراءات المقابلة والتسجيل، والقيام بالتعديلات على أساليب الملاحظة في بناء جسور الثقة، وفي ترتيب وصياغة الأسئلة والإجابات خلال المقابلات. وتم تطوير طريقة لتنظيم وترميز واسترجاع البيانات من أجل التحليل الرسمي للبيانات في المرحلة الأخيرة.

٣- **جمع البيانات الرئيسة:** تم في هذه المرحلة جمع البيانات الرئيسة من سماع ورؤية وقراءة ما يحدث أكثر من مجرد الاستماع أو النظر أو القراءة السريعة للوثائق. وتم اختيار استراتيجيات جمع البيانات والعاملات المقدمات للمعلومات، وتم البدء بالتحليل المبدئي للبيانات، ومعالجة الأفكار والحقائق ذهنياً خلال جمع البيانات، ثم تحويل التصورات والأوصاف وتلخيصها في جداول، وبينما ظهرت النماذج الأولية، حددت الأفكار والحقائق التي تتطلب تأكيداً في مرحلة الإغلاق.

٤- **إغلاق البيانات:** في هذه المرحلة تم الانتهاء من جمع البيانات عندما أجريت المقابلة الأخيرة ومغادرة الموقعين. حيث قدم في هذه المرحلة مزيداً من الاهتمام للتفسيرات المحتملة، وتأكيد النتائج التي تظهر بالعمل مع مقدمي المعلومات الرئيسة في المقابلات أو الوثائق المتبقية. والقيام ببناء طرق ذات معنى لتقديم البيانات وبدأ بتحليلها كما هي مسجلة لديه، وإعادة بناء الجداول التي تلخص البيانات حيث توصل إلى الأفكار والتفسيرات المحتملة.

تحليل البيانات وصدقها:

استخدم الباحث أنواعاً مختلفة من الصدق أولها: الصدق الداخلي وهي تعتمد على مدى اتفاق ما شاهده الباحث وما هو موثق في السجلات والوثائق الرسمية وما يجري على أرض الواقع في موقعي الدراسة، وعزز هذا النوع من الصدق بالصدق الوصفي وهو يشير إلى ما وصفه الباحث، وقد اتخذت الدراسة إجراءات عدة لتحقيق الصدق منها سرد الأحداث في سياقاتها الطبيعية من: مواقف وسياقات واتجاهات حدثت في الحقيقة، واستخدم السرد القصصي للأحداث والسلوكات والمواقف . وقد تم وصف السياقات

والمواقف والأوقات المختلفة التي وقعت فيها الأحداث، لملاحظة سلوك المشاركات، لتحقيق الاتفاق مع المشاركات على طرق تسجيل الملاحظات والدقة في كتابة التقارير.

ولزيادة الصدق استخدم الباحث الصدق التفسيري الذي يشير إلى ما تم تفسيره من قبل الباحث، فقد استخدم عدة استراتيجيات هي: الزيارات العديدة والمطولة لموقعي الدراسة، حيث منح ذلك الباحث الفرصة للتوصل إلى العلاقات والأنماط السائدة في الواقع، فكانت المدخل لتطوير التفسيرات والأفكار حول المواقف التي دارت في المواقع، بالإضافة إلى أن الزيارات العديدة والمطولة والتي أعطت الباحث الفرصة لتطوير التفسيرات وإجراء بعض التنبؤات. وحاول الباحث تمييز علاقة سببية وعمل مقارنات عقلية مستعيناً بالأقران والخبراء. ولتعزيز الصدق استخدم الباحث جهاز التسجيل الصوتي خلال مقابلاته مع المشاركات في الدراسة حيث طابق بين التسجيل الصوتي للمشاركات وبين ما سجل خطياً، وحاول الباحث إعادة العبارات أكثر من مرة على المشاركات ليحقق مزيداً من الصدق، وظهر هذا في:

بيانات الملاحظة:

لاحظ الباحث سير العمل في موقعي الدراسة فلاحظ مبنى موقعي الدراسة والصفوف والشعب والممرات والساحات في أوقات مختلفة، كما لاحظ مدى توظيف إدارتي المدرستين لبرامج تكنولوجيا المعلومات والاتصالات في الأنشطة الرياضية والفنية والموسيقية، وفي حفظ السجلات والوثائق الرسمية، وفي تنظيم وإجراء الاختبارات المدرسية، ملاحظاً الساعات التي تقضيها الإداريات في توظيف برامج تكنولوجيا الاتصالات والمعلومات، ولاحظ الباحث مدى توافر الأجهزة والبرمجيات التي تخدم الإدارة المدرسية. وسجل الباحث البيانات أثناء فترة الدوام الرسمي ودون الملاحظات الميدانية حول السجلات والوثائق الرسمية، والأنشطة الرياضية والفنية والموسيقية، وتنظيم وإجراء الاختبارات المدرسية، كما قام الباحث بملاحظة عميقة ومعمقة لكل ما يشاهده ويلاحظه من تعابير الوجه، ونبرة الصوت.

بيانات المقابلة:

قام الباحث بمقابلة الإداريات في موقعي الدراسة وكذلك القائمات على الأنشطة الرياضية والفنية والموسيقية حيث اتخذ الباحث ثلاثة أنماط للمقابلات المنوي طرحها على المشاركات وهي المقابلات الرسمية والتي أعد لها الباحث مسبقا، وغير الرسمية وهي مقابلات تلقائية لم يعد لها الباحث مسبقا، والتي حددها الباحث تبعا لهدف ومحتوى المقابلة، والمقابلات التي اعتمدت على الأسئلة المفتوحة والتي تبحث عن إجابات تفصيلية. وقام الباحث بمقابلاته على مرحلتين كانت الأولى بهدف الكشف عن مدى توظيف برامج تكنولوجيا الاتصالات والمعلومات لخدمة العملية التعليمية في المدارس الاستكشافية الأردنية، حيث كان الباحث يسجل البيانات ويعيدها على المشاركات بهدف التعمق في الدراسة، أما المرحلة الثانية فكانت من أجل عرض مجموعة من الأسئلة على المشاركات حول تنظيم وإجراء الاختبارات المدرسية.

بيانات السجلات والوثائق الرسمية:

قام الباحث بتحليل الوثائق والسجلات في المدرستين والتي تشمل سجل دوام المعلمين، والاجتماعات الإدارية، وحضور وغياب وأحوال التلاميذ، وأحوال المعلمين، والمالية، والأثاث المدرسي، ومختبر الحاسوب، ومختبر العلوم، والمكتبة المدرسية، والزيارات الصفية، ونماذج الاختبارات المدرسية، ومدى توظيف برامج تكنولوجيا المعلومات والاتصالات لخدمتها، وهي سجلات قد تكون مطبوعة أو مكتوبة أو محفوظة على الحاسوب، وقد تكون رسائل، وأنظمة وقوانين، وأية سجلات ووثائق ذات صلة بالدراسة. لقد قضى الباحث جزءاً كبيراً من وقته في تحديد أمكنة الوثائق والسجلات وتحليل مدى توظيف برامج تكنولوجيا المعلومات والاتصالات لخدمتها. كما قام الباحث بتحليل وجهات النظر المختلفة حول مدى توظيف برامج تكنولوجيا المعلومات والاتصالات لتوثيق البيانات والوثائق الرسمية، وما تنطوي عليه من تفسيرات وطرائق عمل واتجاهات يمكن تدعيمها بالبيانات من الملاحظة والمقابلة والاستبانتين.

إن عملية جمع البيانات من الوثائق والسجلات تمثل انعكاساً لما يتم داخل المدرستين من حفظ وتنظيم وتخطيط للأعمال الإدارية المدرسية، فهي تصف الخبرات الإنسانية والأفعال. وتتضمن الوثائق بيانات شخصية تصف أفعال الأفراد وخبراتهم ومواقفهم الشخصية، كما تضم محاضر الاجتماعات التي يمكن أن تزود الباحث بإشارات حول أسلوب الإدارة والاستخدام. وهناك وثائق مستخدمة للاتصال الخارجي التي من شأنها أن تعكس وجهة النظر الرسمية حول موضوع ما. فوجود سجلات توثيقية في المدرسة سواء أكانت ورقية أم مخزنة على الحاسوب يسمح للباحث بالتعرف إلى تصرفات الإداريين.

تحليل استبانتي الدراسة:

لتحقيق صدق الاستبانتين قام الباحث بعرضها على لجنة من المحكمين من حملة درجة الدكتوراه في الجامعات الأردنية (الأردنية، والهاشمية، وعمان العربية) في تخصصات مختلفة مجال الدراسة، ومن المتخصصين في مجال برامج تكنولوجيا المعلومات والاتصالات في وزارة التربية والتعليم الأردنية، حيث قام أعضاء لجنة التحكيم بقراءة فقرات الاستبانتين وأسئلتهما، وتحكيمهما من خلال معرفة مدى مناسبة صياغتهما اللغوية، ودرجة انتماء الفقرات للسؤال أو للمجال الذي تنتمي إليه، وكتابة أية ملاحظات على الاستبانتين وإعادة النظر بما هو غير مناسب، وحذف الفقرات التي تم اعتراض المحكمين عليها وبناء على ما سبق تم تعديل الاستبانات وتم الاتفاق عليها بنسبة (٨٠ %) بصورتها النهائية.

كما قام الباحث بتوزيع استبانتي الدراسة على المشاركات في موقعي الدراسة من إداريات وقائمات على الأنشطة الرياضية، الفنية، والموسيقية، وقد تم جمع استبانتي الدراسة وفرغت الملاحظات في جداول لدراستها وعمل الباحث على تحليل النتائج مستخدما النسب المئوية والمتوسطات الحسابية لتدعيم النتائج حول مدى توظيف الإداريات لبرامج تكنولوجيا المعلومات والاتصالات لخدمة العملية التعليمية في المدارس الاستكشافية ، متناولة الأنشطة المدرسية، والسجلات والوثائق الرسمية وتنظيم وإجراء الاختبارات المدرسية.

الفصل الحادي عشر

نتائـــج المقارنة بين المدرسة الاستكشافية والاعتيادية

نتائج المقارنة بين المدرسة الاستكشافية والاعتيادية

يتضمن هذا الفصل عرضا للنتائج التي أسفرت عنها المقارنة، حول تعرف دور الإدارة المدرسية في توظيف برامج تكنولوجيا المعلومات والاتصالات في المدارس الاستكشافية. ولتحقيق هذا الهدف تم في هذا الفصل عرض نتائج ما توصلت إليه المقارنة، بعد أن تم تطبيق أدوات الملاحظة عبر الزيارات المتكررة للمدرستين الاستكشافية والاعتيادية، والمقابلات المقننة وشبه المقننة والأسئلة المفتوحة، والاطلاع على السجلات والوثائق الرسمية للمدرستين والتي حللت بعد دخول المدرستين وملاحظة مجريات العمل، والاستبانة. وسيتم عرض النتائج على كل سؤال من أسئلة البحث:

سؤال الدراسة الأول

ما دور الإدارة المدرسية في توظيف برامج تكنولوجيا المعلومات والاتصالات لخدمة الأنشطة المدرسية في المدرسة الاستكشافية والمدرسة الاعتيادية الأردنية ؟

للإجابة عن هذا السؤال تم جمع البيانات حول مدى توافر الأجهزة والبرمجيات، وملاحظة مدى توظيف إدارة المدرستين لها، وطبيعة برامج تكنولوجيا المعلومات والاتصالات المتوافرة في المدرستين، وعرض الباحث النتائج من خلال تطبيق أدوات الدراسة لمعرفة مدى توظيف برامج تكنولوجيا المعلومات والاتصالات لخدمة الأنشطة المدرسية الثلاثة وهي الفنية والرياضية والموسيقية في كل من المدرستين:

المدرسة الاستكشافية:-

تبين بعد الملاحظة أن المدرسة الاستكشافية قد تم ربطها بشبكة الإنترنت، وأنشئ بريد إلكتروني خاص بها وهو sweifyaschool@yahoo.com يمكنها من الاتصال مع الإدارات العليا، ومع إدارات المدارس الأخرى، ومتابعة أحوال الطالبات من خلال الاتصال مع أولياء أمورهن.

أما النتيجة التي تم التوصل إليها من خلال المقابلة أجمعت القائمات على الأنشطة المدرسية في المدرسة الاستكشافية توظيفهن لبرامج تكنولوجيا المعلومات والاتصالات لخدمة الأنشطة المدرسية الرياضية والفنية والموسيقية، إذ تعرض القائمة على الأنشطة الرياضية المهارات الرياضية من خلال استخدام برامج الألعاب التعليمية وبرامج التدريب والممارسة عبر شبكة الإنترنت. أما القائمة على النشاط الفني فتستخدم عرض نماذج للزخارف الإسلامية وبرمجيات تتعلق بالرسم (Paint) مثل(Adobe Photoshop)، وتعرض نماذج لرسومات ودمج للألوان على الحاسوب،. وتعمل القائمة على النشاط الموسيقي على استخدام برامج التأليف الموسيقي، وطباعة الأناشيد، والرجوع إلى مواقع تتعلق بالشعر وسماع ألحان مختلفة، وبرنامج تعلم العزف والموسيقى (Play Guitar).

وأثبتت نتائج المقابلة أن توظيف برامج تكنولوجيا المعلومات والاتصالات أدى إلى تغيرات مهمة لدى القائمات على الأنشطة المدرسية، إذ أجمعت غالبية القائمات على الأنشطة المدرسية أن توظيف برامج تكنولوجيا المعلومات والاتصالات في أعمالهن أعطاهن طابعاً أفضل من حيث سهولة عرض المعلومة وشرحها ووضوحها وشمولها، كما أنهن اختصرن الوقت والجهد في طريقة العرض والشرح مما أدى إلى تخفيف العبء لدى القائمات على الأنشطة المدرسية، كما أنهن لاحظن استمتاع الطالبات بعملية التدريب مما زاد من رغبتهن في المشاركة بالأنشطة المدرسية، وهذا ما لاحظه الباحث وتوصل إليه من خلال أسئلة المقابلة واطلاعه على السجلات والوثائق الرسمية أثناء تواجده في موقعي الدراسة و أثناء عرض بعض الأنشطة المدرسية على أرض الواقع.

كما أكدت القائمات على الأنشطة المدرسية رغبتهن في الحصول على دورات ومهارات جديدة تزيد من قدرتهن في تطوير العمل، والارتقاء بأنفسهن نحو الأفضل، على أن تكون هذه الدورات في مجال تخصصهن الرياضي، والفني، والموسيقي، وليست دورات عامة في توظيف برامج تكنولوجيا المعلومات والاتصالات، حيث لوحظ أن معظم الدورات التي قامت القائمات على الأنشطة المدرسية بالتدرب عليها، دورة الرخصة الدولية لاستخدام الحاسوب، ودورة إنتل التعليم للمستقبل، وتباينت وجهات النظر حول دعم الوزارة والإدارة المدرسية

لدى القائمات على الأنشطة المدرسية، فترى القائمات على الأنشطة المدرسية في المدرسة الاستكشافية أن دعم الوزارة متواصل ومستمر، وأن هذا الدعم يتمثل في توفير البرامج الحاسوبية، وتزويد المختبرات الحاسوبية بالأجهزة، والمتطلبات الضرورية لها من صيانة وعقد الدورات التدريبية، وأشارت القائمات على الأنشطة المدرسية إلى ضرورة تفعيل الوزارة لبرامج تكنولوجيا المعلومات والاتصالات مستقبلاً لأنها توفر النظام والوقت والجهد من خلال:

- تزويد المدارس بالأجهزة والمختبرات الحاسوبية وصيانتها.

- توفير برامج تكنولوجيا المعلومات والاتصالات.

وللتعرف على الأعمال التي تقوم بها القائمات على الأنشطة المدرسية والمرتبطة ببرامج تكنولوجيا المعلومات والاتصالات، تم تحديد هذه الأعمال ونسبتها المئوية من خلال الاستبانة التي وزعت على القائمات على الأنشطة المدرسية، والجدول التالي يبين النتائج التي تم التوصل إليها:

الجدول (٧)

النسب المئوية لتوظيف برامج تكنولوجيا المعلومات والاتصالات للقائمات على الأنشطة المدرسية في المدرسة الاستكشافية:

درجة التوظيف	النسبة المئوية	الفقرة
متوسطة	٦٦.٦%	توظيف برامج تكنولوجيا المعلومات والاتصالات لخدمة الأنشطة المدرسية
عالية	١٠٠%	عرض إنجازات ونشاطات المدرسة
قليلة	٤٠ %	تبادل الخبرات مع المدارس الأخرى لتطوير الأنشطة
متوسطة	٦٦.٦%	متابعة الورش التثقيفية حول استخدام برامج تكنولوجيا المعلومات والاتصالات
عالية	١٠٠%	الاتصال مع أولياء أمور الطالبات
عالية	١٠٠%	تزويد الوزارة والمديرية بالمعلومات الكافية عن الأنشطة المدرسية التي تجريها المدرسة
متوسطة	٦٠%	متابعة الأنشطة المدرسية التي تجريها الطالبات بعد انتهاء الدوام المدرسي باستخدام الإنترنت
متوسطة	٦٠%	عدد اللواتي يرغبن في دورات جديدة
قليلة	٢٦.٦%	نسبة اللواتي ليس لديهن مهارات حاسوبية عالية
قليلة	٢٦.٦%	نسبة اللواتي يواجهن صعوبة في توظيف برامج تكنولوجيا المعلومات والاتصالات
متوسطة	٦٠%	نسبة الدافعية لتوظيف برامج تكنولوجيا المعلومات والاتصالات
متوسطة	٥٣.٢%	نسبة الحوافز المقدمة للقائمات على الأنشطة المدرسية
متوسطة	٦٦.٦%	قلة الوقت المتاح للقائمات على الأنشطة المدرسية لتوظيف برامج تكنولوجيا المعلومات والاتصالات
قليلة	٣٣.٢%	العبء الإضافي الذي يشكله توظيف برامج تكنولوجيا المعلومات والاتصالات للقائمات على الأنشطة المدرسية

المدرسة الاعتيادية:

تبين من خلال الملاحظة، عدم ربط المدرسة الاعتيادية بشبكة الإنترنت، وليس لها بريد إلكتروني خاص بها يمكنها من الاتصال مع الإدارات العليا، وإدارات المدارس الأخرى، وأولياء أمور الطالبات، كما وجد تفاوتاً بين البرمجيات والبنى التحتية التي زودت بها المدرسة الاعتيادية عنها في المدرسة الاستكشافية.

أما فيما يتعلق بتوظيف برامج تكنولوجيا المعلومات والاتصالات لخدمة الأنشطة المدرسية الفنية، والرياضية، والموسيقية، في المدرسة الاعتيادية فقد تبين من خلال المقابلات أن توظيف برامج تكنولوجيا المعلومات والاتصالات محدود، فالقائمة على النشاط الرياضي تقوم بتجهيز برامج رياضية للتدريب على إتقان مهارة محددة تخدم النشاط الرياضي، وتوظف القائمة على النشاط الفني برامج تكنولوجيا المعلومات والاتصالات لعرض تصاميم فنية، وزخارف إسلامية باستخدام برنامج العروض التقديمية (Power Point)، أما القائمة على النشاط الموسيقي فلم يلحظ توظيفها لبرامج تكنولوجيا المعلومات والاتصالات في النشاط الموسيقي فهي تقتصر على النمط الاعتيادي في التدريب على النوتات والألحان الموسيقية.

ومن خلال المقابلات ذكرت القائمات على الأنشطة المدرسية في المدرسة الاعتيادية أنهن لا يجدن دعماً من قبل الوزارة، وأن الأنشطة المدرسية بحاجة لبرامج تعدها وزارة التربية والتعليم تسهل عملها في الميدان، وليس لدورات عامة في توظيف برامج تكنولوجيا المعلومات والاتصالات.

وتواجه القائمات على الأنشطة الرياضية، والفنية، والموسيقية، صعوبات تتعلق في عدم معرفتهن الكافية بالحاسوب، وبطء الشبكة في بعض الأحيان للوصول إلى المواقع التي تخدم الأنشطة المدرسية، وقلة أجهزة الحاسوب وقدمها، وعدم ربط المدرسة عبر شبكة الإنترنت، وعدم اهتمام وزارة التربية والتعليم بالأنشطة المدرسية، فهي لا تمد المدرسة بالبرامج المعدة

والتي تخدم عمل القائمات على الأنشطة المدرسية. وهـذا مـا شـاهده الباحـث مـن خلال ملاحظته لمجريات العمل والسجلات والوثائق الرسمية.

وللتعرف على الأعمال التي تقوم بها القائمات عـلى الأنشـطة المدرسـية والمرتبطـة ببرامج تكنولوجيا المعلومات والاتصالات، تم تحديد هذه الأعمال ونسبتها المئوية مـن خلال الاستبانة التي وزعت على القائمات على الأنشطة المدرسية، والجدول الأتي يبـين النتائج التي تم التوصل إليها:

الجدول (٨)

النسب المئوية لتوظيف برامج تكنولوجيا المعلومات والاتصالات للقائمات على الأنشطة المدرسية في المدرسة الاعتيادية:

الفقرة	النسبة المئوية	درجة التوظيف
توظيف برامج تكنولوجيا المعلومات والاتصالات لخدمة الأنشطة المدرسية	٦٠%	متوسطة
عرض إنجازات ونشاطات المدرسة	٥٣.٢%	متوسطة
تبادل الخبرات مع المدارس الأخرى لتطوير الأنشطة المدرسية	٤٠%	قليلة
متابعة الورش التثقيفية حول استخدام برامج تكنولوجيا المعلومات والاتصالات	٤٦.٦%	قليلة
الاتصال مع أولياء أمور الطالبات	٤٦.٦%	قليلة
تزويد الوزارة والمديرية بالمعلومات الكافية عن الأنشطة المدرسية التي تجريها المدرسة	٥٣.٢%	متوسطة
متابعة الأنشطة المدرسية التي تجريها الطالبات قبل وبعد انتهاء الدوام المدرسي باستخدام الإنترنت	٢٦.٦%	قليلة
عدد اللواتي يرغبن في دورات جديدة	٧٣.٢%	متوسطة
نسبة اللواتي ليس لديهن مهارات حاسوبية عالية	٧٣.٢%	متوسطة
نسبة اللواتي يواجهن صعوبة في توظيف برامج تكنولوجيا المعلومات والاتصالات	٥٣.٢%	متوسطة
نسبة الدافعية لتوظيف برامج تكنولوجيا المعلومات والاتصالات	٥٣.٢%	متوسطة
نسبة الحوافز المقدمة للقائمات على الأنشطة المدرسية	٨٠%	عالية
قلة الوقت المتاح للقائمات على الأنشطة المدرسية لتوظيف برامج تكنولوجيا المعلومات والاتصالات	٨٦.٦%	عالية
العبء الإضافي الذي يشكله توظيف برامج تكنولوجيا المعلومات والاتصالات للقائمات على الأنشطة المدرسية	٦٦.٦%	متوسطة

إن خلاصة نتائج الملاحظة، والمقابلة، والاطلاع على السجلات والوثائق، والاستبانة التي وزعت على القائمات على الأنشطة المدرسية في موقعي الدراسة بخصوص السؤال الأول توضح ما يأتي:

- تقوم القائمات على الأنشطة المدرسية بتفعيل استخدام برامج تكنولوجيا المعلومات والاتصالات لخدمة الأنشطة المدرسية، والتي تسهم في توفير الوقت والجهد وتخفيف عبء العمل لدى القائمات على الأنشطة المدرسية، وقد تفاوت هذا الاستخدام لبرامج تكنولوجيا المعلومات والاتصالات في موقعي الدراسة حسب ما توفره الوزارة من برمجيات ومعدات تخدم الأنشطة المدرسية، فقد عملت الوزارة على توفير كل ما يلزم للمدرسة الاستكشافية من معدات وبرامج حاسوبية، وربط المدرسة عبر شبكة الإنترنت، بينما كانت المعدات التي تخدم المدرسة الاعتيادية قليلة مما أضعف استخدامها لبرامج تكنولوجيا المعلومات في خدمة الأنشطة المدرسية.

- إن الدورات التدريبية التي تمتلكها القائمات على الأنشطة المدرسية في موقعي الدراسة لا تخدم الأنشطة المدرسية الرياضية، والفنية، والموسيقية، وأن القائمات على الأنشطة المدرسية في المدرستين بحاجة إلى المزيد من التدريب لخدمة عملهن، وحاجتهن لدورات متخصصة في مجال الأنشطة المدرسية الرياضية والفنية والموسيقية.

- وجود تغيرات على الأنشطة المدرسية الرياضية، والفنية، والموسيقية، في موقعي الدراسة نتيجة توظيفهن لبرامج تكنولوجيا المعلومات والاتصالات، ووجود دافعية لدى المشاركات في الأنشطة المدرسية، وإتقانهن للنشاطات المدرسية التي تم تدريبهن عليها.

سؤال الدراسة الثاني

ما دور الإدارة المدرسية في توظيف برامج تكنولوجيا المعلومات والاتصالات لتنظيم السجلات والوثائق المدرسية في المدرسة الاستكشافية والمدرسة الاعتيادية ؟

للإجابة عن هذا السؤال، رصدت الملاحظات وطرحت مجموعة من الأسئلة أثناء مقابلة الإداريات في موقعي الدراسة، كما لوحظ سير العمل مع (مديرتي المدرستين، والمرشدتين التربويتين، والكاتبتين، وأمينتي المكتبة، وقيمتي مختبر العلوم، وقيمتي مختبر الحاسوب)، لمعرفة مدى توظيفهن لبرامج تكنولوجيا المعلومات والاتصالات لخدمة السجلات والوثائق المدرسية في المدرسة الاستكشافية والمدرسة الاعتيادية، كما دعمت الإجابات باستبانة وزعت على الإداريات في موقعي الدراسة، وظهرت النتائج الآتية:

المدرسة الاستكشافية:

يقع على كاهل الإداريات العديد من الأعمال التي تحتاج إلى المتابعة والتنظيم باستخدام سجلات ووثائق موثقة ومنظمة، لذا وظفت برامج تكنولوجيا المعلومات والاتصالات في إعداد السجلات والوثائق الرسمية التي تتعلق بأوضاع الطالبات الصحية والاجتماعية، وعمل قوائم لمحتويات المكتبة المدرسية، ومختبر العلوم والحاسوب، والمستودع المدرسي من كتب وأثاث، بالإضافة إلى سجلات الإتلاف، وسجلات إعارة الكتب وإعادتها، حيث لاحظ الباحث اهتمام إدارة المدرسة بتنظيم وثائقها وسجلاتها موظفة برامج تكنولوجيا المعلومات والاتصالات، كما لاحظ الباحث ورصد العدد التقريبي للساعات الأسبوعية التي تستخدمها الإداريات لحوسبة السجلات والوثائق الرسمية في المدرسة الاستكشافية كما هو موضح في الجدول الآتي:

الجدول (٩)

العدد التقريبي للساعات الأسبوعية التي تستخدمها الإداريات لحوسبة السجلات والوثائق الرسمية في المدرسة الاستكشافية:

عدد الساعات الأسبوعية	المسمى الوظيفي
٩ ساعات	مديرة المدرسة
١٠ ساعات	الكاتبة
٥ ساعات	المرشدة التربوية
٨ ساعات	قيمة مختبر العلوم
١٥ ساعة	قيمة مختبر الحاسوب
٥ ساعات	أمينة المكتبة

وتبين من خلال المقابلات والملاحظات ربط المدرسة على شبكة الإنترنت وهذا ظهر من خلال الاطلاع على المعلومات المتوافرة حول الإداريين والمعلمين والطلبة والجدول الآتي يوضح مدى توظيف الإداريات لبرامج تكنولوجيا المعلومات والاتصالات في خدمة وتنظيم السجلات والوثائق الرسمية، والجداول الآتية توضح المعلومات المتوافرة على شبكة الإنترنت للمدرسة الاستكشافية:

الجدول (١٠)

المعلومات المتوافرة على شبكة الإنترنت للمدرسة الاستكشافية

قاموا بذلك	معلومات عامة
√	معلومات عامة عن المدرسة
√	معلومات عن المعلمات
√	معلومات عن الطلبة
√	معلومات عن أولياء الأمور من اجتماعات ومجالس أولياء الأمور
√	اختبارات مدرسية
√	إعلانات مدرسية
√	أنشطة مدرسية

الجدول (١١)

المهام التي قامت بها المدرسة الاستكشافية مستخدمة برامج تكنولوجيا المعلومات والاتصالات:

المهام	قاموا بذلك
المدرسة موصولة بمركز الملكة رانيا	√
تواصل الإداريات مع أولياء أمور الطلبة بواسطة البريد الإلكتروني	√
تواصل الإداريات مع الإدارات العليا بواسطة البريد الإلكتروني	√
اتصال الإداريات مع مدارس أخرى عبر شبكة الإنترنت	√

ويتبين من خلال هذه الجداول تواصل إدارة المدرسة عبر شبكة الإنترنت التي تسهل أعمالها وتنظمها، وهذا يتفق مع آراء الإداريات أثناء مقابلتهن في المدرسة الاستكشافية واللواتي أكدن قيامهن بتوظيف برامج تكنولوجيا المعلومات والاتصالات في حفظ وتنظيم السجلات والوثائق المدرسية، مما سهل عملهن وخصوصاً أنهن يحتفظن بنسخ احتياطية إضافية لوقت الحاجة، ومما أكد صدق البيانات الاطلاع على السجلات والوثائق الرسمية، و الملاحظات والمقابلات التي تم إجراؤها مع الإداريات في المدرسة الاستكشافية، حول التغيرات التي طرأت على السجلات والوثائق الرسمية نتيجة توظيف برامج تكنولوجيا المعلومات والاتصالات لخدمتها، حيث أكدت الإداريات وجود تغيرات واضحة في حفظ السجلات والوثائق الرسمية أدت إلى توفير الوقت والجهد، مما يزيد من دورها في خفض النفقات، وتم الحصول على نماذج متعددة للسجلات والوثائق الرسمية وصنفت إلى محوسبة واعتيادية. والجدول الآتي يعرض ما تم جمعه حول حوسبة السجلات والوثائق الرسمية:

جدول (١٢)

السجلات والوثائق الرسمية المحوسبة والاعتيادية في المدرسة الاستكشافية

ملاحظة: (إشارة √ تعني محوسب وإشارة × تعني اعتيادي)

أ- سجل الشؤون الإدارية

الرقم	اسم السجل	محوسب/ اعتيادي
١	سجل الاجتماعات المدرسية	√
٢	سجل أحوال المعلمات	√
٣	سجل حضور وغياب المعلمات	√
٤	سجل الزيارات الصفية	√
٥	سجل جدول الحصص	√
٦	برنامج الإشغال	√
٧	برنامج المناوبة	√
٨	سجل المغادرات اليومية	√
٩	سجل الزيارات الإدارية	√
١٠	سجل الزيارات الإشرافية	×

ب- سجل شؤون الطلاب

الرقم	اسم السجل	محوسب/ اعتيادي
١	سجل حضور وغياب الطلبة	×
٢	سجل فئات الطلبة	√
٣	سجل الطلبة الملتحقين	√
٤	سجل الطلبة المتسربين	√
٥	سجل درجات أعمال السنة (العلامات)	√
٦	سجل مجلس الضبط	√

ج- المكتبة المدرسية

الرقم	اسم السجل	محوسب/ اعتيادي
١	سجل الإعارة	√
٢	سجل المحتويات (الأثاث، الكتب)	√
٣	سجل التصنيف	√
٤	سجل الإتلاف	√
٥	سجل الزيارات الصفية للمكتبة	×

د- مختبر الحاسوب

الرقم	اسم السجل	محوسب / اعتيادي
١	سجل صيانة أجهزة الحاسوب	√
٢	سجل المحتويات (الأثاث، الحواسيب)	√
٣	سجل الإتلاف	√
٤	سجل الزيارات الصفية لمختبر الحاسوب	√

هـ - مختبر العلوم

الرقم	اسم السجل	محوسب/ اعتيادي
١	سجل إجراء التجارب العلمية	√
٢	سجل المحتويات (الأثاث، مواد المختبر)	√
٣	سجل الإتلاف	√
٤	سجل الزيارات الصفية لمختبر العلوم	√

و- الكاتبة

الرقم	اسم السجل	محوسب/ اعتيادي
١	سجل البريد الصادر	√
٢	سجل استلام الكتب المدرسية	×
٣	سجل توزيع الكتب المدرسية	×
٤	سجل الإتلاف	√
٥	سجل البريد الوارد	√
٦	سجل بيع وشراء الكتب المدرسية	×
٧	سجل الأثاث المدرسي	√

ز- المرشدة التربوية

الرقم	اسم السجل	محوسب/ اعتيادي
١	سجل أحوال الطلبة الاجتماعية	√
٢	سجل أحوال الطلبة الصحية	√
٣	سجل الحالات الخاصة للطلبة	√
٤	سجل متابعة الطلبة	√

ومن خلال الجدول السابق نلاحظ ارتفاع عدد السجلات والوثائق الرسمية المحوسبة لدى المدرسة الاستكشافية.

كما تم التوصل من خلال مقابلة للإداريات في موقعي الدراسة، أن الدورات التدريبية مطلب أساس لرفع كفاءة الإداريات، وجودة إنتاجهن، ولكن هناك من تجد أنها بحاجة لتدريب مستمر لترفع من جودة عملها وتعطيها ثقة أكبر بنفسها أثناء تعاملها مع برامج تكنولوجيا المعلومات والاتصالات، على أن تكون هذه الدورات في مجال تخصصهن، كدورات تدريبية في أعمال المكتبة، وصيانة الشبكات، وأعمال المختبر والإرشاد، وهناك من تكتفي بخبرتها الحاسوبية في مجال توظيف برامج تكنولوجيا المعلومات والاتصالات، لأنهن حصلن على دورات حاسوبي ة تكفي لخدمة سجلاتهن ووثائقهن الرسمية ، وأضافت الإداريات أن

ضيق الوقت، و كثرة الأعمال المطلوبة من الإداريات، والخشية من حدوث الفوضى في العمل كان من أهم الأسباب التي تزيد في عدم رغبتهن في الحصول على دورات جديدة.

وتبين أثناء المقابلة عدد الإداريات اللواتي حصلن على دورات تدريبية والذي يوضحه الجدول على النحو الآتي:

الجدول (١٣)

الدورات التدريبية التي حصلت عليها الإداريات في المدرسة الاستكشافية

التسلسل	العبارة	نعم	لا
١	دورة الرخصة الدولية لاستخدام الحاسوب	٦	
٢	دورة إنتل في استخدام الحاسوب	٢	٤
٣	دورة وورلد لينكس في الحاسوب	١	٥
٤	دورة تدريبية في تشغيل وصيانة الحاسوب	١	٥

وعند استعراض الجدول السابق نجد أن هناك اهتماما بدورة الرخصة الدولية لقيادة الحاسوب الذي بلغ عدد المتدربات عليها (٦) ويليها دورة إنتل (٢) أما دورة وورلد لينكس ودورة تشغيل وصيانة الحاسوب لا تزال في بداية الطريق.

وأكدت الإداريات دعم الوزارة المتواصل واهتمامها بتوظيف برامج تكنولوجيا المعلومات والاتصالات من خلال توفير ما يلزم لتوظيف برامج تكنولوجيا المعلومات والاتصالات لخدمة الأنشطة المدرسية، وتوفير الأجهزة الحاسوبية، وتزويد الإدارات المدرسية بالبرمجيات اللازمة التي تحتاجها الإدارات المدرسية، وربط المدرسة عبر شبكة الإنترنت.

وأن أغلبية الإداريات لا يواجهن صعوبة في توظيف برامج تكنولوجيا المعلومات والاتصالات في حفظ السجلات والوثائق الرسمية، وأن الوزارة مستمرة في تفعيل برامج تكنولوجيا المعلومات والاتصالات مستقبلاً.

ولتحديد دور الإداريات في توظيف برامج تكنولوجيا المعلومات والاتصالات في خدمة السجلات والوثائق الرسمية قام بتوزيع الاستبانة على الإداريات وتوصل إلى النتائج الآتية:

الجدول (١٤)

النسب المئوية للإداريات في تنظيم السجلات والوثائق الرسمية في المدرسة الاستكشافية:

درجة التوظيف	النسبة المئوية	الفقرة
متوسطة	٥٦.٦%	توظيف البرامج في الأعمال الروتينية اليومية
متوسطة	٦٦.٦%	إعداد جدول الحصص والإشغال والمناوبة
متوسطة	٦٦.٦%	الردود السريعة على بريد التربية، و تصميم سجلات حضور الحصص، وقياس أثر التدريب على الحصص الصفية للمعلمات والخطط السنوية
عالية	٨٣.٢%	الاحتفاظ بنسخ احتياطية لوقت الحاجة
قليلة	٤٣.٢%	متابعة أحوال الطلبة بعد الدوام الرسمي عبر الإنترنت
عالية	٧٠%	إنشاء ملفات محوسبة لجميع الطلبة
متوسطة	٦٣.٢%	إنشاء ملفات محوسبة لجميع العاملين في المدرسة
متوسطة	٦٠%	حوسبة عملية قبول وانتقال الطلبة
عالية	٧٠%	تفريغ نتائج الطلبة بشكل منظم في ملفات خاصة
متوسطة	٦٣.٢%	الاتصال مع أولياء أمور الطلبة
قليلة	٤٣.٢%	متابعة أحوال الطلبة عبر شبكة الإنترنت
عالية	٨٣.٢%	الدقة في العمل، وعمل نسخ إضافية واستعادتها وقت الحاجة
متوسطة	٦٣.٢%	الاجتماعات الرسمية التي تعقدها الإداريات لتطوير العمل باستخدام برامج تكنولوجيا المعلومات والاتصالات
عالية	٧٠%	توظيف برامج تكنولوجيا المعلومات والاتصالات ينظم السجلات والوثائق المدرسية
عالية	٨٣.٢%	ضيق الوقت لدى بعض الإداريات
متوسطة	٥٠%	الخشية من حدوث الفوضى في العمل

ونلاحظ من خلال الجدول السابق أن نسبة توظيف برامج تكنولوجيا المعلومات والاتصالات في حفظ السجلات والوثائق الرسمية متوسطة.

المدرسة الاعتيادية:

لقد أكدت بعض الإداريات توظيفهن لبرامج تكنولوجيا المعلومات والاتصالات في خدمة الأعمال الإدارية، كحوسبة السجلات والوثائق الرسمية، ومتابعة الأعمال اليومية وسجلات الطالبات التي تتضمن أحوالهن الاجتماعية والصحية، كما قمن بإعداد نشرات تتعلق باستدعاء أولياء أمور الطالبات، والسماح للطالبات بالدخول عند التأخير، والمغادرة، وإعداد جداول للزيارات الصفية، وعمل قوائم لمحتويات المكتبة المدرسية، ومختبر العلوم، والحاسوب، والمستودع المدرسي من كتب وأثاث، بالإضافة إلى سجلات الإتلاف، وسجلات إعارة الكتب وإعادتها.

وقد أجمعت قيمة مختبر الحاسوب، و قيمة مختبر العلوم، وأمينة المكتبة، والكاتبة، على قلة توظيفهن لبرامج تكنولوجيا المعلومات والاتصالات في خدمة السجلات والوثائق الرسمية، بسبب اعتماد نماذج موحدة من قبل وزارة التربية والتعليم يقمن بتعبئتها يدوياً.

كما تم رصد العدد التقريبي للساعات الأسبوعية التي تستخدمها الإداريات لحوسبة السجلات والوثائق الرسمية في المدرسة الاستكشافية كما هو موضح في الجدول الآتي:

الجدول (١٥)

العدد التقريبي للساعات الأسبوعية التي تستخدمها الإداريات لحوسبة السجلات والوثائق الرسمية في المدرسة الاعتيادية:

المسمى الوظيفي	عدد الساعات الأسبوعية
مديرة المدرسة	٥ ساعات
الكاتبة	١ ساعة
المرشدة التربوية	٣ ساعات
قيمة مختبر العلوم	٢ ساعة
قيمة مختبر الحاسوب	١٠ ساعات
أمينة المكتبة	٢ ساعة

ونلاحظ مـن خـلال الجـدول السـابق إلى أن مجمـوع السـاعات التي تقضيها الإداريات في المدرسة الاعتيادية (٢٣) ساعة، وهو مجموع أقل مـن عـدد السـاعات التي تقضيها الإداريات في المدرسة الاستكشافية لحفـظ وتنظيم السـجلات والوثائق الرسمية والبالغ عددها (٥٢) ساعة أسبوعياً.

وتتبين من خلال الملاحظة مع الإداريات عدم ربط المدرسـة عـبر شبكة الإنترنت، مـما يعيق تـوظيفهن لـبرامج تكنولوجيا المعلومات والاتصالات في حفـظ وتنظيم السجلات والوثائق الرسمية وهذا يظهر من خلال الجداول الآتية:

الجدول (١٦)

المعلومات المتوافرة على شبكة الإنترنت للمدرسة الاعتيادية:

قاموا بذلك	معلومات عامة
√	معلومات عامة عن المدرسة
√	معلومات عن المعلمات
√	معلومات عن الطالبات
×	معلومات عن أولياء الأمور من اجتماعات ومجالس أولياء الأمور
√	اختبارات مدرسية
×	إعلانات مدرسية
×	أنشطة مدرسية

الجدول (١٧)

المهام التي قامت بها المدرسة الاعتيادية مستخدمة برامج تكنولوجيا المعلومات:

قاموا بذلك	المهام
×	المدرسة موصولة بمركز الملكة رانيا
×	تواصل الإداريات مع أولياء أمور الطلبة بواسطة البريد الإلكتروني
×	تواصل الإداريات مع الإدارات العليا بواسطة البريد الإلكتروني
×	اتصال الإداريات مع مدارس أخرى عبر شبكة الإنترنت

من خلال ملاحظة سير العمل في المدرسة الاعتيادية نلاحظ انخفاض توظيف برامج تكنولوجيا المعلومات والاتصالات في حفظ وتنظيم السجلات والوثائق الرسمية، ولا يزال النمط الاعتيادي هو المعتمد لديهن، وتم التأكد من صدق البيانات من خلال الاطلاع على السجلات والوثائق الرسمية، حيث تم الحصول على نماذج للسجلات والوثائق الرسمية محوسبة واعتيادية. والجدول الآتي يعرض ما تم جمعه حول حوسبة السجلات والوثائق الرسمية:

جدول (١٨)

السجلات والوثائق الرسمية المحوسبة والاعتيادية في المدرسة الاعتيادية

أ- سجل الشؤون الإدارية

محوسب / اعتيادي	اسم السجل	الرقم
√	سجل الاجتماعات المدرسية	١
√	سجل أحوال المعلمات	٢
×	سجل حضور وغياب المعلمات	٣
×	سجل الزيارات الصفية	٤
×	سجل جدول الحصص	٥
√	برنامج الإشغال	٦
√	برنامج المناوبة	٧
×	سجل المغادرات اليومية	٨
×	سجل الزيارات الإدارية	٩
×	سجل الزيارات الإشرافية	١٠

ب- سجل شؤون الطلاب

محوسب / اعتيادي	اسم السجل	الرقم
×	سجل حضور وغياب الطالبات	١
×	سجل فئات الطالبات	٢
√	سجل الطالبات الملتحقات	٣
√	سجل الطالبات المتسربات	٤
√	سجل درجات أعمال السنة (العلامات)	٥
√	سجل مجلس الضبط	٦

ج- المكتبة المدرسية

محوسب / اعتيادي	اسم السجل	الرقم
×	سجل الإعارة	١
√	سجل المحتويات	٢
×	سجل التصنيف	٣
×	سجل الإتلاف	٤
×	سجل الزيارات الصفية للمكتبة	٥

د- مختبر الحاسوب

محوسب / اعتيادي	اسم السجل	الرقم
×	سجل صيانة أجهزة الحاسوب	١
√	سجل المحتويات	٢
×	سجل الإتلاف	٣
×	سجل الزيارات الصفية لمختبر الحاسوب	٤

هـ - مختبر العلوم

محوسب / اعتيادي	اسم السجل	الرقم
√	سجل إجراء التجارب العلمية	١
√	سجل المحتويات	٢
×	سجل الإتلاف	٣
×	سجل الزيارات الصفية لمختبر العلوم	٤

و- الكاتبة

محوسب /اعتيادي	اسم السجل	الرقم
×	سجل البريد الصادر	١
×	سجل استلام الكتب المدرسية	٢
×	سجل توزيع الكتب المدرسية	٣
×	سجل الإتلاف	٤
×	سجل البريد الوارد	٥
×	سجل بيع وشراء الكتب المدرسية	٦
√	سجل الأثاث المدرسي	٧

ز- المرشدة التربوية

محوسب / اعتيادي	اسم السجل	الرقم
×	سجل أحوال الطالبات الاجتماعية	١
×	سجل أحوال الطالبات الصحية	٢
×	سجل الحالات الخاصة للطالبات	٣
√	سجل متابعة الطالبات	٤

ويؤكد الجدول السابق قلة توظيف برامج تكنولوجيا الاتصالات والمعلومات في تنظيم وحفظ السجلات والوثائق الرسمية.

كما تم التأكد من خلال مقابلة الإداريات في موقعي الدراسة، أن الدورات التدريبية مطلب أساس لرفع كفاءة الإداريات وجودة إنتاجهن، ولكن هناك من تجد أنها بحاجة لتدريب مستمر لترفع من جودة عملها وتعطيها ثقة أكبر بنفسها أثناء تعاملها مع برامج تكنولوجيا المعلومات والاتصالات، على أن تكون هذه الدورات في مجال تخصصهن، كدورات تدريبية في أعمال المكتبة، وصيانة الشبكات، وأعمال المختبر والإرشاد، وهناك من تكتفي بخبرتها

الحاسوبية في مجال توظيف برامج تكنولوجيا المعلومات والاتصالات، لأنهن حصلن على دورات حاسوبية تكفي لخدمة سجلاتهن ووثائقهن الرسمية، وأضافت الإداريات أن أهم الصعوبات التي تواجه الإداريات هي ضيق الوقت، و كثرة الأعمال المطلوبة منهن، والخشية من حدوث الفوضى في العمل كان من أهم الأسباب التي تزيد في عدم رغبتهن في الحصول على دورات جديدة .

وتبين أثناء المقابلة أن عدد الإداريات اللواتي حصلن على دورات تدريبية يوضحه الجدول الآتي:

الجدول (١٩)

الدورات التدريبية في المدرسة الاعتيادية

لا	نعم	العبـــــــــــارة	التسلسل
	٦	دورة الرخصة الدولية لاستخدام الحاسوب.	١
٥	١	دورة إنتل في استخدام الحاسوب.	٢
٦		دورة وورلد لينكس في الحاسوب.	٣
٦		دورة تدريبية في تشغيل وصيانة الحاسوب.	٤

ونلاحظ من خلال الجدول السابق أن اللواتي يمتلكن دورة الرخصة الدولية (٦) إداريات، و (١) لدورة إنتل، بينما لم يلاحظ إي تدريب على دورة وورلد لينكس، ودورة تشغيل وصيانة الحاسوب.

ولتحديد دور الإداريات في توظيف برامج تكنولوجيا المعلومات والاتصالات في خدمة السجلات والوثائق الرسمية تم توزيع الاستبانة على الإداريات وتوصلنا إلى النتائج الآتية:

الجدول (٢٠)

النسب المئوية للإداريات في تنظيم السجلات والوثائق الرسمية في المدرسة الاعتيادية:

درجة التوظيف	النسبة المئوية	الفقرة
متوسطة	٦٦.٦%	توظيف برامج تكنولوجيا المعلومات والاتصالات في الأعمال الروتينية اليومية
متوسطة	٥٦.٦%	إعداد جدول الحصص والإشغال والمناوبة
متوسطة	٦٠%	الردود السريعة على بريد التربية، و تصميم سجلات حضور الحصص، وقياس أثر التدريب على الحصص الصفية للمعلمات والخطط السنوية
عالية	٧٣.٢%	الاحتفاظ بنسخ احتياطية لوقت الحاجة
قليلة	٣٣.٢%	متابعة أحوال الطالبات بعد الدوام عبر الإنترنت
قليلة	٤٠%	إنشاء ملفات محوسبة لجميع الطالبات
متوسطة	٦٣.٢%	إنشاء ملفات محوسبة لجميع العاملين في المدرسة
قليلة	٤٣.٢%	حوسبة عملية قبول وانتقال الطالبات
قليلة	٤٦.٦%	تفريغ نتائج الطالبات بشكل منظم في ملفات خاصة
قليلة	٤٣.٢%	الاتصال مع أولياء أمور الطالبات
قليلة	٣٣.٢%	متابعة أحوال الطالبات عبر شبكة الإنترنت
عالية	٧٣.٢%	الدقة في إنجاز العمل، وعمل نسخ إضافية
متوسطة	٥٣.٢%	الاجتماعات الرسمية التي تعقدها الإداريات لتطوير العمل باستخدام برامج تكنولوجيا المعلومات والاتصالات
متوسطة	٦٣.٢%	توظيف برامج تكنولوجيا المعلومات والاتصالات ينظم السجلات والوثائق المدرسية
متوسطة	٥٣.٢%	ضيق الوقت لدى بعض الإداريات
قليلة	٣٠%	الخشية من حدوث الفوضى في العمل

لقد أفادت النتائج السابقة المتعلقة بدعم الوزارة لتوظيف برامج تكنولوجيا المعلومات والاتصالات لخدمة السجلات والوثائق الرسمية، اختلاف وجهات النظر حول دعم الوزارة لتوظيف برامج تكنولوجيا المعلومات والاتصالات:

القسم الأول يجدن أن دعم الوزارة ضعيف يتمثل في الآتي:

- حاجة المدرسة لربطها عبر شبكة الإنترنت ليمكنها من الاتصال مع الإدارات العليا.

- حاجة المدرسة لبرمجيات معدة من قبل وزارة التربية والتعليم لتسهل عملها في الميدان.

- اقتصار دعم الوزارة على اعتماد نماذج موحدة تقوم الإداريات بتعبئتها.

والقسم الآخر يجدن دعماً من الوزارة يتمثل في الآتي:

- إعداد نماذج تعمل على سهولة العمل وتيسيره.

- تدريب الإداريات على الدورات التدريبية.

- تقديم الحوافز من حيث الرتب و العلاوات.

من خلال الملاحظات والمقابلات والاستبانة التي أجريت مع الإداريات والاطلاع على السجلات والوثائق الرسمية، أفادت الإداريات في المدرسة الاعتيادية إلى إن هناك صعوبات تواجه بعض الإداريات نتيجة لتوظيف برامج تكنولوجيا المعلومات والاتصالات في أعمالهن الروتينية واليومية وفي حفظ سجلاتهن ووثائقهن تتمثل في الآتي:

- عدم وجود الوقت الكافي لتوظيف برامج تكنولوجيا المعلومات والاتصالات في أعمالهن؛ لأن التربية تطالبهن بإعداد أعمالهن بطريقتين محوسبة واعتيادية في آن واحد.

- عدم امتلاك بعض الإداريات لمهارات كافية في مجال تخصصهن للتعامل مع الحاسوب وتوظيفه في أعمالهن اليومية.

- بطء الشبكة والعطل الذي يصيب بعض الأجهزة.

- كثرة عدد الطالبات والذي لا يتناسب مع الأجهزة.

- كثرة الأعمال التي تطالب بها الإداريات وتشابكها.

ومن خلال المقابلات التي أجريت مع الإداريات حول سعي وزارة التربية والتعليم إلى الاستمرار في تفعيل برامج تكنولوجيا المعلومات والاتصالات لخدمة السجلات والوثائق الرسمية، أجمعن على ضرورة تفعيل برامج تكنولوجيا المعلومات والاتصالات مستقبلاً في حفظ السجلات والوثائق الرسمية.

وكانت خلاصة نتائج المقابلات والملاحظات والاطلاع على السجلات والوثائق الرسمية والاستبانة التي أجريت مع الإداريات حول توظيف برامج تكنولوجيا المعلومات والاتصالات في موقعي الدراسة لخدمة السجلات والوثائق الرسمية الآتي:

- أن هناك حاجة للإداريات في موقعي الدراسة لمزيد من الدورات التدريبية في مجال تخصصهن؛ للارتقاء بعملهن الإداري في حفظ السجلات والوثائق الرسمية.

- أن توظيف برامج تكنولوجيا المعلومات والاتصالات قد حقق نتائج إيجابية في حفظ السجلات والوثائق الرسمية، من حيث توفير الوقت والجهد مما يزيد من دورها في خفض النفقات والدقة والنظام والاحتفاظ بنسخ إضافية.

- أن هناك صعوبات في المدرسة الاعتيادية، والتي لم يتم إمدادها بكافة التجهيزات والبرمجيات اللازمة لحوسبة سجلاتها ووثائقها الرسمية، مقارنة مع المدرسة الاستكشافية التي تلاقي مزيداً من الاهتمام في توفير ما يلزم لخدمة سجلاتها ووثائقها الرسمية.

سؤال الدراسة الثالث:

ما دور الإدارة المدرسية في توظيف برامج تكنولوجيا المعلومات والاتصالات في تنظيم وإجراء الاختبارات في المدرسة الاستكشافية والمدرسة الاعتيادية ؟

تبين من خلال الملاحظة الميدانية والمقابلات، والاطلاع على السجلات والوثائق الرسمية مع الإداريات في المدرسة الاستكشافية والمدرسة الاعتيادية، أن دور الإدارة المدرسية في توظيف برامج تكنولوجيا المعلومات والاتصالات لخدمة الاختبارات المدرسية كان على النحو الآتي:

المدرسة الاستكشافية:-

إن الإداريات في المدرسة الاستكشافية أجمعن على توظيف برامج تكنولوجيا المعلومات والاتصالات في تنظيم وإجراء الاختبارات المدرسية، من خلال طباعة أوراق الاختبارات المدرسية على نحو منظم ودقيق مما يساعد الطالبات على فهم الأسئلة ووضوحها مستخدمة برنامج (Word)، و إعداد جدول الاختبارات المدرسية وتوزيع الطالبات على القاعات، كما يتم متابعة الإداريات لإدراج علامات الطالبات على شبكة (Eduwave)، وتحليل الاختبارات المدرسية، وتم التأكد من صحة البيانات من خلال المقابلات التي أجريت مع الإداريات، ومن خلال الوثائق والسجلات التي تم الحصول عليها والاطلاع عليها من الإداريات اللواتي تابعن تنفيذ الهيئة التدريسية لتنظيم وإجراء الاختبارات المدرسية في موقع المدرسة، كما لوحظ من خلال الإقامة في المدرسة قيام الإداريات بالإشراف على الخطط العلاجية التي تجريها المعلمات لمعالجة ضعف الطالبات دراسياً، كما أكدت الإداريات على الاتصال مع أولياء أمور الطالبات عبر شبكة الإنترنت لمتابعة أحوالهن دراسياً.

وتبين أثناء المقابلة أن الإداريات لا يجدن أية صعوبات في توظيف برامج تكنولوجيا المعلومات والاتصالات في تنظيم وإجراءالاختبارات المدرسية،بل على العكس تماماً فقد قدمت برامج تكنولوجيا المعلومات والاتصالات الكثير لخدمةالاختبارات المدرسية من دقة ونظام وترتيب وتخفيف العبء على الهيئة التدريسية . كما أجمعت الإداريات في المدرسة

الاستكشافية على أن الصعوبات التي تواجههن بسيطة ولا تذكر مقارنة مع الإيجابيات التي حققتها برامج تكنولوجيا المعلومات والاتصالات في تنظيم وإجراء الاختبارات المدرسية.

ولدى السعي لمعرفة مدى الاستمرار في توظيف برامج تكنولوجيا المعلومات والاتصالات في تنظيم وإجراء الاختبارات المدرسية مستقبلاً أثناء مقابلة الإداريات في المدرسة الاستكشافية، واللواتي أجمعن على استمرار الوزارة بتوظيف برامج تكنولوجيا المعلومات والاتصالات وهذا يظهر من خلال اهتمام الوزارة المتزايد في عقد الدورات التدريبية، والتي يتخللها التدريب على الاختبارات المدرسية وطرق إعدادها وتنظيمها من خلال برامج تكنولوجيا المعلومات والاتصالات المختلفة، والاستمرار في رصد العلامات على شبكة (Eduwave) والعمل على تحديثها. كما أنها وفرت كل ما يلزم لخدمة الاختبارات المدرسية والعملية التعليمية، من صيانة للأجهزة وزيادة مختبرات الحاسوب، وتوفير البرمجيات الضرورية لخدمة الاختبارات المدرسية وتزويد الإداريات بحواسيب شخصية لخدمة أعمالهن وتحديث البيانات واستمرارها ومتابعة الإدارات المدرسية وتقييم أعمالهن. وحرصاً صحة البيانات تم توزيع الاستبانة للتعرف على دور الإدارات المدرسية في تنظيم الاختبارات المدرسية:

الجدول (٢١)

النسب المئوية للإداريات في تنظيم وإجراء الاختبارات في المدرسة الاستكشافية:

درجة التوظيف	النسبة المئوية	الفقرة
عالية	٨٣.٢%	طباعة أوراق الاختبارات المدرسية وتنظيمها
متوسطة	٦٠%	تحليل الاختبارات المدرسية
عالية	٨٠%	وضع خطط لمعالجة ضعف الطالبات، وإيجاد المتوسط الحسابي للاختبارات، ونسب النجاح باستخدام برنامج (Excel)
عالية	٩٠%	العمل على الاتصال مع أولياء أمورهن عبر شبكة الإنترنت لمعالجة الضعف الدراسي للطالبات
عالية	٩٠%	إجراء تصاميم للشهادات المدرسية
عالية	٨٣.٢%	إعداد سجلات للاختبارات المدرسية
متوسطة	٥٣.٢%	استمرار الوزارة بمطالبتهن بنسخ اعتيادية عن كشوف العلامات
عالية	٧٦.٦%	صيانة للأجهزة
عالية	٧٣.٢%	زيادة مختبرات الحاسوب
عالية	٨٠%	توفير البرمجيات الضرورية لخدمة الاختبارات المدرسية
متوسطة	٦٣.٢%	تزود الإداريات بحواسيب شخصية لخدمة أعمالهن
عالية	٩٠%	تحديث البيانات واستمرارها

ويبين الجدول السابق أن الاهتمام بتوظيف برامج تكنولوجيا المعلومات والاتصالات لتنظيم وإجراء الاختبارات المدرسية واضح، من خلال ارتفاع النسب التي تدل على الاهتمام من قبل الإداريات اللواتي يشرفن على تنظيم وتنسيق الاختبارات المدرسية، ودور وزارة التربية والتعليم في دعم الإدارات وتوفير الأجهزة والبرمجيات لها، وتعمل على متابعة شبكة (Eduwave) وتحديثها.

المدرسة الاعتيادية:-

تقوم الإداريات في المدرسة الاعتيادية بتوظيف لبرامج تكنولوجيا المعلومات والاتصالات في تنظيم وإجراء الاختبارات المدرسية، وطباعة أوراق الاختبارات المدرسية وتحليلها، وإيجاد خطط علاجية لمعالجة ضعف الطالبات دراسياً، وإيجاد المتوسط الحسابي للاختبارات، ونسب النجاح مستخدمة برنامج (Excel) إضافة إلى إعداد جدول الاختبارات المدرسية وقاعات الامتحانات وتوزيع الطالبات عليها، وجدول المراقبة وتدقيق سجلات العلامات المدرسية. وتمكنت الإداريات من إنشاء ملفات المعلمات والعلاقات التدريسية الخاصة بكل معلمة منهن، وإنشاء الصفوف والشعب، وملفات الطالبات الجدد، وترفيعهن في نهاية العام الدراسي، وأسماء الطالبات ليتسنى لهن إدراج علامات الطالبات على شبكة (Eduwave) حتى تتمكن الإدارات العليا وأولياء الأمور من الحصول على معلومات حول نتائج الطالبات في أي وقت مما أدى إلى دقة العلامات وسهولة حفظها وعمل نسخ إضافية لحين الحاجة، وتم التأكد من ذلك أثناء التواجد في المدرسة.

وبعد إجراء المقابلات أفادت الإداريات في المدرسة الاعتيادية، أن دعم وزارة التربية والتعليم واهتمامها بتوظيف برامج تكنولوجيا المعلومات والاتصالات لتنظيم الاختبارات المدرسية مستمر، حيث تعقد الوزارة العديد من الدورات التدريبية، لتنظيم وإجراء الاختبارات المدرسية وتزود المدارس بمختبرات الحاسوب والأجهزة الملحقة بها، وتعمل على إجراء الصيانة المستمرة لها.

أما من حيث الصعوبات التي تواجه الإداريات في المدرسة الاعتيادية، فتلخصت بالضغط الكبير على شبكة (Eduwave) مما يؤدي إلى بطء الشبكة، وتعطل الأجهزة في كثير من الأحيان، وعدم امتلاك الكثير من المعلمات لمهارات حاسوبية كافية تمكنهن من القيام بعملهن على خير وجه، كما أن عدم ربط المدرسة عبر شبكة الإنترنت لا يمكن الإداريات من الاتصال مع أولياء أمور الطالبات وتزويدهم بعلاماتهن باستمرار، بالإضافة إلى عدم الترتيب والتنسيق من قبل الوزارة، فلا تزال العديد من الأمور التي تتعلق بالاختبارات المدرسية كالجداول والشهادات المدرسية تطالب الوزارة بتعبئتها بطريقة

اعتيادية، ومع ذلك تتوقع الإداريات سعي الوزارة لتوظيف برامج تكنولوجيا المعلومات والاتصالات في تصحيح الاختبارات المدرسية والحصول على نتائج فورية للاختبارات التي تم إجراؤها، مما يسهم في دقة العلامات وتوفير الوقت والجهد بشكل أفضل.

وحرصاً على التأكد من صحة البيانات قام وزعت استبانة للتعرف على دور الإدارات المدرسية في تنظيم وإجراء الاختبارات المدرسية:

الجدول (٢٢)

النسب المئوية للإداريات في تنظيم وإجراء الاختبارات المدرسية في المدرسة الاعتيادية:

درجة التوظيف	النسبة المئوية	الفقرة
عالية	٨٦.٦%	طباعة أوراق الاختبارات المدرسية وتنظيمها
متوسطة	٦٦.٦%	تحليل الاختبارات المدرسية
متوسطة	٥٣.٢%	وضع خطط علاجية لمعالجة ضعف الطالبات دراسياً، وإيجاد المتوسط الحسابي للاختبارات، ونسب النجاح باستخدام برنامج (Excel)
متوسطة	٥٠%	العمل على الاتصال مع أولياء أمورهن عبر شبكة الإنترنت لمعالجة الضعف الدراسي للطالبات
عالية	٨٦.٦%	إجراء تصاميم للشهادات المدرسية
	٦٣.٢%	إعداد سجلات للاختبارات المدرسية
متوسطة	٥٠%	مطالبة الوزارة بنسخ اعتيادية عن كشوف العلامات
متوسطة	٦٣.٢%	صيانة للأجهزة
متوسطة	٦٠%	زيادة مختبرات الحاسوب
متوسطة	٥٠%	توفير البرمجيات الضرورية لخدمة الاختبارات المدرسية
منخفضة	٢٠%	تزويد الإداريات بحواسيب شخصية لخدمة أعمالهن
عالية	٧٠%	تحديث البيانات واستمرارها

يبين الجدول السابق أن الاهتمام بتوظيف برامج تكنولوجيا المعلومات والاتصالات، لتنظيم وأجراء الاختبارات المدرسية متوسط من قبل الإداريات اللواتي يشرفن على تنظيم وتنسيق الاختبارات المدرسية، كما أن الوزارة لا توفر للإداريات في المدرسة الاعتيادية ما توفره في المدرسة الاستكشافية من حيث ربط المدرسة عبر شبكة الإنترنت وتزويدهن بحواسيب شخصية، وينحصر ـ اهتمامها في توفير الأجهزة والبرمجيات، ومتابعة شبكة (Eduwave) وتحديثها.

وكانت خلاصة نتائج المقابلات والملاحظات والاطلاع على السجلات والوثائق الرسمية والاستبانة التي أجريت مع الإداريات حول دور الإدارة المدرسية في توظيف برامج تكنولوجيا المعلومات والاتصالات لتنظيم وأجراء الاختبارات المدرسية الآتي:

- إن توظيف الإداريات لبرامج تكنولوجيا المعلومات والاتصالات كانت له آثار إيجابية في تنظيم وإجراء الاختبارات المدرسية ودقتها ووضوحها في المدرستين الاستكشافية والاعتيادية.

- إن الوزارة تدعم الاختبارات المدرسية من خلال تفعيل شبكة (Eduwave)، وعقد دورات تدريبية تساعد على تنظيم وأجراء الاختبارات المدرسية وهو ما ينطبق على المدرستين.

- إن هناك بطئاً للشبكة، وتعطلاً للأجهزة واستمرار الوزارة في المطالبة بنسخ اعتيادية، مما يتسبب في صعوبات لا تزال تواجه الإداريات في عملهن.

- تتواصل المدرسة الاستكشافية مع أولياء أمور الطالبات لعمل بريد الكتروني خاص بها عبر شبكة الإنترنت لمعالجة ضعفهن الدراسي وتزويد أولياء أمورهن بنتائجهن، في حين لا تتمكن المدرسة الاعتيادية من ذلك لعدم ربطها عبر شبكة الإنترنت.

الفصل الثاني عشر

١- دور الإدارة المدرسية في توظيف بـرامـج تكنولوجيـا المعلومـات والاتصالات في خدمة الأنشطة المدرسية

٢- دور الإدارة المدرسية في توظيف بـرامـج تكنولوجيـا المعلومـات والاتصالات في خدمة السجلات والوثائق الرسمية

٣- دور الإدارة المدرسية في توظيف بـرامـج تكنولوجيـا المعلومـات والاتصالات في تنظيم وإجراء الاختبارات المدرسية

٤-النتائـــــج

٥-التوصيـــــات

دور الإدارة المدرسية في توظيف برامج تكنولوجيا المعلومات والاتصالات

يقوم هـذا الفصـل بعـرض دور الإدارة المدرسيـة في توظيف بـرامج تكنولوجيـا المعلومات في خدمة الأنشطة المدرسية، والسجلات والوثائق الرسمية، وإجراء وتنظيم الاختبارات المدرسية و يتضمن هذا الفصل مجموعة من النتائج بعد عرض مقارنة بين مدرستين إحداهما استكشافية والأخرى اعتيادية:

أسباب ودوافع توظيف الإدارة المدرسية لبرامج تكنولوجيا المعلومات والاتصالات لخدمة الأنشطة المدرسية في المدرسة الاستكشافية والمدرسة الاعتيادية:

تعددت الأسباب والـدوافع لـدى القائمـات عـلى الأنشطـة المدرسيـة في المـدارس الاستكشافية والتي تفوقت على المدارس الاعتيادية في ذلك وهذا يعود لما يأتي:

أولاً: أمور تتعلق ببيئة المدرسة:

- الخدمات المتوافرة في المدرسة الاستكشافية، فالأجهزة التي تخدم الأنشطة المدرسية كثيرة مقارنة مع عدد طالبات الصف الواحد.

- تهيئة البنية التحتية للمدرسة.

- ربط المدرسة عبر شبكة الإنترنت مكن القائمات على الأنشطة المدرسية من الـدخول على شبكة الإنترنت ومتابعة الطالبات بعد الانتهاء من الدوام المدرسي.

ثانياً: أمور تتعلق بالقائمات على الأنشطة المدرسية:

- امتلاك القائمات على الأنشطة المدرسية مهارات حاسوبية كافية، ممـا كـان لـه الأثـر الأكبر في تطور الأنشطة المدرسية.

- اشتراط وزارة التربية والتعليم امتلاك العاملات في المدرسـة الاستكشافية لـدورات حاسوبية لخدمة الأنشطة المدرسية مما انعكس على أدائهن الإداري والوظيفي.

- امتلاك القدرة والدافعية لعرض إنجازات المدرسة في مجال الأنشطة.

وقد أشارت كارتر (Carter,٢٠٠١) إلى أن استخدام الحاسوب والإنترنت يساعد على التفاعل وزيادة الخبرات مع الآخرين، ويرى ليبوتز (Liebowttz, 1999) أن أنظمة المعلومات الإدارية أضافت قيمة للأنشطة، وأشار إلى أن هناك عوامل تؤثر في نجاح نظام المعلومات الإدارية تتمثل في سلوك المديرين فيما يتعلق باتجاهاتهم نحو أنظمة المعلومات الإدارية وخبرات العاملين فيها. وهذا يتفق مع رأي فيشر (Fisher A,١٩٩١) والتي تشير نتائجها إلى أن الحاسوب يوفر كثيراً من الوقت والجهد في متابعة الأنشطة المدرسية.

المدرسة الاعتيادية:

أما المدارس الاعتيادية فيقل فيها توظيف برامج تكنولوجيا المعلومات والاتصالات ويعود ذلك للأسباب التالية:

أولاً: أمور تتعلق ببيئة المدرسة:

- الخدمات المتوافرة في المدرسة الاعتيادية قليلة، فالأجهزة التي تخدم الأنشطة المدرسية قليلة مقارنة مع كثرة عدد طالبات الصف الواحد.

- الأجهزة الحاسوبية قديمة ولا تخدم الهدف الذي وجدت من أجله.

- عدم ربط المدرسة الاعتيادية عبر شبكة الإنترنت.

ثانياً: أمور تتعلق بالقائمات على الأنشطة المدرسية:

- لا تمتلك القائمات على الأنشطة المدرسية مهارات حاسوبية كافية، مما انعكس على الأنشطة المدرسية.

- لا تشترط وزارة التربية والتعليم امتلاك العاملات في المدرسة الاعتيادية لدورات حاسوبية لخدمة الأنشطة المدرسية.

- نقـص الدافعيـة لدى القائـمات على الأنشطة المدرسية لتوظيـف بـرامج تكنولوجيا الاتصالات والمعلومات لعدم توفر ما يخـدمهن مـن بـرامج ومعـدات لتكنولوجيا المعلومات والاتصالات.

الآثار والتغيرات التي طرأت على الأنشطة المدرسية نتيجة توظيف برامج تكنولوجيا المعلومات والاتصالات

لقـد تركت بـرامج تكنولوجيا المعلومـات آثـار و تغيـرات مهمـة عـلى الأنشطة المدرسية نتيجة لتوظيـف بـرامج تكنولوجيا المعلومات والاتصالات وهـذه التغيرات هـي:

أولاً: تغيرات على القائمات على الأنشطة المدرسية:

- إن توظيف برامج تكنولوجيا المعلومات والاتصالات في أعمالهن سهل عليـهن عـرض المعلومة بوضوح وشمولية.

- اختصرن الوقت والجهد في طريقة العرض والشرح.

- تخفيف العبء على القائمات على الأنشطة المدرسية.

ثانياً: تغيرات على الطلبة:

- الاستمتاع بالأنشطة المدرسية مما ولد الرغبة لدى الآخرين للمشاركة بها.

- متابعة الأنشطة المدرسية في الدول الأخرى والمشاركة بها والاستفادة من خبراتهم في هذا المجال.

- زيادة الدافعية لدى الطلبة لحضور الحصص الصفية.

وتشير صالح (١٩٩١) إلى أن توظيف برامج تكنولوجيا المعلومات والاتصالات يوفر من ثلاث إلى خمس ساعات عمل لكل معلم أسبوعياً، مما ساعد في البحـث عـن جوانب أخرى لتطوير العمل، ويرى العجلوني (٢٠٠٤) أن توظيف برامج تكنولوجيا المعلومـات والاتصالات في العمليـة التعليميـة يسـاعد في رفع دافعيـة الطلبـة نحـو التعليم.

القائمات على الأنشطة المدرسية والدورات التدريبية:

اختلفت الآراء حول الحاجة إلى الدورات التدريبية لذا يمكننا أن نقسهم إلى قسمين:

أولاً: المؤيدون للدورات التدريبية

أظهرت بعض القائمات رغبة في التدريب على برامج تكنولوجيا المعلومات والاتصالات للأسباب الآتية:

- الحاجة إلى القدرة على التعامل مع برامج تكنولوجيا المعلومات والاتصالات

- حاجة الإداريات إلى تطوير أنفسهن بشكل أفضل.

- التغيرات الواضحة التي طرأت على الأنشطة نتيجة توظيف برامج تكنولوجيا المعلومات والاتصالات من توفير الوقت والجهد، والتنظيم، وسهولة العرض، والاستمتاع من قبل الطالبات - حاجة القائمات على الأنشطة المدرسية إلى دورات متخصصة في مجال الأنشطة المدرسية لأن القائمات على الأنشطة المدرسية يمتلكن دورات عامة لا تحقق الهدف المرجو منها كما هو الحال في الدورات المتخصصة التي تزيد من قدرتهن على تطوير العمل، والارتقاء بأنفسهن نحو الأفضل. ويتفق الحمران (٢٠٠٦) مع هذا الرأي والذي يشير إلى وجود الرغبة والحاجة لدورات تدريبية لتمكن العاملين من التعامل مع برامج تكنولوجيا المعلومات والاتصالات بشكل أفضل. ويتفق هذا الرأي مع الخروصي (٢٠٠١) والذي أشار إلى التأكيد على أهمية تطوير و تدريب الكوادر، وبالتالي تنعكس فوائدها على الواقع العملي في العملية التربوية.

من الملاحظ أن معظم الدورات التي قامت القائمات على الأنشطة المدرسية بالتدرب عليها تخص الرخصة الدولية لاستخدام الحاسوب، وإنتل التعليم للمستقبل وهي دورات عامة في مجال الحاسوب غير متخصصة. ويؤيد ذلك (مبسلط، ٢٠٠٥)، الذي يشير إلى أن الدورات التدريبية تتناول الجانب المهاري أكثر من الجانب المعرفي فعند النظر إلى الدورات

التي تطرحها وزارة التربية والتعليم وأهدافها المرجو تحقيقها نلاحظ أن هدف دورة (ICDL) إكساب الفئة المستهدفة مهارات الحاسوب، وهدف (INTEL) هو استخدام برامج تكنولوجيا المعلومات والاتصالات من خلال الحقائب التعليمية، وهدف دورات تشغيل الحاسوب إكساب الفئة المستهدفة خبرة في مجال الشبكات وطرق تركيبها وصيانتها وهدف (WORD LINKS) التدريب على استخدام (ICT) أي التعلم الإلكتروني، فكل هذه الدورات التكنولوجية تسعى لإكساب العاملين مهارات التشغيل والتوظيف ولم تخدم تطوير الأنشطة المدرسية والارتقاء بها.

المعارضون للدورات التدريبية:

تعود معارضة القائمات على الأنشطة المدرسية للدورات التدريبية للأسباب الآتية:

- ضيق الوقت بالنسبة للقائمات على الأنشطة المدرسية.

- عدم تقديم الحوافز للقائمات على الأنشطة المدرسية مقابل امتلاكهن لدورات تدريبية حول توظيف برامج تكنولوجيا الاتصالات والمعلومات.

- عدم وجود الرغبة والدافعية لدى القائمات على الأنشطة المدرسية للقيام بذلك.

دعم وزارة التربية والتعليم لبرامج تكنولوجيا المعلومات لخدمة الأنشطة المدرسية

أما فيما يتعلق بدعم الوزارة لبرامج تكنولوجيا المعلومات والاتصالات في خدمة الأنشطة المدرسية فيظهر في الجوانب الآتية:

١- تعمل الوزارة على الاهتمام بالدورات التدريبية لتدريب الكوادر البشرية.

٢- توفير مختبرات الحاسوب، وصيانة الأجهزة.

٣- ربط المدارس عبر شبكة الإنترنت وتهيئة البنية التحتية اللازمة.

أن الدعم المقدم من قبل وزارة التربية والتعليم للمدارس الاعتيادية أقل من المدارس الاستكشافية، فهي بحاجة لدعم بنيتها التحتية من الأجهزة وتوفير الفرص التدريبية إضافة

إلى ربطها عبر شبكة الإنترنت ليسهل لها العمل على الاتصال مع الإدارات العليا، ومتابعة أحوال الطالبات بعد انتهاء الدوام الرسمي والاتصال وتبادل الخبرات مع المدارس الأخرى.

ويشير كلاً من العجلوني (٢٠٠٤) وكارتر (٢٠٠١) والهرش (١٩٩٩) إلى ضرورة ربط المدارس عبر شبكة الإنترنت، وتوفير البرمجيات الضرورية والبنية التحتية اللازمة لذلك.

العقبات والصعوبات التي تواجه القائمات على الأنشطة المدرسية نتيجة توظيف برامج تكنولوجيا المعلومات والاتصالات

إن القائمات على الأنشطة المدرسية في المدارس الاستكشافية لا يواجهن صعوبة كبيرة في توظيف برامج تكنولوجيا المعلومات والاتصالات ويعود ذلك:

– امتلاكهن دورات حاسوبية في توظيف برامج تكنولوجيا المعلومات والاتصالات مما يسهل عملهن.

– وجود الدافعية لدى القائمات على الأنشطة المدرسية لتوظيف برامج تكنولوجيا المعلومات لما لها من نتائج إيجابية تخدم أعمالهن، وتوفر الوقت والجهد للقيام بأعمال أخرى.

أما الصعوبات فتنحصر في:

- عدم توفر الوقت الكافي للقيام بتوظيف برامج تكنولوجيا الاتصالات والمعلومات، لأن وزارة التربية تطالب بإنجاز بعض الأعمال بنمط اعتيادي ومحوسب في آن واحد مما يشكل عبئاً إضافياً في العمل.

- الخشية من حدوث الفوضى في العمل.

- قلة الحوافز المقدمة من قبل الوزارة نتيجة توظيف برامج تكنولوجيا المعلومات والاتصالات في الأنشطة المدرسية.

- ضعف الدافعية لدى القائمات على الأنشطة المدرسية لتوظيـف بـرامج تكنولوجيـا المعلومات والاتصالات.

- عدم توفير البرامج المعدة والتي تخدم عمل القائمات على الأنشطة المدرسية.

- عدم ربط المدرسة عبر شبكة الإنترنت وهذه من أهم الصعوبات التـي تعانـي منها المدرسة الاعتيادية.

- عدم توفر البنية التحتية والبرمجيات التي تسهل أعمالهن.

- قدم الأجهزة الحاسوبية المتوافرة في بعض المدارس.

- كثرة عدد الطالبات مقارنة مع عدد الأجهزة الحاسوبية.

- عدم امتلاك المهـارات الحاسوبية الكافيـة لتوظيـف بـرامج تكنولوجيـا الاتصالات والمعلومات.

ويرى الحمران (٢٠٠٦) أن بطء الشبكة هو مشكلة فنية، وهي بحاجـة لاتخـاذ التدابير المناسبة من قبل الوزارة، وإجراء الصيانة والمتابعـة المسـتمرة لإيجـاد شبكة أقوى. وكذلك مبسلط (٢٠٠٥) الذي يشير إلى أن شبكة الإنترنت لها مزايا كبـيرة في العمليـة التعليميـة كونهـا مصـدراً غنيـاً بالمعلومـات والبرمجيات والأبحـاث، ويـرى السـودي والعضـايلة (٢٠٠٤) أن غالبيـة الـذين يسـتخدمون الإنترنـت والحاسـوب للأغراض الشخصية، يبينون الآثار الإيجابية على العملية التعلمية التعليمية، وبين أهم الأسباب والمعوقات التي تحد من استخدام هذه الوسائل هي عـدم توافرهـا أو عـدم استخدامها عنـد الحاجـة، وغـلاء ثمنهـا، ونقـص المهـارة والخبرة والوقت المتـاح لاستخدامها.

توظيـف بـرامج تكنولوجيـا المعلومـات والاتصالات في خدمـة الأنشطة المدرسية مستقبلاً:

هنـاك سـعي مسـتمر لـدى وزارة التربيـة والتعليـم في تفعيـل بـرامج تكنولوجيا المعلومات والاتصالات، وهذا يظهر في

- خطط الـوزارة المسـتقبلية لـربط المـدارس عـبر شـبكة الإنترنـت، وتعمـيم مشـروع المدارس الاستكشافية.

- استمرار الوزارة في عقد الدورات التدريبية.

- تهيئة البنى التحتية التي تحتاجها المدارس في وزارة التربية والتعليم.

ويشير (Fisher, 1999, B) إلى أن العديد من المدارس ستحتاج نظـام معلومات ذا جودة عالية لاستخدامه في الإدارة المدرسية، وهذا سيتطلب إنشاء قاعدة معلومات تفاعلية من خلال نظام معلومات مرن مرتبط بشبكة واسعة يمكن أن يستخدم في مدارس عدة، مما سيدفع العديد من المدارس لاستخدامه للحصـول علـى المعلومـات التي تحتاجها.

دور الإدارة المدرسية في توظيف بـرامج تكنولوجيـا المعلومـات والاتصـالات لتنظـيم السجلات والوثائق المدرسية في المدرسة الاستكشافية والمدرسة الاعتيادية

يظهر من خلال جدول السجلات المحوسبة والاعتيادية الذي عمم علـى المدرسـة الاستكشـافية والاعتياديـة اهـتمام الإدارات بتوظيـف بـرامج تكنولوجيـا المعلومـات والاتصالات والذي كانت خلاصته على النحو الآتي:

الجدول (٢٣)

إجمالي عدد السجلات المحوسبة والاعتيادية في المدرسة الاستكشافية:

عدد السجلات الاعتيادية	عدد السجلات المحوسبة	المسمى الإداري
٢	١٤	مديرة المدرسة
٢	٤	أمينة المكتبة
-	٤	قيمة مختبر الحاسوب
-	٤	قيمة مختبر العلوم
٢	٥	الكاتبة
-	٤	المرشدة التربوية

حيث يشير الجدول إلى كثرة عدد السجلات المحوسبة والبالغ عددها (٣٥)، وقلة عدد السجلات الاعتيادية والبالغ عددها (٦) سجلات، وهذا مؤشر إيجابي يعزى للأسباب الآتية:

- توفر الأجهزة والبرمجيات والبنى التحتية في المدرسة الاستكشافية.

- النتائج الإيجابية التي توفرها برامج تكنولوجيا المعلومات والاتصالات على السجلات والوثائق الرسمية من سهولة العمل وتوفير الوقت والجهد والتنظيم.

- كثرة الأعمال الروتينية واليومية التي تقع على كاهل الإداريات مما أدى إلى حفظها وتنظيمها.

- ربط المدرسة عبر شبكة الإنترنت كان له الأثر الأكبر في سهولة الاتصال مع الإدارات العليا.

- سهولة الاتصال مع أولياء أمور الطالبات ومتابعة أحوال الطالبات الصحية والاجتماعية، مما كان له الأثر الإيجابي على سلوك الطالبات.

وهذا يفسرـ ارتفاع عدد الساعات التي تقضيها الإداريات في توظيف برامج تكنولوجيا المعلومات والاتصالات في تنظيم السجلات والوثائق المدرسية والبالغ عددها (٥٢) ساعة أسبوعياً في المدرسة الاستكشافية.

أما المعلومات التي تقوم الإداريات بتوفيرها على شبكة الإنترنت، معلومات عامة عن المدرسة، والمعلمات، والطالبات، وأولياء أمور الطالبات، واجتماعات مجلس الآباء، وإعلانات وأنشطة مدرسية، وهذا يؤكد قيام الإداريات بتوظيف برامج تكنولوجيا المعلومات في أعمالهن وسجلاتهن ووثائقهن الرسمية بشكل مرتفع.

أما في المدرسة الاعتيادية فلا تقوم الإداريات بتوظيف برامج تكنولوجيا المعلومات والاتصالات بشكل متواصل وهذا يظهر من خلال جدول السجلات المحوسبة والاعتيادية:

الجدول (٢٤)

إجمالي عدد السجلات المحوسبة والاعتيادية في المدرسة الاعتيادية:

المسمى الإداري	عدد السجلات المحوسبة	عدد السجلات الاعتيادية
مديرة المدرسة	٨	٨
أمينة المكتبة	١	٤
قيمة مختبر الحاسوب	١	٣
قيمة مختبر العلوم	٢	٢
الكاتبة	١	٦
المرشدة التربوية	١	٣

حيث يشير الجدول إلى قلة عدد السجلات المحوسبة والبالغ عددها (١٤)، وكثرة عدد السجلات الاعتيادية والبالغ عددها (٢٦)، وهذا مؤشر سلبي يعزى إلى الآتي:

- عدم توافر الأجهزة والبرمجيات والبنى التحتية في المدرسة الاعتيادية.
- عدم ربط المدرسة عبر شبكة الإنترنت.
- قلة المهارات الحاسوبية التي تمتلكها الإداريات.
- اعتماد النسخ الاعتيادية في أعمالهن الروتينية، وعدم الرغبة في التجديد خشية حدوث الفوضى في العمل.

إن عدد الساعات التي تقضيها الإداريات في توظيف برامج تكنولوجيا المعلومات والاتصالات هي (٢٣) ساعة أسبوعياً.

أسباب ودوافع الإدارة المدرسية لتوظيف برامج تكنولوجيا المعلومات والاتصالات في حفظ السجلات والوثائق الرسمية

إن توظيف بـرامج تكنولوجيـا المعلومـات والاتصـالات في حفـظ السـجلات والوثائق الرسمية، من الأمور المهمة للإدارات المدرسية، ويعود ذلك إلى الآتي:

- الكم الكبير من المعلومات التي تتعلق بالموظفات والطالبات.

- كثرة الأعمال الإدارية الروتينية اليومية، المالية، والأثاث واللوازم.

- أهمية الاحتفاظ بنسخ إضافية لحين الحاجة، ممـا يسـهل عـلى الإدارات المدرسية الرجوع إليها وقت الحاجة لذلك سعت الإداريات إلى الاهتمام بها.

ويشير الجسار (٢٠٠٤) إلى فاعلية برنامج الرخصة الدولية لاستخدام الحاسوب على أداء مديري المدارس في المجال الفني، والتي ظهرت آثارها في السجلات والوثائق الرسمية واللـوازم وغيرهـا. و ليبـوتز (١٩٩٩) الـذي أشـار إلى أن بـرامج تكنولوجيـا المعلومات والاتصالات تحسن الطرق الإدارية.

التغيرات التي طرأت السجلات والوثائق الرسمية نتيجة توظيـف برامج تكنولوجيا المعلومات والاتصالات:

لقد أدى توظيف برامج تكنولوجيا المعلومات والاتصالات إلى إحداث تغيرات عـلى السجلات والوثائق الرسمية، والتي تمثلت فيما يلي:

- الدقة في إنجاز العمل.

- توفير الوقت والجهد.

- تنظيم السجلات الإدارية وسهولة الرجوع إليها وقت الحاجة.

- خفض النفقات المالية بسبب توفير الأوراق.

- سهل على الإداريات متابعة أحوال الطالبات الاجتماعية والصحية، والاتصال مع أولياء أمور الطالبات، ومتابعة أحوالهن عبر شبكة الإنترنت وهذا خاص فقط بالمدارس الاستكشافية، وبنسبة منخفضة حتى في المدارس الاستكشافية وهذا عائد إلى:

١- كثرة الأعباء الملقاة على كاهل الإداريات.

٢- قلة الوقت المتاح لهن للقيام بذلك.

وتشير علاونة (٢٠٠١) إلى أن استخدام برامج تكنولوجيا المعلومات والاتصالات يسهم في تحسين نوعية الخدمات المقدمة، وفي حفظ الملفات، وضبط الموظفين، واللوازم، والمالية. وترى عميرة (٢٠٠٦) أن استخدام برامج تكنولوجيا المعلومات والاتصالات في عمليات الإدارة المدرسية والفنية، والإدارية، يتيح لها إمكانية إحداث تطوير في بيئة النظام التعليمي، والإحاطة الكاملة بكل ما يتعلق بالطلاب والمعلمين والإداريين. واتفق معهما سنكو ولينتن (١٩٩٩) الذي أشار إلى أن استخدام برامج تكنولوجيا المعلومات والاتصالات يقدم التسهيلات المناسبة لتنفيذ المهام الإدارية وبكفاءة أعلى من النظام الاعتيادي.

تدريب الإداريات على برامج تكنولوجيا المعلومات والاتصالات

قامت الإداريات بالتدريب على برامج تكنولوجيا المعلومات والاتصالات حيث تمتلك الإداريات دورات تدريبية وهي دورات عامة في استخدام الحاسوب والتعامل معه، كدورة الرخصة الدولية (ICDL)، ودورة (INTEL) ودورة (WORD LINKS) ودورات في صيانة وتشغيل الحاسوب وإن كانت الأخيرتان في بداية الطريق، أما الدورات المتخصصة فلم يتم تعميمها على المدارس بعد، وهذا ما تحتاجه الإداريات في أعمالهن. والسبب في عدم تعميمها يعود إلى قلة الإمكانات المتوافرة لدى وزارة التربية والتعليم، ولأن الدورات السابقة الذكر يمكن تفعيلها بحيث تخدم الإداريات في مجال تخصصهن.

وهناك من لم يلتحقن بدورات نهائيا وهذا يعود إلى عدم رغبة بعض الإداريات في الحصول على دورات جديدة والتي تعود إلى ضيق الوقت وكثرة الأعمال المطلوبة من

الإداريات، والخشية من حدوث الفوضى في العمل. وربما يعود ذلك إلى قلة الحوافز المادية التي تقدم نتيجة توظيف برامج تكنولوجيا المعلومات والاتصالات.

ويرى السودي والعضايلة (٢٠٠٤) أن المعوقات في استخدام برامج تكنولوجيا المعلومات والاتصالات تمثلت في نقص التدريب، وقلة الوقت المتاح لاستخدام برامج تكنولوجيا المعلومات والاتصالات. وكذلك الحمران (٢٠٠٦) الذي أكد وجود الرغبة في الحصول على دورات جديدة على أن يرافقها حوافز مادية ومهنية.

وهناك من يرغبن بدورات متطورة وهذا يعود إلى الرغبة في رفع كفاءة الإداريات وجودة إنتاجهن في مجال أعمالهن، وإعطاء الإداريات ثقة أكبر بأنفسهن أثناء تعاملهن مع برامج تكنولوجيا المعلومات والاتصالات ولأن برامج تكنولوجيا والمعلومات الاتصالات قد حققت فاعلية كبيرة في مجال الأداء الإداري.

ويشير الجسار (٢٠٠٤) إلى فاعلية برنامج الرخصة الدولية على أداء المديرين في المجال الفني والإداري. وتفعيل برامج تكنولوجيا الاتصالات والمعلومات في المدرسة. وكذلك لاي وبرات (٢٠٠٢) حيث بين أن منسقي تكنولوجيا المعلومات والاتصالات في هذه المدارس يتمتعون بكفاءة عالية وأنهم يحتلون مركز القيادة في هذا المجال، وكان لهم تأثير واضح على القيام بتفعيل أعمالهم في المدرسة، وأشار أبو ناصر (٢٠٠٣) إلى الحاجة للتدريب في مجالي الكفايات والمهارات المتعلقة بتكنولوجيا المعلومات والاتصالات، الكفايات والمهارات الفنية والإدارية.

دعم وزارة التربية والتعليم لبرامج تكنولوجيا المعلومات في خدمة السجلات والوثائق الرسمية

أن وزارة التربية والتعليم تحاول أن ترقى بسير العملية التعليمية لمواكبة الدول المتقدمة بالرغم من الصعوبات المادية التي تواجهها ويظهر اهتمامات الوزارة في الجوانب الآتية:

- توفر البرمجيات والأجهزة الضرورية لخدمة الإدارات المدرسية.

- تهيئة البنى التحتية للمدرسة الاستكشافية، والسعي بالمدارس الاعتيادية للسير نحو الأفضل.

- ربط المدارس عبر شبكة الإنترنت.

- عقد الدورات التدريبية التي ترفع من أداء الإداريات.

ولكننا نجد أن دعم الوزارة لا يزال قليلاً من حيث توظيف برامج تكنولوجيا المعلومات والاتصالات في المدارس الاعتيادية، وهذا يظهر في عدم ربط المدرسة عبر شبكة الإنترنت والتي تمكنها من التواصل مع الإدارات العليا مباشرة، والاتصال مع أولياء أمور الطالبات لمتابعة أحوالهن لأن هذا الجانب لا يزال يعاني من قصور كبير، كما أن المدرسة الاعتيادية لا تزال بحاجة إلى برمجيات معدة من قبل الوزارة تدعم عملها الإداري، إضافة إلى أن اهتمام الوزارة يقتصر- على جوانب محددة في مجال السجلات والوثائق الرسمية، تتمثل في إعداد نماذج جاهزة تكلف الإداريات على تعبئتها يدوياً، وإلحاقهن بدورات عامة لا تخدم مجال تخصصهن، ويمكن أن نفسر- سبب اهتمام وزارة التربية والتعليم في المدرسة الاستكشافية بسبب حرصها على توفير جميع مستلزمات المدارس الاستكشافية.

ويرى مبسلط (٢٠٠٥) أن الوزارة تتطلع للتطوير في مجال توظيف برامج تكنولوجيا المعلومات والاتصالات في العملية التعليمية فهي تسعى لحوسبة جميع المدارس، وتعميم مختبرات الحاسوب، ومشروع المدارس الاستكشافية، ويبين الحمران (٢٠٠٦) أن لوزارة التربية والتعليم دور كبير في عقد الدورات التدريبية، وتفعيل برامج تكنولوجيا المعلومات والاتصالات في العملية التعليمية.

المعيقات التي تواجه الإداريات نتيجة توظيف برامج تكنولوجيا المعلومات و الاتصالات في خدمة السجلات والوثائق الرسمية

لا تجد الإداريات في المدرسة الاستكشافية صعوبة في توظيف برامج تكنولوجيا المعلومات والاتصالات ويعود ذلك للأسباب الآتية:

- امتلاكهن دورات تدريبية تمكنهن من القيام بعملهن على أكمل وجه.

- توفير البرامج اللازمة التي تسهل العمل.

- توفير الصيانة المستمرة للحواسيب.

- المتعة والرغبة في توظيف برامج تكنولوجيا المعلومات والاتصالات لما لها من نتائج إيجابية على العمل.

بينما تواجه المدرسة الاعتيادية مجموعة من الصعوبات تنحصر في:

- لم تقم وزارة التربية والتعليم بتهيئة البنية التحتية للمدرسة الاعتيادية.
النقص في الأجهزة الحاسوبية والبرمجيات الملحقة بها.

- عدم وجود الوقت الكافي لذلك؛ لأن مديريات التربية والتعليم تطالب الإداريات بإعداد أعمالهن بطريقتين محوسبة واعتيادية في آن واحد.

- عدم امتلاك بعض الإداريات لمهارات كافية في مجال تخصصهن للتعامل مع الحاسوب وتوظيفه في أعمالهن اليومية.

لقد ذكر حرب (١٩٩٣) أن هناك نقصا في الدورات التدريبية في مجال برامج تكنولوجيا المعلومات والاتصالات. ويشير الصمادي (٢٠٠٣) إلى وجود حاجة ماسة للدورات التدريبية بالإضافة إلى وجود نقص في الإفادة من برامج تكنولوجيا المعلومات والاتصالات في الإدارة المدرسية. وتتفق معهما مبسلط (٢٠٠٥) في أن أهم المعيقات التي تواجه الإدارة المدرسية كثرة عدد الطالبات في الصف الواحد، مع كثرة الأعمال التي تطالب

بها الإداريات وتشابكها من الصعوبات التي تواجه الموظفات. وأشار الخروصي (٢٠٠١) إلى ضرورة توفير الوقت الكافي والحوافز المادية والمعنوية لتوظيف برامج تكنولوجيا المعلومات والاتصالات في مجال العمل. وكذلك توركزادن ودول (١٩٩٩) والذي يشير إلى أن برامج تكنولوجيا المعلومات والاتصالات تحفز على القيام بدراسات جديدة من خلال تأثيرها على زيادة إنتاجية وإبداعية المهام، والرضا الوظيفي، وتفعيل الرقابة الإدارية داخل المؤسسات.

وهذا يتفق مع ديجاسمايو (١٩٩٨) الذي اعتبر أن من أعلى المعيقات عدم ربط المدارس بشبكة الإنترنت، وقلة البرمجيات المعدة التي تخدم العملية التعليمية.

تفعيل برامج تكنولوجيا المعلومات والاتصالات مستقبلا لخدمة السجلات والوثائق الرسمية

تسعى وزارة التربية والتعليم إلى الاستمرار في توظيف برامج تكنولوجيا المعلومات والاتصالات مستقبلاً في خدمة السجلات والوثائق الرسمية لما لها من صدى طيب على جودة الأداء وتقدمه، وهذا يفسر استمرار تفعيل برامج تكنولوجيا المعلومات والاتصالات التي أصبحت من الأولويات التي تسعى إليها وزارة التربية والتعليم في دوراتها، وورشات العمل التي تعدها، وفي توفير البنية التحتية لعدد كبير من المدارس، والتوسع في إعداد المختبرات الحاسوبية وتزويدها بالأجهزة اللازمة وإجراء الصيانة الفورية.

ويبين كريستوفر (٢٠٠٣) وجود علاقات إيجابية نتيجة توظيف برامج تكنولوجيا المعلومات والاتصالات، وكذلك الجسار (٢٠٠٤) الذي أشار إلى النتائج الإيجابية التي حققها برنامج الرخصة الدولية على أداء العاملين في المؤسسات التربوية، و يؤكد الحمران (٢٠٠٦) على أهمية عقد الدورات التدريبية، وتفعيل برامج تكنولوجيا المعلومات والاتصالات في العملية التعليمية.

ويشير مبسلط (٢٠٠٥) إلى أن الوزارة تسعى إلى حوسبة المدارس وتعميم مختبرات الحاسوب وربط المدارس بشبكة الإنترنت وتوفير البرمجيات اللازمة التي تخدم الإدارات المدرسية، كما أن الوزارة لديها الخطط والاستراتيجيات التي تسعى إلى تحقيقها في الأعوام

القادمة، ومع القيسي (٢٠٠٥) الذي ذكر أن برامج تكنولوجيا المعلومات والاتصالات لها تأثير عال من الكفاءة، ولكل المجالات، كما بين أن مستوى الأداء الإداري مرتفع ولكافة المجالات، كما برزت كفاءة برامج تكنولوجيا المعلومات والاتصالات، ومستوى الأداء الإداري مما يؤكد سعي الوزارة لتطويره مستقبلاً. ويتفق معه العجلوني (٢٠٠٤) في إمكانية الحصول على برامج تكنولوجيا المعلومات والاتصالات واستخدامها في المدارس الأردنية، وأن جميع المدارس من خلال إداراتها وبحلول ربيع (٢٠٠٤) تمكنت من استخدام الحواسيب مما أدى إلى دمج تكنولوجيا الاتصالات والمعلومات في العملية التعليمية، سواء أكان ذلك على مستوى التعليم أم الإدارة المدرسية. كما امتلكت غالبية المدارس وإداراتها برمجيات تطبيقية، إلا أن البرمجيات الخاصة بتوظيف تكنولوجيا الاتصالات في المناهج المدرسية كان منخفضاً وكذلك الدخول للإنترنت.

دور الإدارة المدرسية في توظيف برامج تكنولوجيا المعلومات والاتصالات في تنظيم وإجراء الاختبارات في المدرسة الاستكشافية والمدرسة الاعتيادية

هناك فاعلية عالية في توظيف برامج تكنولوجيا المعلومات والاتصالات في تنظيم وإجراء الاختبارات المدرسية ويعود ذلك لاهتمام الإداريات بالامتحانات المدرسية التي تعد من أهم أولوياتها ومن أهم الأمور التي تقوم بحوسبتها في مجال الاختبارات المدرسية:

- حوسبة أوراق الاختبارات المدرسية على نحو منظم ودقيق وواضح باستخدام برنامج (Word) مما يمكن الطالبات من فهم الأسئلة بسهولة ويسر، كما تولي الإداريات الاختبارات المدرسية اهتماما واضحا لأن وزارة التربية والتعليم تقوم بالاطلاع على نسخ من الاختبارات المدرسية أثناء زيارتها للمدارس وتضع شروطا لأوراق الاختبارات المدرسية تفرض على المدارس إتباعها.

- تحليل الاختبارات المدرسية، وإيجاد المتوسط الحسابي للعلامات ليسهل على الإدارات المدرسية الحصول على نتائج الاختبارات المدرسية ومعرفة النسب لإجراء اللازم بهدف

التميز أمام المدارس الأخرى، والإدارات العليا، و يتم إيجاد المتوسط الحسابي، ونسـب النجاح باستخدام برنامج (Excel).

- الاتصـال مـع أوليـاء أمـور الطالبـات عـبر شـبكة الإنترنت والـدخول عـلى مواقـع الامتحانات ومتابعة أحوال الطالبات دراسياً، لمعالجة الضعف الدراسي لـديهن، وهذا ما تتميز به المدارس الاستكشافية عن الاعتيادية لعدم ربط الاعتيادية عـبر شبكة الإنترنت.

- اهتمام الإدارات المدرسية بتجهيز بيئة الاختبارات المدرسية من حيث إعداد جدول الاختبارات المدرسية، وقاعات الامتحانات وتوزيع الطالبات عليها، وجدول المراقبة وتدقيق سجلات العلامات المدرسية.

- قيـام الإداريـات في المـدارس الاستكشـافية والاعتياديـة بإنشـاء ملفـات المعلمـات والعلاقات التدريسية الخاصة بكـل معلمـة مـنهن، وإنشـاء الصـفوف والشـعب، والتخصصات للصفوف في المرحلة الثانوية، وملفات الطالبـات الجـدد، وتـرفيعهن في نهاية العام الدراسي، وأسماء الطالبات ليتسـنى لهـن إدراج علامات الطالبـات على شبكة (Eduwave).

أهميـة توظيـف بـرامج تكنولوجيـا المعلومـات والاتصـالات في إجـراء الاختبـارات المدرسية:

ولا بد أن نشير هنا إلى حاجـة الإدارات المدرسية إلى توظيـف بـرامج تكنولوجيا الاتصالات والمعلومات في حوسبة الاختبارات المدرسية وتكمن أهميتها في:

- إمكانية التواصل مع الإدارات العليا ليتمكن أولياء أمور الطالبات من الحصول عـلى معلومات حول نتائج الطالبات في أي وقت.

- دقة العلامات وسهولة حفظها، وعمل نسخ إضافية لحين الحاجة.

دور وزارة التربية والتعليم في توظيف برامج تكنولوجيا المعلومات و الاتصالات في الاختبارات المدرسية:

إن الاختبارات المدرسية من أولويات الإدارات المدرسية، لذا أولت الوزارة اهتماما بالاختبارات المدرسية من خلال المراقبة والمتابعة، فالنتائج الإيجابية التي حققتها برامج تكنولوجيا المعلومات والاتصالات للاختبارات المدرسية من وضوح الأسئلة، وعمل النسب وتحليل الاختبارات، والخطط العلاجية، وتجهيز بيئة الاختبارات المدرسية وكل ما يتعلق بها، وتوفير الوقت والجهد الكافي عمل على إيجاد تواصل بين المدرسة وأولياء أمور الطالبات لمتابعة أحوال الطالبات دراسيا واتخاذ الإجراءات اللازمة لمعالجة ضعفهن.

ويرى كريستوفر (٢٠٠٣) وجود آثار إيجابية نتيجة استخدام برامج تكنولوجيا المعلومات والاتصالات من الإداريين والمعلمين على تنظيم وإجراء الاختبارات المدرسية، وذكر تيلم (Telem Moshe,١٩٩٩) أن استخدام برامج تكنولوجيا المعلومات والاتصالات يسهل عملية تقييم نتائج الطلاب، وكذلك الحمران (٢٠٠٦) الذي أشار إلى أهمية توظيف برامج تكنولوجيا المعلومات والاتصالات في تنظيم وإجراء الامتحانات وتحليلها، ويتفق معهما لال (٢٠٠٠) الذي أشار إلى استخدام برامج تكنولوجيا المعلومات والاتصالات في تحليل نتائج الاختبارات المدرسية لمعرفة مدى تقدم الطلبة وتحقيق الأهداف، وجداول العلامات. ويبين الصمادي (٢٠٠٣) أهمية استخدام برامج تكنولوجيا المعلومات والاتصالات في عمليات الإدارة المدرسية مما يتيح لها إمكانية التطوير والإحاطة الكاملة بكل ما يتعلق بالطلاب والمعلمين والإداريين والامتحانات،

ويشير أبو ناصر (٢٠٠٣) إلى أن لبرامج تكنولوجيا المعلومات والاتصالات في الاختبارات المدرسية نتائج إيجابية على الاختبارات المدرسية، وهذا يعزى لما توفره برامج تكنولوجيا المعلومات والاتصالات من طباعة الامتحانات، وأوراق العمل، وتحليل وفرز نتائج الطلبة، ومعرفة مدى تحقيق أهداف التعليم، والاحتفاظ بملف خاص لكل طالب، الأمر الذي يقلل من الأعباء الكتابية المطلوبة، كما وتمكن الإدارة المدرسية بالاحتفاظ بنسخ احتياطية من البيانات المهمة.

دعم وزارة التربية والتعليم للاختبارات المدرسية مستقبلا

أن دعم وزارة التربية والتعليم واهتمامها بتوظيف بـرامج تكنولوجيـا المعلومـات والاتصالات لخدمة الاختبارات المدرسية متواصل ومستمر ويتضح ذلك من خلال:

– إدراج علامات الطالبات على شبكة (Eduwave) والعمل على تحديث الشبكة باستمرار ويعود للأسباب الآتية:

١- تخفيف عبء العمل.

٢- حفظ العلامات وسريتها.

٣- وتزويد الإدارات العليا وأولياء الأمور بها.

- الاسـتمرار في مطالبـة الإدارات المدرسية باسـتخدام بـرامج تكنولوجيـا المعلومـات والاتصالات في إعداد الاختبارات المدرسية.

- الاستمرار في عقد الدورات التدريبية التي تظهر آثارهـا الإيجابيـة علـى الاختبارات المدرسية، ولا بد أن نشير هنا إلى أهمية أن تكون الدورات حـول كيفيـة توظيـف بـرامج تكنولوجيـا المعلومـات والاتصـالات في الاختبـارات المدرسية مـما سـيحقق نتائج أفضل.

- تحاول الوزارة جاهـدة زيـادة مختبـرات الحاسـوب والأجهـزة الملحقـة بهـا، وعمـل الصيانة المستمرة لها وهذا يتـوفر بشـكل كبـير في المدرسـة الاستكشافية عنـه في الاعتيادية.

ويذكر كريستوفر (٢٠٠٣) أن الإداريين الذين يستخدمون بـرامج تكنولوجيا المعلومات والاتصالات يمتلكون سلوكيات إدارية تنظيمية جديدة، تمكنهم مـن صنع القرارات، وتنظيم أعمالهم، وكذلك إدمنسون (٢٠٠٣) والذي أشار إلى أن الإداريين والمعلمين لديهم شعور بأنـه مـن الضـروري أن تكون المهـارات المطلوبـة والتي تنقصـهم ذات علاقـة بخـبرتهم، ويمكن استخدامها بشكل فوري، ووجد أن لمحتوى التدريب دوراً كبيراً في تغيير اتجاهـات الإداريين والمعلمين، حيث توصل إلى اتجاهات إيجابية نحو (ICT) وإلى زيادة الثقـة بالنفس، وأكـد على أهمية دور المدير في الالتزام ومتابعة التنفيذ مع الحرص على توفير المتطلبات اللازمة،

لأن ذلك له دور كبير في الحفاظ على الاتجاهات الإيجابية وحسن التعامل مع الأمور الإدارية وتنظيم وإجراء الاختبارات المدرسية، ويشير علاونة (٢٠٠١) إلى أن استخدام أنظمة المعلومات المحوسبة في المجال الإداري لها نتائج إيجابية تتمثل في تقليل الوقت والجهد لإنهاء المعاملات الإدارية المختلفة، وزيادة وتحسين كمية ونوع الخدمات المقدمة لمراجعي الوزارة، وحوسبة العديد من الأعمال الإدارية الروتينية في دوائر الوزارة المختلفة. وكذلك فيشر- (Fisher,١٩٩٩ , A) الذي أشار إلى تأثير استخدام نظام المعلومات، على الإدارة المدرسية في سرعة الإنتاج وتوفير الوقت أكثر من المدارس ذات النظام الاعتيادي.

المعيقات التي تواجه الإداريات في توظيف برامج تكنولوجيا والاتصالات في حوسبة الاختبارات المدرسية:

إن الصعوبات التي تواجهها الإداريات في توظيف برامج تكنولوجيا المعلومات والاتصالات في تنظيم وإجراء الاختبارات المدرسية، هي صعوبات قليلة مقارنة مع النتائج الإيجابية التي طرأت على تنظيم وإعداد الاختبارات المدرسية، وسهولة حفظ العلامات وإدراجها، ومتابعة أولياء أمور الطالبات لنتائج بناتهم حين الحاجة، أما الصعوبات فتتمثل في:

- استمرار الوزارة بمطالبة الإدارات المدرسية بنسخ اعتيادية عن كشوف العلامات مما يكلف الإداريات المزيد من الوقت والجهد في العمل.
- نقص المهارات الحاسوبية لدى بعض الإداريات، وقدم الأجهزة.
- الضغط الكبير على شبكة (Eduwave) مما يؤدي إلى بطء الشبكة وتعطلها مما يعيق العمل.

ويرى لاي وبرات (٢٠٠٢) أن المعوقات التي تواجههم تكمن في نقص مصادر التكنولوجيا في المدارس، مما يتطلب إيجاد خطط لتعاون معلمي المباحث مع منسقي التكنولوجيا لإدماج تكنولوجيا المعلومات والاتصالات في الإدارة وتنظيم وإجراء الاختبارات المدرسية والتدريس.

استمرار توظيف برامج تكنولوجيا المعلومات والاتصالات في تنظيم وإجراء الاختبارات المدرسية مستقبلا:

لا بد لوزارة التربية والتعليم من مواكبة الدول وتطوير مؤسساتها التربوية نحو الأفضل وهذا يظهر:

- استمرار توظيف برامج تكنولوجيا المعلومات والاتصالات في تنظيم و إجراء الاختبارات المدرسية.
- الاستمرار في عقد الدورات التدريبية والتي يتخللها التدريب على الاختبارات المدرسية والتي تظهر آثارها على تنظيم وإجراء الاختبارات المدرسية.
- الاستمرار في رصد العلامات على شبكة (Eduwave) والعمل على تحديثها باستمرار.
- تزويد الإداريات بحواسيب شخصية لخدمة أعمالهن وهذا ينطبق على المدارس الاستكشافية فقط.
- العناية الكبيرة التي توليها وزارة التربية والتعليم للمدارس الاستكشافية، والتي هي إحدى خططها المستقبلية.

ويرى فيشر (B و١٩٩٩وFisher)، أن العديد من المدارس ستحتاج نظام معلومات ذا جودة عالية لاستخدامه في الإدارة المدرسية، وهذا سيتطلب إنشاء قاعدة معلومات تفاعلية من خلال نظام معلومات مرن مرتبط بشبكة واسعة يمكن أن يستخدم في مدارس عدة، مما سيدفع العديد من المدارس لاستخدامه للحصول على المعلومات التي تحتاجها، ويدعو ديجاسيمو (Dejacimo,1998) إلى تزويد نظام إدارة المعلومات التربوية بالبيانات المطلوبة والذي يهدف إلى تطوير البيانات المخزنة وربطها بالبيانات الواردة من الأجهزة الأخرى، وإلى تطوير شامل للنظام بحيث تدخل المعلومات مرة واحدة، وتحويل نظام إدارة المعلومات التربوية من قاعدة هندسية إلى قاعدة بيانات عامة.

التوصيــات

بعد أن توصلنا إلى النتائج السابقة في هـذا الكتـاب فإننا نعـرض مجموعـة مـن الاقتراحات والتوصيات نوجزها في الآتي:

أولاً: إن توظيف برامج تكنولوجيا الاتصالات والمعلومات لخدمة الأنشطة المدرسية في المدرسة الاستكشافية أعلى من المدرسة الاعتيادية.

ثانيا: قيام الإداريات بتوظيف برامج تكنولوجيا المعلومات والاتصالات في تنظيم السـجلات والوثـائق الرسـمية في المدرسـة الاستكشافية بشـكل أكبر مـن المدرسـة الاعتيادية.

ثالثا: هناك تقارب في توظيف برامج تكنولوجيا المعلومات والاتصالات في تنظيم وإجراء الاختبارات في المدرسة الاستكشافية والاعتيادية.

وعليه يوصي المؤلف بالآتي:

- إيجاد آلية لمعرفة المشاكل التي تعاني منها الإداريات و القائمات على الأنشطة المدرسية، لمعرفـة أسـبابها، وإيجـاد الحلـول لتفـادي مشـاكلها والصعوبات التـي تعانيها، وخصوصا في المدرسة الاعتيادية.

- تحديث أجهزة الحاسوب والبرمجيات الضرورية لخدمـة الإداريات والقائمـات علـى الأنشطة المدرسية، واستبدال القديم منها والعمل على توفير الصيانة اللازمة لهـا عند الحاجة.

- العمل على ربط المدارس الاعتيادية عبر شبكة الإنترنت ليتسنى لهـا متابعـة أحـوال طالباتها، وسهولة الاتصال مع الإدارات العليا.

- تقديم حوافز للإداريات والقائمات على الأنشطة المدرسية من أجـل توظيف أفضل لبرامج تكنولوجيا المعلومات والاتصالات.

- توسيع تجربة المدارس الاستكشافية لفاعلية هذه المدارس في توظيف برامج تكنولوجيا المعلومات والاتصالات في العملية التعليمية.

- إيجاد آلية موحدة لتنظيم و إجراء الاختبارات المدرسية بتوظيف برامج تكنولوجيا المعلومات والاتصالات، مما يحقق سرعة في الحصول على النتائج ودقة العلامات، وتخفيف العبء على المعلمين.

- تفعيل الرقابة من قبل وزارة التربية والتعليم على الإدارات المدرسية لمتابعة توظيف برامج تكنولوجيا المعلومات والاتصالات في أعمالهم.

- تزويد الإداريات والقائمات على الأنشطة المدرسية الرياضية والفنية والموسيقية بالحواسيب الشخصية لمتابعة أعمالهن بعد انتهاء الدوام المدرسي.

- إعادة النظر في الدورات التدريبية التي تعقدها الوزارة بما يتناسب وعمل الإداريات والقائمات على الأنشطة الرياضية والفنية والموسيقية وتنظيم وإجراء الاختبارات المدرسية، والعمل على تفعيلها، وتهيئة الوقت المناسب والذي يتلاءم مع ظروفهن ليتسنى لهن الالتحاق بها.

- إجراء المزيد من الدراسات حول توظيف برامج تكنولوجيا المعلومات والاتصالات في المستويات الإدارية الثلاثة، العليا والوسطى، والدنيا.

- إجراء المزيد من الدراسات حول جدوى الدورات التدريبية: دورة الرخصة الدولية لاستخدام الحاسوب، ودورة إنتل التعليم للمستقبل، ودورة ورد لينكس.

الملاحق

ملحق (١)

الاستبانة بصورتها النهائية للإداريات

بسم الله الرحمن الرحيم

الأخت الفاضلة

السلام عليكم ورحمة الله وبركاته.

يقوم الباحث بإعداد دراسة بعنوان "دور الإدارة المدرسية في توظيف برامج تكنولوجيا المعلومات والاتصالات لخدمة العملية التعليمية في المدارس الاستكشافية الأردنية". (دراسة نوعية).

ولأغراض هذه الدراسة تم تطوير هذه الاستبانة للتعرف على وجهة نظر الإداريات (مديرة المدرسة، والمرشدة التربوية، وقيمة مختبر الحاسوب، وقيمة مختبر العلوم، والكاتبة، وأمينة المكتبة). لمعرفة دور الإدارة المدرسية في توظيف برامج تكنولوجيا المعلومات والاتصالات لخدمة العملية التعليمية في المدرسة الاستكشافية الأردنية.

أرجو الإجابة عن مفرداتها كافة بوضع الإشارة في المكان الذي ترونه مناسباً، علماً بأن المعلومات التي نحصل عليها تستخدم لأغراض البحث فقط.

الباحث عبد السلام الشناق

- السجلات والوثائق

التسلسل	العبـــــــــارة	بدرجة كبيرة جدا	كبيرة	متوسطة	قليلة	قليلة جدا
١	أوظـــــف بـــرامج تكنولوجيـــا المعلومـات والاتصـالات في أعـمالي الروتينية اليومية					
٢	قلـة الوقـت المتـاح لي لتوظيـف بــرامج تكنولوجيـا المعلومـات والاتصـالات لخدمـة السـجلات والوثائق الرسمية					
٣	تــوظيفي لــبرامج تكنولوجيـا المعلومـات والاتصـالات تـدعم قـدرتي عـلى تطـوير الأداء الإداري فيما يتعلـق بالسـجلات والوثائق الرسمية					
٤	أطلـع أوليـاء أمـور الطـلاب عـلى نتائج أبنائهم مـن خـلال موقـع الإنترنت الذي صممته فيما يتعلـق بالسجلات والوثائق الرسمية					
٥	أعمـل عـلى تـوفير أجهـزة وبرامج تكنولوجيا المعلومـات والاتصـالات التـي تخـدم السـجلات والوثائق الرسمية في عملي					
٦	أعــرف الإداريــين والمعلمـين بالاستخدام الأمثل لشبكة الإنترنت					

٧	أزود المشرفين بخطط من خلال توظيفي لبرامج تكنولوجيا المعلومات والاتصالات					
٨	أعد سجلات لتحضير الدروس موظفاً برامج تكنولوجيا المعلومات والاتصالات					
٩	أعد الجدول المدرسي بما يحقق توظيف أكثر فاعلية لتكنولوجيا المعلومات					
١٠	أعد ملفات لجميع الطلبة وأخزنها في سجلات محوسبة خاصة					
١١	أعد ملفات لجميع المعلمين وأخزنها في سجلات خاصة موظفاً برامج تكنولوجيا المعلومات والاتصالات					
١٢	أتابع مدى توظيف المعلمين لبرامج تكنولوجيا المعلومات والاتصالات بما يخدم السجلات					
١٣	أخشى توظيف برامج تكنولوجيا المعلومات والاتصالات في السجلات والوثائق الرسمية تجنباً لحدوث الفوضى					
١٤	أتابع سجلات أحوال الطلبة بعد انتهاء الدوام الرسمي باستخدام الإنترنت					

١٥	أنظم السجلات والوثائق المدرسية موظفاً برامج تكنولوجيا المعلومات والاتصالات					
١٦	أحفز العاملين في المدرسة للاستفادة من برامج تكنولوجيا المعلومات والاتصالات لخدمة سجلاتهم ووثائقهم الرسمية					
١٧	أزود أولياء الأمور بالشهادات المطلوبة بالطالب من خلال توظيف برامج تكنولوجيا المعلومات والاتصالات					
١٨	أستبدل وثائق المدرسة الاعتيادية بأخرى موظفاً برامج تكنولوجيا المعلومات والاتصالات					
١٩	أستبدل سجلات المدرسة بأخرى من خلال برامج تكنولوجيا المعلومات والاتصالات					
٢٠	أمتلك مهارات عالية في التعامل مع برامج تكنولوجيا المعلومات والاتصالات بما يخدم المدرسة					
٢١	أوظف برامج تكنولوجيا المعلومات والاتصالات لإعداد الاجتماعات الرسمية للمعلمين					

٢٢	أقوم بتعديل البيانات الخاصة بالطلبة موظفاً برامج تكنولوجيا المعلومات والاتصالات					
٢٣	أستخدم برامج تكنولوجيا المعلومات والاتصالات في عملية قبول الطلبة وانتقالهم					
٢٤	أفرغ نتائج طلابي بشكل منظم في ملف خاص موظفاً برامج تكنولوجيا المعلومات والاتصالات					
٢٥	أنجز جدول أعمالي في موعدة المحدد موظفاً برامج تكنولوجيا المعلومات والاتصالات					
٢٦	توظيفي لبرامج تكنولوجيا المعلومات والاتصالات في السجلات والوثائق الرسمية أكثر فاعلية من الاعتيادية					
٢٧	أنظم جدول إشغال الحصص طوال العام الدراسي موظفاً برامج تكنولوجيا المعلومات والاتصالات					
٢٨	أحتفظ بنسخ احتياطية للبرامج المتعلقة بالملفات والسجلات					
٢٩	أستخدم سجلات توزيع الطلاب من خلال توظيف برامج تكنولوجيا المعلومات والاتصالات					

٣٠	أؤكد على تحديث البيانات والمعلومات المدرسية المعدة في سجلات خاصة موظفاً برامج تكنولوجيا المعلومات والاتصالات					

- الاختبارات المدرسية

التسلسل	العبـــــــــارة	بدرجة كبيرة جدا	كبيرة	متوسطة	قليلة	قليلة جدا
١	تفرغ نتائج الطلاب بشكل منتظم باستخدام برامج تكنولوجيا المعلومات والاتصالات					
٢	تطبع أسئلة الامتحانات المدرسية حسب نماذج معدة باستخدام برامج تكنولوجيا المعلومات والاتصالات					
٣	تعد الاختبارات المدرسية باستخدام برامج تكنولوجيا المعلومات والاتصالات					
٤	تصحح الاختبارات المدرسية باستخدام برامج تكنولوجيا المعلومات والاتصالات					
٥	تحلل نتائج الاختبارات المدرسية باستخدام برامج تكنولوجيا المعلومات والاتصالات					
٦	تعد سجلات الاختبارات المدرسية باستخدام برامج تكنولوجيا المعلومات والاتصالات					
٧	يزود أولياء الأمور بنتائج أبنائهم من خلال الموقع الخاص بالمدرسة					

٨	تتابع مستويات الطلاب التحصيلية باستخدام برامج تكنولوجيا المعلومات والاتصالات					
٩	تصمم نماذج للشهادات المدرسية باستخدام برامج تكنولوجيا المعلومات والاتصالات					

ـ المرافق المدرسية

التسلسل	العبـــــــــــــــارة	بدرجة كبيرة جدا	كبيرة	متوسطة	قليلة	قليلة جدا
١	زيـــادة عـــدد مختـــبرات الحاسوب في المدرسة					
٢	قلة أعداد الطلبة في كل شعبة					
٣	كثرة الصيانة لأجهزة الحاسـوب في المدرسة					
٤	البطء الشـديد في الوصـول إلى المواقع المختلفة					
٥	صـعوبة اسـتعمال الإنترنـت لضعف البنية التحتية					
٦	متابعة المدرسة لأحوال الطلبـة من خلال سـجلاتهم والاتصـال معهم عبر شبكة الإنترنت بعد انتهاء الدوام الرسمي					
٧	تزويـــد مـــوظفي المدرســـة بحواسيب شخصية خاصة					
٨	تحديث البيانـات والمعلومـات في المدرسة باستمرار					

٩	اشتراط إجادة توظيف برامج تكنولوجيا المعلومات والاتصالات للالتحاق بالمدرسة					
١٠	متابعة المدرسين وتقييم مدى استخدامهم لبرامج تكنولوجيا المعلومات والاتصالات					
١١	توفير جميع البرامج التي تخدم السجلات والوثائق الرسمية والأنشطة والاختبارات المدرسية					
١٢	حصر المشكلات المتعلقة بتوظيف برامج تكنولوجيا المعلومات والاتصالات والعمل على حلها في المدرسة					

-الدورات التدريبية

التسلسل	العبارة	نعم	لا
١	حصلت على دورة الرخصة الدولية لاستخدام الحاسوب		
٢	حصلت على دورة إنتل في استخدام الحاسوب		
٣	حصلت على دورة وورلد لينكس في الحاسوب		
٤	حصلت على دورة تدريبية في تشغيل وصيانة الحاسوب		

ملحق (٢)
الاستبانة النهائية للقائمات على الأنشطة المدرسية

بسم الله الرحمن الرحيم

الأخت الفاضلة

السلام عليكم ورحمة الله وبركاته.

يقوم الباحث بإعداد دراسة بعنوان "دور الإدارة المدرسية في توظيف برامج تكنولوجيا المعلومات والاتصالات لخدمة العملية التعليمية في المدارس الاستكشافية الأردنية". (دراسة نوعية).

ولأغراض هذه الدراسة تم تطوير هذه الاستبانة للتعرف على آراء القائمات على الأنشطة المدرسية (الرياضية، والفنية، والموسيقية) لمعرفة دور الإدارة المدرسية في توظيف برامج تكنولوجيا المعلومات والاتصالات لخدمة العملية التعليمية في المدرسة الاستكشافية الأردنية. أرجو الإجابة عن مفرداتها كافة بوضع الإشارة في المكان الذي ترونه مناسباً، علماً بأن المعلومات التي نحصل عليها تستخدم لأغراض البحث فقط.

الباحث عبد السلام الشناق

التسلسل	العبـــــــــــــارة	بدرجة كبيرة جدا	كبيرة	متوسطة	قليلة	قليلة جدا
١	أوفـر أجهـزة وبـرامج تكنولوجيـا المعلومـات والاتصـالات لخدمــة الأنشطة المدرسية					
٢	أســتخدم بــرامج تكنولوجيــا المعلومــات والاتصـالات لخدمــة الأنشطة المدرسية					
٣	قلـة الوقـت المتـاح لي لاسـتخدام بــرامج تكنولوجيــا المعلومـــات والاتصـالات لتطـوير الأنشــطة المدرسية					
٤	ينقصني التدريب الكـافي لتوظيـف بــرامج تكنولوجيــا المعلومـــات والاتصـالات لخدمــة الأنشــطة المدرسية					
٥	اعتقد أن توظيف برامج تكنولوجيا المعلومـات والاتصـالات لخدمــة الأنشطة المدرسية عبء إضافي					
٦	أنسق مع المدارس الأخـرى لتبـادل الخـبرات حـول توظيـف بـرامج تكنولوجيا المعلومـات والاتصـالات لتطوير الأنشطة المدرسية					
٧	أتابع الورش التثقيفيـة في المدرسـة حـول اسـتخدام بـرامج تكنولوجيـا المعلومـات والاتصـالات لتطـوير الأنشطة المدرسية					

٨	اتصل مع أولياء الأمور لإطلاعهم على أحوال أبنائهم عبر الانترنت						
٩	أوظف برامج تكنولوجيا المعلومات والاتصالات لعرض إنجازات الأنشطة المدرسة						
١٠	قلة الحوافز التي تقدم لتوظيف برامج تكنولوجيا المعلومات والاتصالات						
١١	أتابع الأنشطة المدرسية التي يجريها الطلبة بعد انتهاء الدوام الرسمي باستخدام الإنترنت						
١٢	ضعف الدافعية لدي في استخدام برامج تكنولوجيا المعلومات والاتصالات المدرسية لخدمة الأنشطة المدرسية						
١٣	أزود الوزارة والمديرية بالمعلومات الكافية عن الأنشطة المدرسية التي تجريها مدرستي باستخدام برامج تكنولوجيا المعلومات والاتصالات						
١٤	أشرف على توظيف برامج تكنولوجيا المعلومات والاتصالات لخدمة الأنشطة المدرسية						

١٥	نقــص الخــبرة الحاســوبية لــدي لاســتخدام بــرامج تكنولوجيــا المعلومــات والاتصــالات لخدمــة الأنشطة المدرسية					
١٦	أخـزن البيانـات المتعلقـة بأنشـطة الطلاب في ملفات محوسبة					

ملحق (٣)

أسماء محكمي الاستبانة

المحكم	مكان عمل المحكم	تخصص المحكم
د. عاطف مقابلة	جامعة عمان العربية للدراسات العليا	إدارة تربوية
د.عباس عبد مهدي	جامعة الشرق الأوسط	إدارة تربوية
د. محمود أبو قديس	الجامعة الهاشمية	إدارة تربوية
د. خالد العجلوني	الجامعة الأردنية	تكنولوجيا المعلومات
د. سلامة طناش	الجامعة الأردنية	إدارة تربوية
د. عبد المهدي الجراح	الجامعة الأردنية	تكنولوجيا المعلومات
د. هلا الشوا	الجامعة الأردنية	تكنولوجيا المعلومات
د. صادق الحايك	الجامعة الأردنية	مناهج تدريس تربية رياضية
د. محمد الروسان	وزارة التربية والتعليم	مدير تربية عمان الثانية
د. أحمد العياصرة	وزارة التربية والتعليم	تكنولوجيا المعلومات
زياد النسور	وزارة التربية والتعليم	تكنولوجيا المعلومات
د. سالم بني عطا	وزارة التربية والتعليم	مشرف تربوي/ عمان الثانية
د. محسن العواودة	وزارة التربية والتعليم	مشرف تربوي/ عمان الثانية

ملحق (٤)

تجهيزات المدرسة الاستكشافية

للعام الدراسي ٢٠٠٧ / ٢٠٠٨

- عدد الشعب في المدرسة: ......٢٣ ، من الصف ...الأول....... وحتى الصف ......
ثاني ثانوي...... . بفروعها: ..علمي...أدبي...إدارة معلوماتية.... ، مجموع طالباتها
......٦٣١

- عدد الإداريات: ......٩ إدارية. عدد معلماتها.......... معلمة.

- عدد المستخدمين: .....٤... مستخدم.

- عدد اللواتي يحملن شهادة دبلوم متوسط: ......٤.... إداريـة ومعلمـة.

- عدد اللواتي يحملن شهادة البكالوريوس: .....٣٧ إداريـة ومعلمـة.

- عدد اللواتي يحملن شهادة دبلوم عالي: .... إداريـة ومعلمـة.

- عدد اللواتي يحملن شهادة الماجستير: ......٢ إداريـة ومعلمـة.

- عدد اللواتي يحملن شهادة الدكتوراه: ......٢ إداريـة ومعلمـة.

- عدد اللواتي تدربن على : ICDL ......٣٠..........

- عدد اللواتي تدربن على : INTL ....١٠.........

- عدد اللواتي تدربن على دورة صيانة وتشغيل الحاسوب: ....٢.........

- عدد اللواتي تدربن على :WORLD LINKS ...2...

تقدم المدرسة العديد من الأنشطة مثل:

نوع النشاط	نعم	لا
النشاط الفني	√	
النشاط المسرحي	√	
أنشطة بيئية	√	
توعية مرورية	√	
أنشطة رياضية	√	

- أما البناء المدرسي فيتألف من: ......٣..... طوابق.

- الطابق الأرضي: ......١١....... غرفة. عدد غرف الإداريات ......٤..... عدد الغرف الأخرى: ....١٠........ وهي: ....

(غرفة المعلمات ومختبر العلوم والحاسوب وغرفة التربية المهنية وساحات ومرافق أخرى)

- والطابق الثاني يحتوي على ....١٢...... غرفة الخ وهكذا

- وصفوف هذا الموقع حجمها ......كبيرة.....

- نوع اللوح : .....ألواح بيضاء/ عادي ....

- ولوحة إعلانات للطالبات: ....١٠.........

- نوع المقاعد: .. فردية/ زوجي...... وعددها في كل شعبة: ....٢٥...... تقريباً.

- وعدد الطالبات في كل شعبة..٢٨.......

ملحق (٥)
التشكيلات الإدارية للمدرسة الاستكشافية
للعام الدراسي ٢٠٠٧ /٢٠٠٨

* مديرة المدرسة:...

تحمل مـديرة المدرسـة درجـة:...بكالوريوس....، تخصـص: ...إدارة عامـة.......،
والماجستير: ....../....، تخصص: ..../......، وخبرتها في التدريس: ....عاماً،

وخبرتها كمساعدة مديرة ......١٣....، وخبرتها كمديرة مدرسة.....٦.....عاماً،

وقد التحقـت بالـدورات التدريبيـة: دورات إدارية / الرخصـة الدوليـة لاستخدام
الحاسوب

* المرشدة التربوية

المرشدة التربوية تحمل درجة:...بكالوريوس......، تخصص: ...إرشاد......، و الماجستير:
...إرشاد......، تخصص .....إرشاد.............. وخبرتها ....٤....... سنة

وقد التحقـت بالـدورات التدريبيـة: دورات إرشـاد / الرخصـة الدوليـة لاستخدام
الحاسوب

* كاتبة المدرسة(السكرتيرة)

كاتبة المدرسة (السكرتيرة) تحمل درجة: ...دبلوم...... تخصص: ..... مهني...............

الماجستير:......، تخصص: .... ، وخبرتها...... ١٩ ...... سنة

وقد التحقت بالدورات التدريبية: الرخصة الدولية لاستخدام الحاسوب

* قيمة مختبر العلوم

قيمـة مختبـر العلـوم تحمـل درجـة:.... بكالوريوس ...... ، تخصـص: .... فيزيـاء......،
والماجستير:........، تخصص .... وخبرتها ...... ١٥ ...... سنة

وقد التحقت بالدورات التدريبية: الرخصة الدولية لاستخدام الحاسوب / دورات علوم

* قيمة مختبر الحاسوب

قيمة مختبر الحاسوب تحمل درجة: ... دبلوم........، تخصص: ....حاسوب.....، والماجستير:..........، تخصص ....، وخبرتها...... ٣ ....سنة

وقد التحقت بالدورات التدريبية: دورات حاسوب / الرخصة الدولية لاستخدام الحاسوب

* أمينة المكتبة

أمينة المكتبة تحمل درجة: .... بكالوريوس ...... ، تخصص: ... مكتبات......، و الماجستير: ....، تخصص: ....، وخبرتها: .... ٢ .... سنة

وقد التحقت بالدورات التدريبية: الرخصة الدولية لاستخدام الحاسوب / مكتبات

*القائمة على النشاط الرياضي

القائمة على النشاط الرياضي تحمل درجة:..... بكالوريوس........، تخصص: ......رياضة............، والماجستير:..............، تخصص ....، وخبرتها......١٥..... سنة

وقد التحقت بالدورات التدريبية: الرخصة الدولية لاستخدام الحاسوب / دورات الرياضة

* القائمة على النشاط الفني

القائمة على النشاط الفني تحمل درجة: ....دبلوم..............، تخصص ....فن........، والماجستير........، تخصص ....، وخبرتها......٢٥........سنة

وقد التحقت بالدورات التدريبية: الرخصة الدولية لاستخدام الحاسوب

* القائمة على النشاط الموسيقي

القائمـة عـلى النشـاط الموسيقي تحمـل درجـة:......بكـالوريوس.........، تخصص .....موسـيـقى.............، والماجسـتير............، تخصـص ....، وخبرتها......١٠.......سنة

وقد التحقت بالدورات التدريبيـة: الرخصـة الدوليـة لاستخدام الحاسـوب / دورات موسيقى

ملحق (٦)
تجهيزات المدرسة الاعتيادية
للعام الدراسي ٢٠٠٧ / ٢٠٠٨

- عـدد الشـعب في المدرسـة: ......٢٢..... ، مـن الصـف ...الأول....... وحتى الصـف .....العاشـر....... بفروعها: ../... ، مجموع طالباتها ....٨٣٥......

- عدد الإداريات: ......٧..... إدارية.   عدد معلماتها......٣٧..... معلمـة.

- عدد المستخدمين: ....٣... مستخدم.

- عدد اللواتي يحملن شهادة دبلوم متوسط: ......٩...... إداريــة ومعلمـة.

- عدد اللواتي يحملن شهادة البكالوريوس: ....١٦....... إداريـة ومعلمـة.

- عدد اللواتي يحملن شهادة دبلوم عالي : ......٢.... إداريـة ومعلمـة.

- عدد اللواتي يحملن شهادة الماجستير : ......٤...... إداريـة ومعلمـة.

- عدد اللواتي يحملن شهادة الدكتوراه : ......١..... إداريـة ومعلمـة.

- عدد اللواتي تدربن على : ICDL ....٣٦...........

- عدد اللواتي تدربن على : INTL ....٩............

- عدد اللواتي تدربن على دورة صيانة وتشغيل الحاسوب: ..../........

- عدد اللواتي تدربن على :WORLD LINKS ....../.....

تقدم المدرسة العديد من الأنشطة مثل:

نوع النشاط	نعم	لا
النشاط الفني	√	
النشاط المسرحي	√	
أنشطة بيئية	√	
توعية مرورية	√	
أنشطة رياضية	√	

- أما البناء المدرسي فيتألف من: .....٣..... طوابق.
- الطابق الأرضي: ....٢٠.......... غرفة.
- عدد غرف الإداريات ......٦..... عدد الغرف الأخرى: .... وهي:

(غرفة المعلمات ومختبر العلوم والحاسوب وغرفة التربية المهنية وساحات ومرافق أخرى) - والطابق الثاني يحتوي على ....٦...... غرفة الخ وهكذا

- وصفوف هذا الموقع حجمها ......كبيرة.....
- نوع اللوح : ....عادي........
- ولوحة إعلانات للطالبات: ....١٠....
- نوع المقاعد: ..فردية/ زوجي...... وعددها في كل شعبة: ....٢٢...... تقريباً.
- وعدد الطالبات في كل شعبة...٤٥.......

ملحق (٧)

التشكيلات الإدارية للمدرسة الاعتيادية

للعام الدراسي ٢٠٠٧ / ٢٠٠٨

* مديرة المدرسة:.................

تحمل مديرة المدرسة درجة:...بكالوريوس........ ، تخصص: ...لغة إنجليزية......،
والماجستير: .... ، تخصص: ....لغة إنجليزية.......، وخبرتها في التدريس: ...١٠..عاماً،
وخبرتها كمساعدة مديرة .... ، وخبرتها كمدير مدرسة......٥.....عاماً،
وقد التحقت بالدورات التدريبية: دورات إدارية / الرخصة الدولية لاستخدام
الحاسوب/ إنتل

* المرشدة التربوية

المرشدة التربوية تحمل درجة:...بكالوريوس........ ، تخصص: ...إرشاد وصحة
نفسية......، و الماجستير: .... ، تخصص ...... وخبرتها.............١٢.......سنة
وقد التحقت بالدورات التدريبية: دورات أرشاد / الرخصة الدولية لاستخدام
الحاسوب

* كاتبة المدرسة(السكرتيرة)

كاتبة المدرسة(السكرتيرة)تحمل درجة:...دبلوم...... تخصص:..... سكرتا ريا وإدارة
مكاتب... الماجستير:...../......، تخصص: ....../......، ، وخبرتها.............١٤.....سنة
وقد التحقت بالدورات التدريبية: الرخصة الدولية لاستخدام الحاسوب.

* قيمة مختبر العلوم

قيمة مختبر العلوم تحمل درجة:....دبلوم....... ، تخصص: ....مختبرات مدرسية......،
والماجستير:...../......، تخصص ..../....... وخبرتها.............١٨.............سنة

وقد التحقت بالـدورات التدريبيـة: الرخصـة الدوليـة لاستخدام الحاسـوب / دورات علوم

* قيمة مختبر الحاسوب

قيمة مختبر الحاسوب تحمل درجة:...دبلوم....، تخصص: ...برمجة.....، والماجستير:....../....، تخصص ..../.....وخبرتها...........٢.........سنة

وقد التحقت بالـدورات التدريبيـة: دورات حاسـوب / الرخصـة الدوليـة لاستخدام الحاسوب

* أمينة المكتبة

أمينة المكتبة تحمل درجة:....بكالوريوس......، تخصص: ...مكتبات.....، و الماجستير: ..../......، تخصص: ....، وخبرتها:..............٢.........سنة

وقد التحقت بالدورات التدريبية: الرخصة الدولية لاستخدام الحاسوب / مكتبات

* القائمة على النشاط الرياضي

القائمة على النشاط الرياضي تحمل درجة:....بكالوريوس........، تخصص: ......رياضة............، والماجستير:................، تخصص ....، وخبرتها....٣.....سنة

وقد التحقت بالدورات التدريبية: الرخصة الدولية لاستخدام الحاسوب / دورات الرياضة

* القائمة على النشاط الفني

القائمة على النشاط الفني تحمل درجة:....بكالوريوس...............، تخصص ....تصميم داخلي.........، والماجستير:..............، تخصص .... وخبرتها......٣......سنة

وقد التحقت بالدورات التدريبية: الرخصة الدولية لاستخدام الحاسوب

* القائمة على النشاط الموسيقي

القائمة على النشاط الموسيقي تحمل درجة:.......بكالوريوس........ ، تخصص ....موسيقى............، والماجستير..............، تخصص ....، وخبرتها......١٠......سنة

وقد التحقت بالدورات التدريبية: الرخصة الدولية لاستخدام الحاسوب / دورات موسيقى.

ملحق (٨)

إجمالي مواعيد مقابلات المدرسة الاستكشافية/ لشهر أيلول

تاريخ الزيارة	اليوم	المعني بالزيارة	هدف الزيارة
٢ / ٩ / ٢٠٠٧	الأحد	موقع المدرسة	ملاحظة
٤ / ٩ / ٢٠٠٧	الثلاثاء	مديرة / الأنشطة المدرسية	ملاحظة/ مقابلة/ سجلات
٦ / ٩ / ٢٠٠٧	الخميس	الكاتبة/ المرشدة التربوية	ملاحظات/ مقابلة/سجلات
١٠ / ٩ / ٢٠٠٧	الاثنين	المكتبة / الحاسوب	ملاحظة /مقابلة /سجلات
١٢ / ٩ / ٢٠٠٧	الأربعاء	العلوم/ المرشدة التربوية	ملاحظة /مقابلة/ سجلات
١٦ / ٩ / ٢٠٠٧	الأحد	مديرة / أمينة المكتبة	ملاحظة/ مقابلة/ سجلات
١٨ / ٩ / ٢٠٠٧	الثلاثاء	قيمة حاسوب/ قيمة علوم	ملاحظة/ مقابلة/ سجلات
٢٠ / ٩ / ٢٠٠٧	الخميس	الأنشطة المدرسية/ الكاتبة	ملاحظة/ مقابلة/ سجلات
٢٤ / ٩ / ٢٠٠٧	الاثنين	مديرة المدرسة	السجلات والوثائق
٢٦ / ٩ / ٢٠٠٧	الأربعاء	قيمة مختبر الحاسوب	استبانة/ ملاحظات

مواعيد زيارات المدرسة الاستكشافية/ تشرين أول

تاريخ الزيارة	اليوم	المعني بالزيارة	هدف الزيارة
٣ / ١٠ / ٢٠٠٧	الأربعاء	مديرة / الأنشطة المدرسية	ملاحظة/ مقابلة/ سجلات
٧ / ١٠ / ٢٠٠٧	الأحد	مديرة / الكاتبة/ المرشدة	ملاحظة/ مقابلة/ سجلات
٩ / ١٠ / ٢٠٠٧	الثلاثاء	مديرة /مكتبة/قيمة حاسوب	ملاحظة/ مقابلة
١١ / ١٠ / ٢٠٠٧	الخميس	مديرة / قيمة علوم/ مرشدة	ملاحظة/ مقابلة/ سجلات
١٦ / ١٠ / ٢٠٠٧	الثلاثاء	مديرة / أمينة المكتبة	ملاحظة/ مقابلة/ سجلات
١٨ / ١٠ / ٢٠٠٧	الخميس	مديرة/ قيمة حاسوب/علوم	ملاحظة/ مقابلة/ سجلات
٢٢ / ١٠ / ٢٠٠٧	الاثنين	مديرة / الأنشطة / الكاتبة	ملاحظة / وثائق وسجلات
٢٣ / ١٠ / ٢٠٠٧	الثلاثاء	مديرة المدرسة	السجلات والوثائق
٢٨ / ١٠ / ٢٠٠٧	الأحد	مديرة / قيمة حاسوب	ملاحظة/ استبانة

مواعيد زيارات المدرسة الاستكشافية/ تشرين ثاني

تاريخ الزيارة	اليوم	المعني بالزيارة	هدف الزيارة
١ / ١١ / ٢٠٠٧	الخميس	مديرة المدرسة	ملاحظة
٥ / ١١ / ٢٠٠٧	الاثنين	مديرة /الأنشطة المدرسية	ملاحظة/ وثائق وسجلات
٧ / ١١ / ٢٠٠٧	الأربعاء	مديرة / الكاتبة/ المرشدة	ملاحظة/ وثائق وسجلات
١١ / ١١ / ٢٠٠٧	الأحد	مديرة / قيمة حاسوب/ الكاتبة	ملاحظة/مقابلة
١٣ / ١١ / ٢٠٠٧	الثلاثاء	مديرة / المرشدة	ملاحظة/ مقابلة
١٥ / ١١ / ٢٠٠٧	الخميس	مديرة/ قيمة حاسوب/علوم	ملاحظة/ وثائق وسجلات
١٩ / ١١ / ٢٠٠٧	الاثنين	مديرة / قيمة علوم/ أمينة مكتبة	ملاحظة/ وثائق وسجلات
٢١ / ١١ / ٢٠٠٧	الأربعاء	مديرة / أنشطة مدرسية/ مكتبة	ملاحظة/ سجلات
٢٥ / ١١ / ٢٠٠٧	الأحد	مديرة المدرسة	السجلات والوثائق
٢٧ / ١١ / ٢٠٠٧	الثلاثاء	مديرة / قيمة حاسوب	ملاحظة/ استبانة

ملحق(٩)

إجمالي مواعيد مقابلات المدرسة الاعتيادية لشهر أيلول

تاريخ الزيارة	اليوم	المعني بالزيارة	هدف الزيارة
٣ / ٩ / ٢٠٠٧	الاثنين	موقع الدراسة من الداخل	ملاحظة
٥ / ٩ / ٢٠٠٧	الأربعاء	مديرة/ القائمة على لأنشطة	ملاحظة/ مقابلة/ سجلات
٩ / ٩ / ٢٠٠٧	الأحد	مديرة / الكاتبة/ المرشدة	ملاحظة/ مقابلة/ سجلات
١١ / ٩ / ٢٠٠٧	الثلاثاء	مديرة / المكتبة/قيمة علوم	ملاحظة/ مقابلة/ سجلات
١٣ / ٩ / ٢٠٠٧	الخميس	مديرة / قيمة علوم/ الكاتبة	ملاحظة/ مقابلة/ سجلات
١٧ / ٩ / ٢٠٠٧	الاثنين	مديرة/ قيمة مختبر حاسوب	ملاحظة/ مقابلة/ سجلات
١٩ / ٩ / ٢٠٠٧	الأربعاء	مديرة / حاسوب/ المكتبة	ملاحظة/ مقابلة/ سجلات
٢٣ / ٩ / ٢٠٠٧	الأحد	مديرة /الأنشطة / المرشدة	ملاحظة/ مقابلة/ سجلات
٢٥ / ٩ / ٢٠٠٧	الثلاثاء	مديرة المدرسة	السجلات والوثائق
٢٧ / ٩ / ٢٠٠٧	الخميس	مديرة / قيمة حاسوب	ملاحظة / استبانة

مواعيد زيارات المدرسة الاعتيادية/ تشرين أول

تاريخ الزيارة	اليوم	المعني بالزيارة	هدف الزيارة
٤ / ١٠ / ٢٠٠٧	الخميس	مديرة /الأنشطة المدرسية	ملاحظة/ مقابلة/ سجلات
١٠ / ١٠ / ٢٠٠٧	الأربعاء	مديرة / قيمة حاسوب/ الكاتبة	ملاحظة/ مقابلة/ سجلات
١٧ / ١٠ / ٢٠٠٧	الأربعاء	مديرة / قيمة علوم/ أمينة مكتبة	ملاحظة/ وثائق وسجلات
٢١ / ١٠ / ٢٠٠٧	الأحد	مديرة / المرشدة	ملاحظة/ مقابلة/ سجلات
٢٤ / ١٠ / ٢٠٠٧	الأربعاء	مديرة /قيمة حاسوب/ أنشطة	ملاحظة/ مقابلة
٢٥ / ١٠ / ٢٠٠٧	الخميس	مديرة / الكاتبة/ قيمة علوم	ملاحظة/ وثائق وسجلات
٢٩/ ١٠ / ٢٠٠٧	الاثنين	مديرة المدرسة	السجلات والوثائق
٣٠/ ١٠ / ٢٠٠٧	الثلاثاء	قيمة مختبر الحاسوب	ملاحظة/ استبانة

مواعيد زيارات المدرسة الاعتيادية/ تشرين ثاني

تاريخ الزيارة	اليوم	المعني بالزيارة	هدف الزيارة
٤ / ١١ / ٢٠٠٧	الأحد	مديرة المدرسة	ملاحظة
٦ / ١١ / ٢٠٠٧	الثلاثاء	مديرة/ أنشطة المدرسية	ملاحظة/ وثائق وسجلات
٨ / ١١ / ٢٠٠٧	الخميس	مديرة / المرشدة /الكاتبة	ملاحظة/ وثائق وسجلات
١٢ / ١١ / ٢٠٠٧	الاثنين	مديرة / أمينة مكتبة/ المرشدة	ملاحظة/ وثائق وسجلات
١٤ / ١١ / ٢٠٠٧	الأربعاء	مديرة / قيمة حاسوب	ملاحظة/ مقابلة
١٨ / ١١ / ٢٠٠٧	الأحد	مديرة / قيمة حاسوب/ الكاتبة	ملاحظة/ وثائق وسجلات
٢٠ / ١١ / ٢٠٠٧	الثلاثاء	مديرة /علوم/ أنشطة مدرسية	ملاحظة/ وثائق وسجلات
٢٢ / ١١ / ٢٠٠٧	الخميس	مديرة /أمينة مكتبة/ قيمة علوم	ملاحظة/ وثائق وسجلات
٢٦ / ١١ / ٢٠٠٧	الاثنين	مديرة المدرسة	السجلات والوثائق
٢٨ / ١١ / ٢٠٠٧	الأربعاء	مديرة / قيمة حاسوب	ملاحظة/ استبانة

ملحق (١٠)

مقابلة الإداريات في المدرسة الاستكشافية

السؤال الأول: ما مدى توظيفك لـبرامج تكنولوجيـا المعلومـات والاتصالات لخدمـة العملية التعليمية في مدرستك؟

الجواب: أقوم بتوظيف برامج تكنولوجيا المعلومات والاتصالات في مدرستي في سجلات المدرسة والأعمال الروتينية اليومية كجـدول الإشغال، والمناوبة، والـردود السريعة على بريد التربية، كما أنني أقوم بإعداد سجلات وأوراق خاصة بـإدارتي في تعاملي مع المعلمين كملاحظة أعمال المعلم اليومية وتدوين الملاحظات على الحاسوب، بالإضافة إلى تصميم سجلات لحضور الحصص وقياس أثر التدريب على الحصص الصفية للمعلم.

السؤال الثاني: ما نواحي التغيير التي حصلت نتيجة توظيفك لبرامج تكنولوجيا المعلومات والاتصالات في حفظ السجلات والوثائق الرسمية؟

الجواب: لقد كنت أمكث الساعات الطوال في تصميم وتعبئة سجلاتي اليوميـة والـرد على الإدارات العليا وكان هذا على حساب عملي كمديرة مدرسة ولكن الآن أصبح الوضع أفضل بكثير فحوسبة الأعمال الإدارية وفرت الوقت والجهد والنظام، ووفرت لي الوقت الكافي لمتابعة أعمالي اليومية داخل المؤسسة التعليمية.

السؤال الثالث: هل أنت بحاجة لتدريب خاص أو مهارات جديدة لتوظيف بـرامج تكنولوجيا المعلومات والاتصالات في أعمالك الإدارية؟

الجواب: لا أجد أنني بحاجة إلى دورات جديدة لأنني قد قمت بالتدريب على بعـض الدورات الحاسوبية التي تمكنت من خلالها حوسبة سجلاتي وأعمالي كمديرة مدرسة.

السؤال الرابع: كيف ترين دعم الوزارة واهتمامها بتوظيف برامج تكنولوجيا المعلومات والاتصالات في الإدارة المدرسية؟

الجواب: أرى أن دعم الوزارة ممتاز ومستمر فهي تحاول أن توفر لنا ما ينقصا لنتمكن من توظيف برامج تكنولوجيا المعلومات والاتصالات في أعمالنا الإدارية.

السؤال الخامس: ما الصعوبات التي تواجهك أثناء توظيفك لبرامج تكنولوجيا المعلومات والاتصالات؟

الجواب: عدم وجود الوقت الكافي للقيام بالتعامل مع برامج تكنولوجيا المعلومات والاتصالات من توظيف وتدريب وتفاعل وكذلك متابعة التطورات الحديثة من خلال شبكة الانترنت لأن معظم وقت المدير في حل الإشكاليات داخل المدرسة وكذلك الرد ومتابعة بريد المديرية والوزارة الصادر والوارد.

السؤال السادس: ما نواحي التغيير التي طرأت على إجراء الاختبارات المدرسية نتيجة توظيف برامج تكنولوجيا المعلومات والاتصالات؟

الجواب: من أهم المشاكل التي كانت تعاني منها الطالبات هي عدم وضوح الخط والتنسيق عند بناء الاختبارات المدرسية ولكن الآن أصبح الاختبار المدرسي منسق ومنظم بالشكل الكافي، كما أن تحليل الامتحانات وإيجاد الخطط العلاجية من أهم الشروط لبناء اختبارات مدرسية محوسبة.

السؤال السابع: هل تتوقعين استمرار وتفعيل برامج تكنولوجيا المعلومات والاتصالات مستقبلاً؟ ولماذا؟

الجواب: لو قمنا بعمل إحصائية لأهم الآثار التي نتجت عن توظيف برامج تكنولوجيا المعلومات والاتصالات في الأعمال الإدارية لنجد أنها آثار ذات نتائج إيجابية من حيث دقة العمل وتنظيمه، وهذا ما تسعى إليه وزارة التربية والتعليم فإذا كانت النتائج إيجابية فلما لا نستمر بها ونسعى بها إلى الأمام.

المرشدة التربوية

السؤال الأول: ما مدى توظيفك لبرامج تكنولوجيا المعلومات والاتصالات لخدمة العملية الإرشادية في مدرستك؟

الجواب: أقوم بتوظيف برامج تكنولوجيا المعلومات والاتصالات في أعمال السجلات وطباعة المنشورات والخطة السنوية والمعلومات التي تتعلق بأوضاع الطالبات الصحية والاجتماعية.

السؤال الثاني: ما نواحي التغيير التي حصلت نتيجة توظيفك لبرامج تكنولوجيا المعلومات والاتصالات في حفظ السجلات والوثائق الرسمية؟

الجواب: كان لتوظيف برامج تكنولوجيا المعلومات والاتصالات الأثر الأكبر في عملي حيث هيأ لي سهولة متابعة أحوال الطالبات الاجتماعية والصحية والاتصال مع أولياء أمور الطالبات ومتابعة أحوالهن عبر شبكة الإنترنت، كما أن توظيف برامج تكنولوجيا المعلومات والاتصالات عملت على سهولة حوسبة السجلات وتنظيمها ودقتها.

السؤال الثالث: هل أنت بحاجة لتدريب خاص أو مهارات جديدة لتوظيف برامج تكنولوجيا المعلومات والاتصالات في أعمالك الإدارية؟

الجواب: نعم أنا بحاجة إلى دورات جديدة وبحاجة إلى مهارات جديدة لحوسبة العمل الإرشادي.

السؤال الرابع: كيف ترين دعم الوزارة واهتمامها بتوظيف برامج تكنولوجيا المعلومات والاتصالات في العمل الإداري؟

الجواب: هناك تنسيق دائم بين وزارة التربية والتعليم ومديريات التربية والإدارات المدرسية حول كيفية استخدام برامج تكنولوجيا المعلومات والاتصالات في العمل الإداري، فهي تحاول توفير الحواسيب وما يتعلق بها من لوازم، بالإضافة إلى توفير البرمجيات الضرورية والتي تحتاجها الإدارات المدرسية لخدمة العملية التعليمية.

السؤال الخامس: ما الصعوبات التي تواجهك أثناء توظيفك لبرامج تكنولوجيا المعلومات والاتصالات؟

الجواب: من أهم الصعوبات التي تواجهني عدم امتلاكي لمهارات كافية للتعامل مع الحاسوب وتوظيفه في عملي اليومي فأنا ينقصني التدريب الكافي لحل مشكلاتي في توظيف برامج تكنولوجيا المعلومات والاتصالات.

السؤال السادس: ما نواحي التغيير التي طرأت على إجراء الاختبارات المدرسية نتيجة توظيف برامج تكنولوجيا المعلومات والاتصالات؟

الجواب: إن حوسبة الاختبارات المدرسية وفرت لي الفرصة المناسبة للدخول على موقع علامات الطالبات، وحصر الطالبات اللواتي لديهن مشاكل دراسية ومحاولة إيجاد حلول مناسبة لها وبالتنسيق والاتصال مع أولياء أمورهن.

السؤال السابع: هل تتوقعين استمرار وتفعيل برامج تكنولوجيا المعلومات والاتصالات مستقبلاً؟ ولماذا؟

الجواب: نعم أتوقع ذلك فهذا مطلب أساسي لهذا العصر فوزارة التربية توفر الدورات الضرورية للإداريين والأجهزة الضرورية للمدارس، كما أن ربط المدارس عبر شبكة الإنترنت أصبحت حاجة ملحة لخلق جيل متطور متقدم.

قيمة مختبر الحاسوب

السؤال الأول: ما مدى توظيفك لبرامج تكنولوجيا المعلومات والاتصالات لخدمة العملية الإدارية في مدرستك؟

الجواب: نقوم بتفعيل برامج تكنولوجيا المعلومات والاتصالات وذلك عن طريق حوسبة السجلات والوثائق الرسمية والاختبارات المدرسية والاتصال عبر شبكة الإنترنت.

السؤال الثاني: ما نواحي التغيير التي حصلت نتيجة توظيفك لبرامج تكنولوجيا المعلومات والاتصالات في حفظ السجلات والوثائق الرسمية؟

الجواب: لقد كانت نواحي التغيير كبيرة ورئيسة وذات أثر كبير على مختبر الحاسوب حيث وفرت الوقت والجهد والدقة في إنجاز العمل.

السؤال الثالث: هل أنت بحاجة لتدريب خاص أو مهارات جديدة لتوظيف برامج تكنولوجيا المعلومات والاتصالات في أعمالك الإدارية؟

الجواب: نعم أنا بحاجة إلى تدريب لأن التدريب سيكون له الأثر الأكبر على جودة العمل، ويعطيني ثقة أكبر بنفسي ـ أثناء تعاملي مع أجهزة الحاسوب ومع برامج تكنولوجيا المعلومات والاتصالات المختلفة في المختبر.

السؤال الرابع: كيف ترين دعم الوزارة واهتمامها بتوظيف برامج تكنولوجيا المعلومات والاتصالات في العمل الإداري؟

الجواب: دعم الوزارة جيد فهي تسعى إلى توفير كل ما يتعلق بتوظيف برامج تكنولوجيا المعلومات والاتصالات في المدرسة كون مدرستنا مدرسة استكشافية، وتسير الإدارة على نهجها في توفير كافة مستلزمات الحاسوب.

السؤال الخامس: ما الصعوبات التي تواجهك أثناء توظيفك لبرامج تكنولوجيا المعلومات والاتصالات؟

الجواب: لا أجد صعوبة بمعنى الكلمة ولكن أحياناً يواجهنا بطء في شبكة الإنترنت.

السؤال السادس: ما نواحي التغيير التي طرأت على إجراء الاختبارات المدرسية نتيجة توظيف برامج تكنولوجيا المعلومات والاتصالات؟

الجواب: لقد كان هناك أثر واضح لاستخدام برامج تكنولوجيا المعلومات والاتصالات على الاختبارات المدرسية وهذا يظهر في وضوح الخط والتنسيق والتحليل.

السؤال السابع: هـل تتـوقعين اسـتمرار وتفعيـل بـرامج تكنولوجيا المعلومـات والاتصالات مستقبلاً؟ ولماذا؟

الجواب: نعم لأنها توفر الوقت والجهد ودقة العمل الذي نحن بحاجة إليه في عملنا، كـما أن جهـد وزارة التربيـة والتعليـم مـا زال مسـتمراً في عقـد الـدورات التدريبيـة، وحوسبة المؤسسات التعليمية وربطها على شبكة الإنترنت.

قيمة مختبر العلوم

السؤال الأول: ما مدى توظيفك لـبرامج تكنولوجيا المعلومـات والاتصالات لخدمـة العملية التعليمية في مدرستك؟

الجواب: أقوم بتوظيف برامج تكنولوجيا المعلومات والاتصالات في السجلات والوثائق الرسمية والاتصال مع الإدارات العليا عبر شبكة الإنترنت كما أقوم باستخدام المجهر الإلكتروني الحديث لعمل شريحة وعرضها من خلال الحاسوب.

السؤال الثاني: ما نـواحي التغييـر التي حصلـت نتيجـة توظيفك لـبرامج تكنولوجيا المعلومات والاتصالات في حفظ السجلات والوثائق الرسمية؟

الجواب: أدى اسـتخدام بـرامج تكنولوجيا المعلومـات والاتصـالات إلى تنظيـم ودقـة العمل كما أنه يعمل على توفير الوقت والجهد.

السؤال الثالث: هل أنت بحاجة لتدريب خاص أو مهارات جديدة لتوظيف بـرامج تكنولوجيا المعلومات والاتصالات في أعمالك الإدارية؟

الجواب: لا أحتاج إلى دورات تدريبيـة جديدة لأننـي امتلك القـدرة الكافيـة عـلى توظيف برامج تكنولوجيا المعلومـات والاتصالات في عملي كـما أننـي حصلـت عـلى دورات تدريبية سابقا.

السؤال الرابع: كيف ترين دعم الوزارة واهتمامها بتوظيف برامج تكنولوجيا المعلومات والاتصالات في العمل الإداري؟

الجواب: تسعى وزارة التربية والتعليم منذ سنوات إلى دعم برامج تكنولوجيا المعلومات والاتصالات في المؤسسات التعليمية لتمكنها من حوسبة العملية التعليمية كما أنها تدفع بالإدارات المدرسية إلى السير على نهجها ومتابعة خطاها في الميدان.

السؤال الخامس: ما الصعوبات التي تواجهك أثناء توظيفك لبرامج تكنولوجيا المعلومات والاتصالات؟

الجواب: لا أجد صعوبات في توظيف برامج تكنولوجيا المعلومات والاتصالات في عملي لأنني أمتلك دورات تدريبية تمكنني من القيام بعملي على أكمل وجه بالإضافة إلى أن إدارة مدرستي توفر لي البرامج اللازمة التي تسهل العمل.

السؤال السادس: هل تتوقعين استمرار وتفعيل برامج تكنولوجيا المعلومات والاتصالات مستقبلاً؟ ولماذا؟

الجواب: نعم أتوقع ذلك فالوزارة تسعى إلى ربط جميع المدارس عبر شبكة الإنترنت لأن المدارس الاستكشافية تمتاز بجودة وإتقان العمل أكثر من المدارس الاعتيادية.

أمينة المكتبة

السؤال الأول: ما مدى توظيفك لبرامج تكنولوجيا المعلومات والاتصالات لخدمة العملية الإدارية في مدرستك؟

الجواب: إن توظيف برامج تكنولوجيا المعلومات والاتصالات في عملي يتضمن عمل قوائم لمحتويات المكتبة المدرسية من كتب وأثاث وغيرها بالإضافة إلى سجلات الإتلاف وسجل الإعارة والزيارات الصفية للمكتبة.

السؤال الثاني: ما نواحي التغيير التي حصلت نتيجة توظيفك لبرامج تكنولوجيا المعلومات والاتصالات في حفظ السجلات والوثائق الرسمية؟

الجواب: كان لتوظيف برامج تكنولوجيا المعلومات والاتصالات في العمل داخل مكتبة المدرسة سهولة رصد الكتب وعدم ضياعها وسهولة العمل اليومي كإعارة الكتب واسترجاعها وتنظيم سجلات الأثاث في المكتبة ومحتوياتها.

السؤال الثالث: هل أنت بحاجة لتدريب خاص أو مهارات جديدة لتوظيف برامج تكنولوجيا المعلومات والاتصالات في أعمالك الإدارية؟

الجواب: نعم فما زلت بحاجة إلى دورات تدريبية حول التعامل مع الحاسوب ودورات تدريبية في حوسبة المكتبات المدرسية.

السؤال الرابع: كيف ترين دعم الوزارة والإدارة واهتمامها بتوظيف برامج تكنولوجيا المعلومات والاتصالات في العمل الإداري ؟

الجواب: على صعيد مدرستي أرى أن الدعم متواصل ومستمر من قبل الوزارة والإدارة في المدرسة، فأنا أعمل في مدرسة استكشافية تم ربطها عبر شبكة الإنترنت أما باقي المدارس فلا فكرة لدي حول ماهية الدعم فيها.

السؤال الخامس: ما الصعوبات التي تواجهك أثناء توظيفك لبرامج تكنولوجيا المعلومات والاتصالات؟

الجواب: لا أجد صعوبة في عملي فأنا أقوم به كاملا ويتوفر لي برمجيات تتعلق بحوسبة مكتبتي المدرسية، كما أن المدرسة تتابع صيانة الحواسيب باستمرار لذا فلا مشكلة لدي.

السؤال السادس: هل تتوقعين استمرار وتفعيل برامج تكنولوجيا المعلومات والاتصالات مستقبلاً؟ ولماذا؟

الجواب: نعم أتوقع ذلك لأننا نتعامل مع جيل الإنترنت فلا بد لنا من الاستمرار لتلبية احتياجات الجيل الحالي والسعي به نحو التقدم.

الكاتبة

السؤال الأول: ما مدى توظيفك لبرامج تكنولوجيا المعلومات والاتصالات لخدمة العملية الإدارية في مدرستك؟

الجواب: أن توظيف برامج تكنولوجيا المعلومات والاتصالات مطلب أساسي لحوسبة سجلاتي وسهولة عملي ككاتبة وذلك من خلال الردود الرسمية والاتصال مع الإدارات العليا.

السؤال الثاني: ما نواحي التغيير التي حصلت نتيجة توظيفك لبرامج تكنولوجيا المعلومات والاتصالات في حفظ السجلات والوثائق الرسمية؟

الجواب: التغيير واضح لأن برامج تكنولوجيا المعلومات والاتصالات كان لها الأثر الأكبر في حفظ السجلات وتنظيمها ودقتها وسهولة العمل، فالسجلات الاعتيادية تحتاج لوقت طويل في العمل إضافة لعدم وضوحها في أغلب الأحيان، كما أن الاحتفاظ بنسخ إضافية يتطلب جهدا إضافيا عكس السجلات المحوسبة ولا ننسى ـ سهولة الاتصال مع الإدارات العليا من خلال شبكة الإنترنت.

السؤال الثالث: هل أنت بحاجة لتدريب خاص أو مهارات جديدة لتوظيف برامج تكنولوجيا المعلومات والاتصالات في أعمالك الإدارية؟

الجواب: أرغب بدورات جديدة لأنني أحب التطوير والحصول على معارف جديدة حول برامج تكنولوجيا المعلومات والاتصالات التي هي لغة العصر.

السؤال الرابع: كيف ترين دعم الوزارة والإدارة واهتمامها بتوظيف برامج تكنولوجيا المعلومات والاتصالات في العمل الإداري؟

الجواب: أن وزارة التربية والتعليم تسعى بكل طاقتها للسير بالعملية التعليمية نحو الأفضل من خلال توظيف برامج تكنولوجيا المعلومات والاتصالات.

السؤال الخامس: ما الصعوبات التي تواجهك أثناء توظيفك لبرامج تكنولوجيا المعلومات والاتصالات؟

الجواب: لا أجد صعوبة في توظيف برامج تكنولوجيا المعلومات والاتصالات لأنني أجد متعة في توظيفها وفي النتائج التي تصدر عن توظيف برامج في عملي.

السؤال السادس: هل تتوقعين استمرار وتفعيل برامج تكنولوجيا المعلومات والاتصالات مستقبلاً؟ ولماذا؟

الجواب: نعم أتوقع ذلك لأن النتائج التي تحققت نتيجة توظيف برامج تكنولوجيا المعلومات والاتصالات لها أثر كبير في خدمة العملية التعليمية ومساعدة الإداريين للارتقاء بعملهم.

ملحق (١١)

المقابلات التي أجريت مع القائمات على الأنشطة الرياضية والفنية والموسيقية/ المدرسة الاستكشافية

مسؤولة النشاط الرياضي

السؤال الأول: ما مدى توظيفك لـبرامج تكنولوجيا المعلومات والاتصالات لخدمة النشاط الرياضي في مدرستك؟

الجواب: إن توظيف برامج تكنولوجيا المعلومات والاتصالات عملية ضرورية بالنسبة لي فأنا أحتاجها في طباعة المنشورات الرياضية، ومتابعة المهارات الرياضية عبر شبكة الإنترنت وعرضها خلال النشاط الرياضي.

السؤال الثاني: ما نواحي التغيير التي حصلت نتيجة توظيفك لـبرامج تكنولوجيا المعلومات والاتصالات في النشاط الرياضي؟

الجواب: أتوقع أنها تغيرات إيجابية لأنها تعرض المهارات الرياضية بشكل واضح ومفهوم وتقدم لنا الجديد في عالم الرياضة وتخفف العبء في العمل.

السؤال الثالث: هل أنت بحاجة لتدريب خاص أو مهارات جديدة لتوظيف بـرامج تكنولوجيا المعلومات والاتصالات في أعمالك الإدارية؟

الجواب: من الرائع أن نسعى بأنفسنا نحو الأفضل فإذا كان هناك دورات جديدة فلم لا؟ .

السؤال الرابع: كيف ترين دعم الوزارة والإدارة واهتمامها بتوظيف برامج تكنولوجيا المعلومات والاتصالات في الأنشطة المدرسية؟

الجواب: لا تقصر الوزارة والإدارات المدرسية في توظيف بـرامج تكنولوجيا المعلومات والاتصالات في الأنشطة المدرسية فهي تحاول أن تقدم ما لديها لدعم العملية التعليمية من

حيث توفير البرامج، وتزويد المختبرات بالأجهزة والمتطلبات الضرورية لـه مـن صيانة وبرامج وتوابع.

السؤال الخامس: مـا الصعوبات التـي تواجهـك أثناء توظيفـك لـبرامج تكنولوجيا المعلومات والاتصالات في الأنشطة الرياضية؟

الجواب: عدم المعرفة الكافية بالحاسوب وبطء الشبكة في بعض الأحيان للوصول إلى المواقع التي تخدم النشاط الرياضي.

السؤال السادس: هـل تتـوقعين استمرار وتفعيل بـرامج تكنولوجيا المعلومـات والاتصالات مستقبلاً؟ ولماذا؟

الجواب: نعم أتوقع استمرارها لأن هـذا مـا أراه على حيـز الواقع فعمليـة التطـوير مستمرة للإداريين والموظفين وتزويد المـدارس بـالأجهزة والمختبرات وصيانتها مـن الاهتمامات الأساسية للوزارة التي تسعى لمواكبة الدول المتقدمة.

مسؤولة النشاطات الفنية

السؤال الأول: ما مدى توظيفك لـبرامج تكنولوجيا المعلومـات والاتصالات لخدمـة النشاطات الفنية في مدرستك؟

الجواب: يتم توظيف برامج تكنولوجيا المعلومـات والاتصالات في النشاطات الفنيـة حيث أقوم بالرسم على برنامج Paint وأقوم بعرض نمـاذج فنيـة على الحاسـوب بالإضافة إلى عرض نماذج للألوان ودمجها وغير ذلك مـن الأمـور التي تخدم النشـاط الفني.

السؤال الثاني: ما نـواحي التغـيير التي حصلت نتيجة توظيفـك لـبرامج تكنولوجيا المعلومات والاتصالات في النشاطات الفنية؟

الجواب: إن توظيف برامج تكنولوجيا المعلومات والاتصالات ساعد في إيصال المعلومة بشكل أسرع وأدق كما أنه يعرض نماذج للرسومات المراد عرضها بطريقة أوضح.

السؤال الثالث: هل أنت بحاجة لتدريب خاص أو مهارات جديدة لتوظيف بـرامج تكنولوجيا المعلومات والاتصالات في نشاطك الفني؟

الجواب: نعم أنا بحاجة لدورات وأفضل أن تكون دورات حاسوبية خاصـة بالنشاط الفني وليست دورات عامة لأنني حصلت علـى دورات عامـة في الحاسوب وأنـا الآن بحاجة لدورات حاسوبية لتطوير تخصصي.

السؤال الرابع: كيف ترين دعم الوزارة والإدارة واهتمامها بتوظيف برامج تكنولوجيا المعلومات والاتصالات في الأنشطة المدرسية؟

الجواب: في العادة تركز وزارة التربية والتعليم على الدورات الحاسوبية بشكل عام أما الدورات المتخصصة في مجال النشاط الفني فلا زالـت بحاجـة إلى مزيد مـن العنايـة والاهتمام، وكذلك الإدارة المدرسية مضطرة للتماشي مع ما تسعى إليه الوزارة.

السؤال الخامس: مـا الصعوبات التي تواجهـك أثنـاء توظيفـك لـبرامج تكنولوجيا المعلومات والاتصالات في الأنشطة الفنية؟

الجواب: لا أجد صعوبات في توظيفي لبرامج تكنولوجيا المعلومـات والاتصالات فأنا أسعى إلى توظيفها بما أملك من خبرة في مجال الحاسوب والشيء الوحيد الذي أطمـح إليه هـو زيـادة مهارتي في توظيـف بـرامج تكنولوجيـا المعلومـات والاتصالات في النشاطات الفنية.

السؤال السادس: هـل تتـوقعين اسـتمرار وتفعيـل بـرامج تكنولوجيـا المعلومـات والاتصالات مستقبلاً؟ ولماذا؟

الجواب: نعم أتوقع ذلك فالخطى التي تسير بها وزارة التربية والتعليم ناجحة وفعالة لغايـة الآن في مجـال تفعيـل بـرامج تكنولوجيا المعلومـات والاتصـالات في العمليـة التعليمية، وله آثار إيجابية من حيث توفير السرعة والدقة والنظام.

مسؤولة النشاطات الموسيقية

السؤال الأول: ما مدى توظيفك لبرامج تكنولوجيا المعلومات والاتصالات لخدمة النشاطات الموسيقية في مدرستك؟

الجواب: أحاول السعي لتوظيف برامج تكنولوجيا المعلومات والاتصالات في النشاط الموسيقي عن طريق طباعة الأناشيد والرجوع إلى مراجع متعلقة بكتابة الشعر وسماع ألحان مختلفة.

السؤال الثاني: ما نواحي التغيير التي حصلت نتيجة توظيفك لبرامج تكنولوجيا المعلومات والاتصالات في النشاطات الموسيقية؟

الجواب: ألاحظ أنه كلما قمت بتوظيف برامج تكنولوجيا المعلومات والاتصالات في عملي كلما وفرت لي الوقت والجهد الذي لا أجده عند استخدام النظام الاعتيادي في النشاط الموسيقي.

السؤال الثالث: هل أنت بحاجة لتدريب خاص أو مهارات جديدة لتوظيف برامج تكنولوجيا المعلومات والاتصالات في الأنشطة الموسيقية؟

الجواب: لا بأس في دورات جديدة تزيد من إبداعي في مجال تخصصي لأنني ما زلت بحاجة إلى المزيد في ما يتعلق بتوظيف برامج تكنولوجيا المعلومات والاتصالات في النشاط الموسيقي.

السؤال الرابع: كيف ترين دعم الوزارة والإدارة واهتمامها بتوظيف برامج تكنولوجيا المعلومات والاتصالات في الأنشطة المدرسية؟

الجواب: يعتبر دعم الوزارة مقبولا نوعا ما فهي تحاول إلحاقنا بالدورات التدريبية وتوفر لنا برمجيات خاصة في مجال عملنا وتحاول الإدارة المدرسية تعزيزنا ودفعنا لتوظيف برامج تكنولوجيا المعلومات والاتصالات في عملنا.

السؤال الخـامس: مـا الصـعوبات التي تواجهـك أثنـاء توظيفـك لـبرامج تكنولوجيـا المعلومات والاتصالات في الأنشطة الموسيقية؟

الجواب: لا توجد لدي أي صعوبة

السؤال السـادس: هـل تتـوقعين اسـتمرار وتفعيـل بـرامج تكنولوجيـا المعلومات والاتصالات مستقبلاً؟ ولماذا؟

الجواب: نعم لوجود الحاجة الملحة لـذلك كـما أنهـا ضـمن مخططـات وزارة التربيـة والتعليم الحالية.

ملحق (١٢)
مقابلة الإداريات في المدرسة الاعتيادية

مديرة المدرسة

السؤال الأول: ما مدى توظيفك لبرامج تكنولوجيا المعلومات والاتصالات لخدمة العملية التعليمية في مدرستك ؟

الجواب: نحن نسعى وباستمرار لتفعيل برامج تكنولوجيا المعلومات والاتصالات في خدمة العملية التعليمية من خلال استخدام مختبر الحاسوب في الأعمال الإدارية كحوسبة السجلات والوثائق الرسمية ومتابعة الأعمال اليومية.

السؤال الثاني: ما نواحي التغيير التي حصلت نتيجة توظيفك لبرامج تكنولوجيا المعلومات والاتصالات في حفظ السجلات والوثائق الرسمية؟

الجواب: لقد أدى توظيفي لبرامج تكنولوجيا المعلومات والاتصالات في السجلات والوثائق الرسمية إلى سرعة إنجاز العمل، وسهولة حفظه واستعادته في أي وقت أشاء، بالإضافة إلى تنظيم سجلاتي مما يسهل عملي ويدفعني لابتكار طرق جديدة للارتقاء بالمدرسة.

السؤال الثالث: هل أنت بحاجة لتدريب خاص أو مهارات جديدة لتوظيف برامج تكنولوجيا المعلومات والاتصالات في أعمالك الإدارية؟

الجواب: لقد حصلت سابقا على دورة الرخصة الدولية لاستخدام الحاسوب ودورة إنتل (٠) وأنا الآن بحاجة إلى دورة إنتل (١) للارتقاء بعملي الإداري.

السؤال الرابع: كيف ترين دعم الوزارة واهتمامها بتوظيف برامج تكنولوجيا المعلومات والاتصالات في الإدارة المدرسية؟

الجواب: أرى أن الوزارة يضعف اهتمامها بتوظيف برامج تكنولوجيا المعلومات والاتصالات في دعم الإدارة المدرسية فنحن بحاجة إلى ربط المدرسة بشبكة الإنترنت التي تمكننا من توظيف برامج تكنولوجيا المعلومات والاتصالات في إدارات المدارس من حيث سهولة الاتصال مع الإدارات العليا بشكل مباشر وسريع، كما أننا بحاجة إلى برمجيات معدة من قبل الوزارة تدعم عملنا الإداري.

السؤال الخامس: ما الصعوبات التي تواجهك أثناء توظيفك لبرامج تكنولوجيا المعلومات والاتصالات؟

الجواب: الصعوبة التي تواجهني هي عدم توفر الوقت الكافي لحوسبة سجلاتي لأن التربية تطالبني بإعداد عملي بطريقتين محوسب وتقليدي في آن واحد، كما إن قلة البرمجيات التي توفرها الوزارة لها الأثر الأكبر في عدم حوسبة السجلات والوثائق المدرسية .

السؤال السادس: ما نواحي التغيير التي طرأت على إجراء الاختبارات المدرسية نتيجة توظيف برامج تكنولوجيا المعلومات والاتصالات؟

الجواب: لقد كان لتوظيف برامج تكنولوجيا المعلومات والاتصالات أثر إيجابي كبير على إعداد الاختبارات المدرسية من حيث تنظيم وإعداد أوراق الاختبارات، ورصد العلامات على Eduwave، وكذلك تحليل الاختبارات ووضع الخطط العلاجية المناسبة أما تصحيح الاختبارات المدرسية عبر الحاسوب فلم يتم تطبيقه في المدرسة بعد.

السؤال السابع: هل تتوقعين استمرار وتفعيل برامج تكنولوجيا المعلومات والاتصالات مستقبلاً؟ ولماذا؟

الجواب: نعم أتوقع استمرار وتفعيل برامج تكنولوجيا المعلومات والاتصالات فهي في تقدم مستمر وانعكاسها على العملية التعليمية واضح وكبير ، بالإضافة إلى استمرار وزارة ا لتربية

والتعليم بعقد الدورات التدريبية المتنوعة في مجال تكنولوجيا المعلومات والتي لها الأثر الأكبر على الإداريين وجودة إنتاجهم.

المرشدة التربوية

السؤال الأول:ما مدى توظيفك لبرامج تكنولوجيا المعلومات والاتصالات لخدمة العملية التعليمية في مدرستك؟

الجواب: أقوم باستخدام برامج تكنولوجيا المعلومات والاتصالات في متابعة سجلات الطالبات التي تتضمن أحوال الطالبات الاجتماعية والصحية، كما أنني أقوم بإعداد سجلات تتضمن استدعاء أولياء الأمور ومتابعة أمور الطالبات، والسماح للطالبات بالدخول عند التأخير، والسماح بمغادرة الطالبات، كما أنني أقوم بإعداد جداول للزيارات الصفية من أجل إعداد حصص إرشادية لطالبات المدرسة، كما أنني أعد خطتي الإرشادية مستخدمة برامج تكنولوجيا المعلومات والاتصالات.

السؤال الثاني: ما نواحي التغيير التي حصلت نتيجة توظيفك لبرامج تكنولوجيا المعلومات والاتصالات في حفظ السجلات والوثائق الرسمية؟

الجواب: إن توظيف برامج تكنولوجيا المعلومات والاتصالات لخدمة السجلات والوثائق في عملي أدى إلى سرعة إنجاز العمل في الوقت المحدد وإتقانه.

السؤال الثالث: هل أنت بحاجة لتدريب خاص أو مهارات جديدة لتوظيف برامج تكنولوجيا المعلومات والاتصالات في أعمالك الإدارية؟

الجواب: لا أشعر بأنني بحاجة إلى تدريب ومهارات جديدة لأنني أملك القدرة على استعمال الحاسوب وتوظيفه في أعمالي.

السؤال الرابع: كيف ترين دعم الوزارة واهتمامها بتوظيف برامج تكنولوجيا المعلومات والاتصالات في الإدارة المدرسية ؟

الجواب: من الملاحظ أن اهتمام وزارة التربية يقتصر على جوانب محددة كاعتماد نموذج موحد نقوم بتعبئته، كما أن البرمجيات المتعلقة ببرامج تكنولوجيا المعلومات والاتصالات محدودة علاوة على أن عدم ربط المدرسة على شبكة الإنترنت يحول دون الاتصال مع أولياء الأمور فيما يتعلق بمشاكل بناتهم.

السؤال الخامس: ما الصعوبات التي تواجهك أثناء توظيفك لبرامج تكنولوجيا المعلومات والاتصالات؟

الجواب: لا أجد صعوبة في توظيف برامج تكنولوجيا المعلومات والاتصالات لخدمة عملي الإرشادي وأتمنى أن تقوم الوزارة بربط المدرسة على شبكة الإنترنت ليصبح العمل الإرشادي أفضل وأجود.

السؤال السادس: ما نواحي التغيير التي طرأت على إجراء الاختبارات المدرسية نتيجة توظيف برامج تكنولوجيا المعلومات والاتصالات؟

الجواب: لقد نظمت الاختبارات المدرسية من حيث التنظيم والتنسيق لأوراق الاختبارات، كما أن رصد العلامات على Eduwave سهل عملي كمرشدة لمتابعة علامات الطالبات وعمل الاتصال اللازم مع أولياء الأمور لإجراء اللازم.

السؤال السابع: هل تتوقعين استمرار وتفعيل برامج تكنولوجيا المعلومات والاتصالات مستقبلاً؟ ولماذا؟

الجواب: نعم إن استمرار وتفعيل برامج تكنولوجيا المعلومات والاتصالات عملية حتمية لأننا في عصر تكنولوجيا المعلومات، كما أن نجاح أي مؤسسة يعتمد على مواكبتها للعصر الحديث كما وتحاول وزارة التربية والتعليم جاهدة حوسبة العملية التعلمية وتدريب الكوادر البشرية.

قيمة مختبر الحاسوب

السؤال الأول: ما مدى توظيفك لبرامج تكنولوجيا المعلومات والاتصالات لخدمة العملية الإدارية في مدرستك؟

الجواب: لا أقوم بتوظيف برامج تكنولوجيا المعلومات والاتصالات في عملي دائماً فالسجلات مثلاً التي تعتمد نموذجاً موحداً يتم اعتماده من قبل وزارة التربية والتعليم ويعبأ يدوياً أما باقي الأعمال فلا بد لي من توظيف برامج تكنولوجيا المعلومات والاتصالات بحكم عملي كقيمة حاسوب.

السؤال الثاني: ما نواحي التغيير التي حصلت نتيجة توظيفك لبرامج تكنولوجيا المعلومات والاتصالات في حفظ السجلات والوثائق الرسمية؟

الجواب: لقد طرأ تغيير كبير نتيجة توظيف برامج تكنولوجيا المعلومات والاتصالات متمثلاً في السرعة في إنجاز العمل، والسرية في حفظ البيانات والمعلومات خصوصاً أنني أقوم بحفظ نسخ احتياطية للبيانات، أما نماذج إدخال وإخراج القطع المستبدلة، وصيانة الأجهزة وملحقات الحاسوب فهي تعبأ يدويا.

السؤال الثالث: هل أنت بحاجة لتدريب خاص أو مهارات جديدة لتوظيف برامج تكنولوجيا المعلومات والاتصالات في أعمالك الإدارية؟

الجواب: نعم فأنا بحاجة لدورات تدريبية في الشبكات وصيانة الحاسوب التي ستزيد من قدرتي في التعامل مع الأجهزة في أي وقت أريد.

السؤال الرابع: كيف ترى دعم الوزارة واهتمامها بتوظيف برامج تكنولوجيا المعلومات والاتصالات في العمل الإداري؟

الجواب: أرى أن وزارة التربية تقوم بإعداد نماذج معدة جيداً تعمل على سهولة العمل وتزود المدارس بها، كما أن الإدارة تدعم توظيفي لبرامج تكنولوجيا المعلومات والاتصالات وتعزز ذلك.

السؤال الخامس: ما الصعوبات التي تواجهك أثناء توظيفك لـبرامج تكنولوجيا المعلومات والاتصالات؟

الجواب: لا أجد صعوبة في توظيف برامج تكنولوجيا المعلومات والاتصالات في عملي وإنما الصعوبة تنحصر في وجود الفيروسات التي تعطل الأجهزة مما يعيق العمل، بالإضافة إلى كثرة عدد الطالبات والذي لا يتناسب مع الأجهزة المتوفرة في المختبر.

السؤال السادس: ما نواحي التغيير التي طرأت على إجراء الاختبارات المدرسية نتيجة توظيف برامج تكنولوجيا المعلومات والاتصالات؟

الجواب: لقد حصل تغيير كبير على الاختبارات المدرسية من حيث كتابتها وتحليلها كما أن رصد العلامات أصبح أسرع وأفضل على (Eduwave) الأمر الذي يسهل على أولياء الأمور الاطلاع على نتائج بناتهم في أي وقت.

السؤال السابع: هـل تتـوقعين استمرار وتفعيـل بـرامج تكنولوجيا المعلومات والاتصالات مستقبلاً؟ ولماذا؟

الجواب: نعم أتوقع ذلك من خـلال ربط المدرسـة مـع شبكة الإنترنت لأنه يخـدم العملية التعليمية.

قيمة مختبر العلوم

السؤال الأول: ما مدى توظيفك لـبرامج تكنولوجيا المعلومـات والاتصالات لخدمـة العملية الإدارية في مدرستك؟

الجواب: أقوم بتوظيف برامج تكنولوجيا المعلومات والاتصالات في عملي بشكل جزئيَ حيث أقوم بتعبئة النماذج المعدة من قبل الوزارة والتي تتضمن عدد التجارب التي تعمل معلمات المواد على إجرائها، وسجل مختبر العلوم والذي يتضمن محتويات المختبر من حيث الإدخال والإخراج.

السؤال الثاني: ما نواحي التغيير التي حصلت نتيجة توظيفك لبرامج تكنولوجيا المعلومات والاتصالات في حفظ السجلات والوثائق الرسمية؟

الجواب: إن استخدام برامج تكنولوجيا المعلومات والاتصالات وفر الوقت والجهد وحسن التنظيم ودقة المعلومة.

السؤال الثالث: هل أنت بحاجة لتدريب خاص أو مهارات جديدة لتوظيف برامج تكنولوجيا المعلومات والاتصالات في أعمالك الإدارية؟

الجواب: لا أرغب في دورات تدريبية إضافية لأن عملي ينحصر في أمور محددة تتعلق بالإدخال والإخراج وعدد التجارب المعدة، وإعداد خطة العلوم وأنا أملك القدرة في التعامل مع تلك الأمور بشكل كافي.

السؤال الرابع: كيف ترين دعم الوزارة واهتمامها بتوظيف برامج تكنولوجيا المعلومات والاتصالات في العمل الإداري؟

الجواب: لا شك أن وزارة التربية تسعى وبشكل مستمر لتحسين العمل الإداري لتواكب باقي الدول في ذلك فهي تعد الدورات وتقدم حوافز للمعلمين من حيث الرتب والعلاوات.

السؤال الخامس: ما الصعوبات التي تواجهك أثناء توظيفك لبرامج تكنولوجيا المعلومات والاتصالات؟

الجواب: لا أجد صعوبة في توظيف برامج تكنولوجيا المعلومات والاتصالات بمعنى الكلمة وربما تنحصر الصعوبات بضيق الوقت وعدم ربط المدرسة على شبكة الإنترنت.

السؤال السادس: هل تتوقعين استمرار وتفعيل برامج تكنولوجيا المعلومات والاتصالات مستقبلاً؟ ولماذا؟

الجواب: منذ أن بدأت وزارة التربية بمواكبة الدول الأجنبية في مجال حوسبة العملية التعليمية أنفقت مبالغ كثيرة، وأعدت الدورات التدريبية اللازمة لتسيل تلك المهمة ولكن باعتقادي أنها ما زالت في بداية الطريق، وأتمنى أن تتوسع وتستمر لاحقا.

أمينة المكتبة

السؤال الأول: ما مدى توظيفك لبرامج تكنولوجيا المعلومات والاتصالات لخدمة العملية الإدارية في مدرستك؟

الجواب: لا أقوم بتوظيف برامج تكنولوجيا المعلومات والاتصالات في عملي فالسجلات والوثائق المتعلقة بالمكتبة يدوية وغير محوسبة باستثناء بعض النشرات المكتبية كالإعلانات وغيرها.

السؤال الثاني: ما نواحي التغيير التي حصلت نتيجة توظيفك لبرامج تكنولوجيا المعلومات والاتصالات في حفظ السجلات والوثائق الرسمية؟

الجواب: لقد سبق أن ذكرت أن سجلاتي يدوية لأن مشكلة حوسبة أعمال المكتبة لم يتم حلها من التربية بعد ولكن في حال تم حوسبتها أتوقع أنها ستكون منظمة أكثر وستساعدني على السرعة في عملي والدقة وسهولة حفظ البيانات.

السؤال الثالث: هل أنت بحاجة لتدريب خاص أو مهارات جديدة لتوظيف برامج تكنولوجيا المعلومات والاتصالات في أعمالك الإدارية؟

الجواب: أنني أحصل على الرخصة الدولية لاستخدام الحاسوب بالإضافة إلى أنني درست مادة الحاسوب في الجامعة كمقررات وتقوم مديرية التربية الآن بالإعداد لدورة تدريبية لحوسبة العمل في المكتبة وسألتحق بها بإذن الله تعالى فامتلاك مهارات جديدة سيؤثر إيجابا على سير العمل.

السؤال الرابع: كيف ترين دعم الوزارة والإدارة واهتمامها بتوظيف برامج تكنولوجيا المعلومات والاتصالات في العمل الإداري؟

الجواب: تحاول وزارة التربية الارتقاء بسير العملية التعليمية نحو الحوسبة لمواكبة الدول المتقدمة بالرغم من الصعوبات الكبيرة التي تواجهها من حيث التكلفة المادية، كما أن أي

إدارة تسعى بمؤسستها نحـو الأفضـل ولا شـك أن الإدارة تـدعم مـن توظـف بـرامج تكنولوجيا المعلومات والاتصالات وتعززها.

السؤال الخامس: مـا الصعوبات التي تواجهـك أثنـاء توظيفك لـبرامج تكنولوجيا المعلومات والاتصالات؟

الجواب: الصعوبة التي تواجهني هـي أننـي لم يـتم تـدريبي عـلى حوسبة عملـي في المكتبة.

السـؤال السـادس: هـل تتـوقعين اسـتمرار وتفعيـل بـرامج تكنولوجيـا المعلومـات والاتصالات مستقبلاً؟ ولماذا؟

الجواب: نعم أتوقع ذلك وأرى أن اهتمام وزارة التربية والتعليـم بـذلك واضحـا فهـي الآن تحاول توفير بنية تحتيـة لعـدد كبير مـن المـدارس، وتحـاول التوسـع في إعـداد المختبرات الحاسوبية وتزويدها بما تحتاج من أجهزة وتوفير الصيانة اللازمة لهـا، كـما أنها تتابع ذلك من خـلال الزيـارات والاجتماعـات والكتب الرسـمية، عـلاوة عـلى أن الإدارات المدرسية تحاول أن تتماشى في حوسبة إدارتها.

الكاتبة

السؤال الأول: ما مدى توظيفك لـبرامج تكنولوجيـا المعلومـات والاتصالات لخدمـة العملية الإدارية في مدرستك؟

الجواب: أقوم بتوظيف جزء قليل منهـا فأنا أتعامـل مـع العمـل اليـدوي في سـجلاتي والردود السريعة على الكتب فالجزء الأكبر من عملي تقليدي وغير محوسب.

السؤال الثاني: ما نـواحي التغييـر التي حصلـت نتيجـة توظيفـك لـبرامج تكنولوجيـا المعلومات والاتصالات في حفظ السجلات والوثائق الرسمية؟

الجواب: أرى أن الجزء الذي يعتمد على الحوسبة في عملي أكثر تنظيما ودقة وسرعـة في إنجاز العمل.

السؤال الثالث: هل أنت بحاجة لتدريب خاص أو مهارات جديدة لتوظيف برامج تكنولوجيا المعلومات والاتصالات في أعمالك الإدارية؟

الجواب: لا أرغب بدورات تدريبية جديدة لضيق الوقت لدي فلقد حصلت على الرخصة الدولية لاستخدام الحاسوب وأرى أنها تكفي لإنجاز أعمالي ككاتبة.

السؤال الرابع: كيف ترين دعم الوزارة والإدارة واهتمامها بتوظيف برامج تكنولوجيا المعلومات والاتصالات في العمل الإداري؟

الجواب: أرى أن دعم الوزارة مستمر فهي لا تتوانى بعقد دورات تدريبية لحوسبة أعمال المدارس كما أننا نرى مدى اهتمام وسائل الإعلام بذلك كما أن الإدارات المدرسية تسير طبقا لخطى وزارة التربية والتعليم قي ذلك.

السؤال الخامس: ما الصعوبات التي تواجهك أثناء توظيفك لبرامج تكنولوجيا المعلومات والاتصالات؟

الجواب: الصعوبة التي تواجهني هي ضيق الوقت لدي فأعمالي ككاتبة كثيرة ومتشابكة ومتنوعة وفي كثير من الأحيان يطلب مني العمل بطريقتين محوسبة واعتيادية مما يزيد صعوبة العمل ولا يتيح لي الفرصة الكافية لحوسبتها.

السؤال السادس: هل تتوقعين استمرار وتفعيل برامج تكنولوجيا المعلومات والاتصالات مستقبلاً؟ ولماذا؟

الجواب: من الملاحظ أن الاهتمام بحوسبة العملية التعليمية في تزايد مستمر لأننا في عصر التكنولوجيا والثورة المعلوماتية، كما أن نتائج حوسبة العملية التعليمية كان لها صدى طيب على جودة الأداء وتقدمه، لذلك فإن استمرار توظيف برامج تكنولوجيا المعلومات والاتصالات أصبح من المسلمات التي تسعى لها وزارة التربية والتعليم في دوراتها و ورشات العمل التي تعدها وفي خططها المستقبلية.

ملحق (١٣)

المقابلات التي أجريت مع القائمات على الأنشطة الرياضية والفنية والموسيقية في المدرسة الاعتيادية للبنات

مسئولة النشاط الرياضي

السؤال الأول: ما مدى توظيفك لبرامج تكنولوجيا المعلومات والاتصالات لخدمة النشاط الرياضي في مدرستك؟

الجواب: أحاول توظيف برامج تكنولوجيا المعلومات والاتصالات في النشاط الرياضي حيث أقوم باستخدام برامج تكنولوجيا المعلومات والاتصالات لعرض نماذج لحصص معدة حسب برامج تكنولوجيا المعلومات والاتصالات تعرض مهارة رياضية معينة.

السؤال الثاني: ما نواحي التغيير التي حصلت نتيجة توظيفك لبرامج تكنولوجيا المعلومات والاتصالات في النشاط الرياضي؟

الجواب: إن توظيف برامج تكنولوجيا المعلومات والاتصالات في النشاط الرياضي يعطي طابعاً أفضل من حيث سهولة عرض المعلومات ووضوحها وشمولها كما أنها تختصر الوقت والجهد في طريقة العرض والشرح.

السؤال الثالث: هل أنت بحاجة لتدريب خاص أو مهارات جديدة لتوظيف برامج تكنولوجيا المعلومات والاتصالات في أعمالك الإدارية؟

الجواب: نعم أحتاج لدورات تدريبية جديدة لتسهل عملي وأتمنى أن تعقد مديرية التربية دورات خاصة لمسؤولي الأنشطة الرياضية لأن خبرتي ما زالت بسيطة وبحاجة إلى تطوير.

٢٧١

السؤال الرابع: كيف ترين دعم الوزارة والإدارة واهتمامها بتوظيف برامج تكنولوجيا المعلومات والاتصالات في الأنشطة المدرسية؟

الجواب: أرى أن دعم الوزارة لخدمة الأنشطة الرياضية مازال قليلا بالرغم من الدورات التي تجريها، فنحن ما زلنا بحاجة إلى برامج تعدها وزارة التربية تتعلق بالأنشطة الرياضية تسهل عملنا في الميدان لأن الملاحظ أن كل شيء يطلب من المعلم إعداده وتوفيره دون المراعاة لظروف المعلم ووقته.

السؤال الخامس: ما الصعوبات التي تواجهك أثناء توظيفك لبرامج تكنولوجيا المعلومات والاتصالات في الأنشطة الرياضية؟

الجواب: الصعوبة التي تواجهني هي قلة عدد مختبرات الحاسوب، عدد الطالبات غير متناسب مع عدد الأجهزة، كما أن الأجهزة متوسطة السرعة لا تخدم الهدف المطلوب بالشكل المناسب.

السؤال السادس: هل تتوقعين استمرار وتفعيل برامج تكنولوجيا المعلومات والاتصالات مستقبلاً؟ ولماذا؟

الجواب: نعم لأن التطور مطلوب لمواكبة الدول المتقدمة كما أن النشاط الذي يتم فيه توظيف برامج تكنولوجيا المعلومات والاتصالات يكون له نتائج أفضل.

مسؤولة النشاطات الفنية

السؤال الأول: ما مدى توظيفك لبرامج تكنولوجيا المعلومات والاتصالات لخدمة النشاطات الفنية في مدرستك؟

الجواب: إن توظيفي لبرامج تكنولوجيا المعلومات والاتصالات محدود جداً ويقتصر عرض تصاميم فنية معدة على الحاسوب، بالإضافة إلى طريقة تصميم الإعلان وعرض الزخارف الإسلامية.

السؤال الثاني: ما نواحي التغيير التي حصلت نتيجة توظيفك لبرامج تكنولوجيا المعلومات والاتصالات في النشاطات الفنية؟

الجواب: إن توظيف برامج تكنولوجيا المعلومات والاتصالات في النشاطات الفنية يعطي طابعا من الاستمتاع وترسيخ للمعلومة بشكل أكبر، كما أنه يوفر الجهد الوقت الكافي للبحث عن جوانب أخرى للتطوير.

السؤال الثالث: هل أنت بحاجة لتدريب خاص أو مهارات جديدة لتوظيف برامج تكنولوجيا المعلومات والاتصالات في أعمالك الإدارية؟

الجواب: نعم أنا بحاجة لدورات تدريبية لتطوير عملي كمسؤولة أنشطة فنية.

السؤال الرابع: كيف ترين دعم الوزارة والإدارة واهتمامها بتوظيف برامج تكنولوجيا المعلومات والاتصالات في الأنشطة المدرسية؟

الجواب: إن الإدارة المدرسية تحاول توظيف برامج تكنولوجيا المعلومات والاتصالات لدعم الأنشطة المدرسية ولكن دعمها سيبقى في حدود معينة وهذا يعزى لقلة دعم الوزارة واهتمامها بتوظيف برامج تكنولوجيا المعلومات والاتصالات في الأنشطة المدرسية.

السؤال الخامس: ما الصعوبات التي تواجهك أثناء توظيفك لبرامج تكنولوجيا المعلومات والاتصالات في الأنشطة الرياضية؟

الجواب: هناك الكثير من الصعوبات التي تواجهني أثناء توظيف برامج تكنولوجيا المعلومات والاتصالات لخدمة الأنشطة الفنية تتعلق بقلة عدد أجهزة الحاسوب وكثرة عدد الطالبات، وقلة المختبرات الحاسوبية في المدرسة حتى أن المختبر من حيث المساحة لا يتسع لعدد الطالبات الكبير، كما أن الوزارة لا تمدنا بالبرامج المعدة الخاصة التي تخدم الأنشطة الفنية.

السؤال السادس: هل تتوقعين استمرار وتفعيل برامج تكنولوجيا المعلومات والاتصالات مستقبلاً؟ ولماذا؟

الجواب: نعم أتوقع ذلك لأن وزارة التربية والتعليم تحرص وباستمرار على تزويد المدارس بأجهزة ومعدات جديدة، كما أنها تشجع المعلمين على الالتحاق بالدورات التدريبية التي تعقدها وتقدم حوافز من حيث الرتب والعلاوات، كما أنها توفر الصيانة الدائمة المستمرة للأجهزة.

مسؤولة النشاطات الموسيقية

السؤال الأول: ما مدى توظيفك لبرامج تكنولوجيا المعلومات والاتصالات لخدمة النشاطات الموسيقية في مدرستك؟

الجواب: لا أقوم بتوظيف برامج تكنولوجيا المعلومات والاتصالات لخدمة الأنشطة الموسيقية في مدرستي وإنما اعتمد على استخدام الآلات الموسيقية في التدريب ولم يسبق لي عرض حصص موسيقية أو التدريب على النوتات والألحان باستخدام برامج تكنولوجيا المعلومات والاتصالات.

السؤال الثاني: ما نواحي التغيير التي حصلت نتيجة توظيفك لبرامج تكنولوجيا المعلومات والاتصالات في النشاطات الموسيقية؟

الجواب: أتمنى أن أزود بالبرامج التي تساعدني على توظيف برامج تكنولوجيا المعلومات والاتصالات في عملي والتي ستوفر لي الوقت والجهد الكافي والإتقان وسرعة العمل.

السؤال الثالث: هل أنت بحاجة لتدريب خاص أو مهارات جديدة لتوظيف برامج تكنولوجيا المعلومات والاتصالات في الأنشطة الموسيقية؟

الجواب: لقد قمت بالحصول على شهادة الرخصة الدولية لاستخدام الحاسوب وأنا الآن أرغب في الحصول على شهادة إنتل فكلما زاد تدريبي انعكس ذلك على جودة الإنتاج وسهولة العمل.

السؤال الرابع: كيف ترين دعم الوزارة والإدارة واهتمامها بتوظيف برامج تكنولوجيا المعلومات والاتصالات في الأنشطة المدرسية؟

الجواب: من المعروف أن الأنشطة الموسيقية تقتصر على تدريب الطالبات على القدرة على المشاركة في الاحتفالات المدرسية والاحتفالات التي تتم على مستوى الوزارة أما دعم الأنشطة الموسيقية لخدمة العملية التعليمية فهو محدود وتقليدي لا توظف فيه برامج تكنولوجيا المعلومات والاتصالات، كما أن الوقت المخصص للأنشطة الموسيقية قليل جدا ولا يتيح لي كمسؤولة أنشطة أن أسعى بطالباتي نحو الأفضل، بالإضافة إلى ضعف البنية التحتية للمدرسة والتي لا تمكنها من توظيف برامج تكنولوجيا المعلومات والاتصالات للارتقاء بها نحو الأفضل.

السؤال الخامس: ما الصعوبات التي تواجهك أثناء توظيفك لبرامج تكنولوجيا المعلومات والاتصالات في الأنشطة الرياضية؟

الجواب: كثرة عدد الطالبات، قلة المختبرات الحاسوبية والتي تستخدم غالبا لخدمة الحصص الصفية، قلة الاهتمام بالنشاط الموسيقي، وقلة الوقت المخصص لخدمة النشاط الموسيقي، وعدم توفر البرمجيات التي تمكن مسؤول النشاط الموسيقي من توظيف برامج تكنولوجيا المعلومات والاتصالات.

السـؤال السـادس: هـل تتـوقعين اسـتمرار وتفعيـل بـرامج تكنولوجيـا المعلومـات والاتصالات مستقبلاً؟ ولماذا؟

الجواب: أنني أتوقع الاستمرار فهذه خطة مستقبلية تقوم عـلى الاعـتماد الكـلي عـلى توظيـف بـرامج تكنولوجيا المعلومـات والاتصـالات في العمليـة التعليميـة، فنحن في الأردن قطعنا شوطا لا بأس به وها نحن في تقدم وتطور عامـا بعـد الآخـر فتوظيـف برامج تكنولوجيا المعلومات والاتصالات متطلب أساسي للعصر الذي نعيشه.

المراجـــــع

١- المراجع باللغة العربيـة

٢- المراجع باللغة الأجنبيـة

٣- المواقع الإلكترونيـة

المراجع باللغة العربية

إبراهيم، حسنين (٢٠٠٤). ثورة المعلومات والتطور الديمقراطي في العالم العربي، دراسات إستراتيجية، المجلد ١٤، العدد التاسع والثلاثون، ص ص ١٣- ١٥.

أبـو نـاصـر، فتحـي (٢٠٠٣). الاحتياجـات التدريبيـة الحاليـة والمستقبليـة لإداريي مدارس التعليم الإلكتروني كما يراها القادة التربويين في الأردن، رسالة دكتوراه غير منشورة، جامعة اليرموك: اربد، الأردن.

أحمد، حافظ فرج، حافظ، محمد صبري (٢٠٠٣). إدارة المؤسسات التربوية. ط١، القاهرة: عالم الكتب للنشر والتوزيع.

البدري، طارق (٢٠٠٥). الاتجاهات الحديثة للإدارة المدرسية في تنمية الاستخدام التدريسية. ط١، عمان: دار الثقافة للنشر والتوزيع.

الجرايدة، محمد (٢٠٠٦). إدارة معلومات الموارد البشرية. مجلة رسالة المعلم، المجلد (٤٥)، العدد الثاني، ص ص ٧٦- ٧٧.

الجسـار، محمـود (٢٠٠٤). درجـة فاعليـة برنامج الرخصـة الدوليـة لاستخدام الحاسوب في تحقيق أهداف الإدارة المدرسية لدى مديري المدارس العامة في محافظة عمان/العاصمة من وجهة نظر المشرفين التربويين، رسالة ماجستير غير منشورة، جامعة عمان العربية: عمان، الأردن.

الجلاد، وليد، والزبون، عبد الله (٢٠٠٢). نشاطات الوزارة والمنظمات التربوية، رسالة المعلم، المجلد ٤١ ، العدد الثاني، ص ص ٢١- ٢٢.

الجملان، معين (٢٠٠٤). واقع استخدام تكنولوجيا التعليم والمعلومات بمراكز مصادر التعلم في مدارس مملكة البحرين، من وجهة نظر متخصصي مصادر التعلم، مجلة العلوم التربوية والنفسية، المجلد ٥، العدد الأول، ص ص ١٢٣- ١٢٥.

جورج، نوبار سيمونيان (٢٠٠١). أحـدث التقنيـات المـؤثرة في تطـوير المدرسـة الإلكترونية، **المؤتمر العلمي الثامن " المدرسة الإلكترونية**، الجمعيـة العلميـة لتكنولوجيا التعليم.

حداد، عواطف (٢٠٠٢). وصـف الوظائف ومراجعـة الأداء، **مجلـة رسالة المعلم،** المجلد ٤١، العدد الرابع، ص ص ١٤٤ - ١٤٥.

حرب، جمال (١٩٩٣). **احتياجات الجامعة الأردنية الرسمية لخدمات الحاسوب في المجال الإداري**، رسالة ماجستير غير منشورة، الجامعة الأردنية: عمان، الأردن.

حسان، محمـود (٢٠٠٣). **التربية المعلوماتيـة**. ط١، القاهرة: دار فرحـة للتوزيـع والنشر.

الحسيني، أحمد (٢٠٠٣). **أسباب عزوف معلمي المدارس الثانويـة في الريـاض عـن استخدام التقنيـات التعليميـة في التـدريس الصفي**، رسالة ماجستير غير منشورة، الجامعة الأردنية: عمان، الأردن.

الحمران، محمد (٢٠٠٦). **دراسة ميدانية لواقع تكنولوجيا المعلومـات والاتصالات في المدارس الاستكشافية في الأردن**، رسالة دكتوراه، الجامعة الأردنية: عمان، الأردن.

حناش، علي (٢٠٠٤). **دور مدير المدرسة في بناء وإنشاء المدرسة الإلكترونية في إطار الإمكانيـات المتاحـة**، متـوفر عـلى الموقـع، http://www.fadhaa.com ٢٠٠٧/٢/٢٦.

حواشين، برهان رشيد صالح (١٩٨٨). **الممارسات الإدارية لمديري المدارس الابتدائيـة لتحقيق النمو المهني للمعلمين كما يراها المعلمون والمديرون في الأردن**. رسالة ماجستير غير منشورة، جامعة اليرموك، إربد: الأردن.

الخرابشة، مشهور (٢٠٠٤). ورقة عمل تخصصية حـول تطـوير الإدارة والتنظيم في وزارة التربية والتعليم، **رسالة المعلم**، المجلد ٢٣، العـدد الثـاني، ص ص ١٢ - ١٣.

الخروصي، عبدا لله (٢٠٠١). **دراسة تقويمية لنظام إدارة المعلومات التربوية بوزارة التربية والتعليم ومديريات التربية التابعة لها في سلطنة عمان**، رسالة ماجستير غير منشورة، جامعة السلطان قابوس: سلطنة عمان.

خميس، محمد (٢٠٠٣). **عمليات تكنولوجيا التعليم**. القاهرة: دار الكلمة.

الخواجا، محمد (٢٠٠١). **مستقبل التعليم الحديث التحديات وتكنولوجيا المعلومات الحديثة**. ط١، عمان: دار المستقبل للنشر والتوزيع.

الخولي، جمال (١٩٩٣). **الوثائق الإدارية بين النظرية والتطبيق**. القاهرة: مصر.

ديلور، جاك وهانكونك (١٩٩٦). **التعلم ذلك الكنز المكنون**. منظمة الأمم المتحدة للتربية والثقافة والعلوم – اليونسكو: مركز الكتب الأردني.

الرشايدة، محمد (٢٠٠٧). **الإدارة المدرسية بين الواقع والطموح**. ط١، عمان: دار يافا للطباعة والنشر.

ريس، باركارد (٢٠٠٣). توظيف برامج تكنولوجيا المعلومات في المدارس، **دليل عملي للمدرسين**، ترجمة تيب توب لخدمات التعريب والترجمة شعبة الدراسات التربوية، القاهرة: دار الفاروق للنشر والتوزيع.

الزغبي، دلال محمد (١٩٩١). **الاحتياجات التدريبية للمديرين ورؤساء الأقسام الإدارية في الجامعات الأردنية من وجهة نظرهم والبرامج التدريبية التي اشتركوا بها**. جامعة اليرموك، اربد: الأردن.

زيتون، كمال (٢٠٠٤). **تكنولوجيا التعليم في عصر المعلومات والاتصالات**. ط٢، القاهرة: عالم الكتب.

سالم، شوقي (١٩٩٠). **صناعة المعلومات دراسة لمظاهر تكنولوجيا المعلومات المتطورة وآثارها على المنطقة العربية**. ط١، الكويت: شركة المكتبات الكويتية.

السرطاوي، عادل (٢٠٠١). معوقات تعلم الحاسوب وتعليمه في المدارس الحكومية شمال فلسطين مـن وجهة نظـر المعلمين والطلبة، رسالة ماجستير غـير منشورة، جامعة النجاح الوطنية: نابلس، فلسطين.

السرطاوي، عـادل، و سعادة، جـودت (٢٠٠٣). استخدام الحاسوب والإنترنت في ميادين التربية والتعليم، ط١، عمان: دار الشروق للنشر والتوزيع.

سرحان، عمر، واستيتية، دلال (٢٠٠٧). تكنولوجيا التعليم والتعليم الالكتروني، ط١، عمان: دار وائل للنشر والتوزيع.

سعادة، جـودت، والسرطاوي، عـادل (٢٠٠٣). استخدام الحاسوب والإنترنت في ميادين التربية والتعليم. ط١، عمان: دار الشروق.

سلامة، عبد الحافظ (٢٠٠٤). وسائل الاتصال وتكنولوجيا التعليم. ط٥، عمان: دار الفكر للنشر والتوزيع.

سلطان، إبراهيم (٢٠٠٠). نظم المعلومات الإدارية: مدخل النظم. الإسكندرية: الدار الجامعية للطبع والنشر والتوزيع.

سمعان، وهيب، ومرسي، محمد (١٩٧٥). الإدارة المدرسية الحديثة. ط١، القاهرة: مطبعة دار العالم العربي.

سيمونيان، جورج (٢٠٠١). أحدث التقنيات المؤثرة في تطوير المدرسة الإلكترونية، المؤتمر العلمي الثامن: المدرسة الإلكترونية، القاهرة: الجمعية المصرية لتكنولوجيا التعليم، ٢٩ - ٣١ أكتوبر.

شحادة، عبد الله (٢٠٠١)، مدير المدرسة ودوره في تطوير التعليم. القاهرة: ايتراك للنشر والتوزيع.

شلبي، سهير (٢٠٠٦). **درجة استيعاب معلمي التربية الإسلامية في المرحلة الثانوية في مدارس عمان لمفهوم تكنولوجيا المعلومات والاتصالات وتوظيفهم له في تدريسهم الفعلي**، رسالة ماجستير غير منشورة، الجامعة الأردنية: عمان، الأردن.

الشناق، عبد السلام (٢٠٠٨). **دور الإدارة المدرسية في توظيف برامج تكنولوجيا المعلومات لخدمة العملية التعليمية في المدارس الاستكشافية الأردنية**، أطروحة دكتوراه، جامعة عمان العربية: عمان، الأردن.

صالح، ميرفت (١٩٩١). **نظام معلومات مقترح لتطوير العملية الإدارية والتعليمية لكلية التربية بجامعة عين شمس في ضوء الاتجاهات العالمية المعاصرة**، رسالة ماجستير غير منشورة، جامعة عين شمس: مصر.

الصمادي، علي (٢٠٠٣). **الاحتياجات التدريبية لمديري المدارس الحكومية في محافظة جرش في مجال استخدام الحاسوب**، رسالة ماجستير غير منشورة، جامعة اليرموك: اربد، الأردن.

الضمور، فيروز (٢٠٠٣). **أثر استخدام تكنولوجيا المعلومات على الإبداع التنظيمي: دراسة تطبيقية على الشركات الصناعية المساهمة العامة الأردنية**، رسالة ماجستير غير منشورة، الجامعة الأردنية: عمان، الأردن.

طاهر، هالة (٢٠٠٢). **التكنولوجيا الحديثة وتطبيقاتها في مراحل التعليم، "ورقة مقدمة للدورة التدريبية التي عقدتها المنظمة الإسلامية للتربية والعلوم والثقافة- إيسيسكو**، بالتعاون مع المنظمة العربية للتربية والثقافة والعلوم- ألسكو. دمشق، (٧- ١٨) أكتوبر ٢٠٠١."

طواها، مهند سامي حسان (٢٠٠٢). **تحليل التأثير المتبادل بين الهيكل التنظيمي ونظم المعلومات الإدارية**. رسالة ماجستير غير منشورة، كلية الاقتصاد والعلوم الإدارية، جامعة آل البيت، عمان: الأردن.

الطويل، هاني (١٩٩٧). **الإدارة التربوية والسلوك المنظمي، سلوك الأفراد والجماعات في النظم.** ط٢، عمان: دار وائل للطباعة والنشر.

عامر، طارق (٢٠٠٧). **التعليم والمدرسة الإلكترونية.** ط١، مصر: دار السحاب للنشر والتوزيع.

عبد الله، أديبة (٢٠٠٦). **أثر توظيف تكنولوجيا المعلومات والاتصالات على الكفايات التعليمية التي يمتلكها معلمو وطلبة المدارس الاستكشافية الأردنية واتجاهاتهم نحو توظيف هذه التكنولوجيا،** أطروحة دكتوراه غير منشورة، الجامعة الأردنية: عمان، الأردن.

عبود، حارث (٢٠٠٧). **الحاسوب في التعليم.** ط١، عمان: دار وائل للنشر والتوزيع.

عبيدات، زهاء الدين (٢٠٠٣). نحو إدارة للجودة التعليمية الشاملة في الأردن، **مجلة رسالة المعلم،** المجلد (٤١)، العدد الرابع، ص ص ٩٤- ٩٥.

العجمي، فلاح (٢٠٠٤). **الصعوبات التي تواجه الإدارة المدرسية من وجهة نظر مشرفي ومديري ومعلمي المدارس المتوسطة في دولة الكويت والحلول المقترحة لها،** رسالة ماجستير غير منشورة: جامعة اليرموك، إربد.

العجمي، محمد (٢٠٠٧). **الإدارة المدرسية ومتطلبات العصر**ـ الإسكندرية: دار الجامعة الجديدة للنشر والتوزيع.

عرفة، سعيد (١٩٧٤). **الحاسب الإلكتروني واستخدامه في الإدارة والمحاسبة.** القاهرة: مكتبة الشباب.

العلاونة، علي (٢٠٠١). **واقع وآثار استخدام أنظمة المعلومات المحوسبة: دراسة ميدانية،** مركز وزارة التربية والتعليم الأردنية، رسالة ماجستير غير منشورة، جامعة اليرموك إربد، الأردن.

العمايرة، شيرين، والهناندة، عمر، وحمودة، غسان، و زهران، إبراهيم (٢٠٠٦). **النهوض بالتربية والتعليم في عهد جلالة الملك عبد الله الثاني المعظم.** عمان: دار المكتبة الوطنية.

عميرة، سميرة (٢٠٠٦). **دور تكنولوجيا الاتصالات والمعلومات في تطوير الإدارة المدرسية من وجهة نظر المشرفيين التربويين ومديري المدارس الثانوية في مديريات التربية في عمان**، رسالة ماجستير غير منشورة، الجامعة الأردنية: عمان، الأردن.

العنزي، النوري (٢٠٠٦). **واقع استخدام المشرفيين التربويين للحاسوب في مهماتهم الإدارية والفنية بمنطقة الحدود الشمالية في المملكة العربية السعودية**، رسالة ماجستير غير منشورة، الجامعة الأردنية: عمان، الأردن.

الغول، غالب (٢٠٠٢). **المعلم التكنولوجي وإدارة العملية التربوية تطوير/ أساليب/ تأثير.** ط١، عمان: المكتبة الوطنية للنشر والتوزيع.

الفار، إبراهيم (٢٠٠٠). **تربويات الحاسوب وتحديات مطلع القرن الحادي والعشرين.** ط٢، القاهرة: دار الفكر العربي.

الفار، ابراهيم (٢٠٠١). **تربويات الحاسوب وتحديات مطلع القرن الحادي والعشرين.** ط٢، القاهرة: دار الفكر العربي.

الفار، إبراهيم (٢٠٠٣). **تربويات الحاسوب وتحديات مطلع القرن الحادي العشرين.** ط١، العين: دار الكتاب الجامعي.

الفزاع، علاء، وأبو حليوة، عدنان (٢٠٠٤). مركز الملكة رانيا العبد الله لتكنولوجيا التعليم، **رسالة معلم**، المجلد ٤٢، العدد الثالث، ص ص ١٢٨- ١٣١.

قعوار، شفاء (٢٠٠٧). **درجة تقدير القادة التربويين في وزارة التربية والتعليم في الأردن لفاعلية استخدام أنظمة المعلومات الإدارية وعلاقتها بالتزامهم التنظيمي وروحهم المعنوية.** أطروحة دكتوراه، جامعة عمان العربية: عمان، الأردن.

قنديلجي، عامر، والسامرائي، إيمان (٢٠٠٢). تكنولوجيا المعلومات وتطبيقها. ط١، عمان: مؤسسة الوراق للنشر والتوزيع.

القيسي، علي (٢٠٠٥). مستوى كفاءة أنظمة المعلومات الإدارية وعلاقتها بمستوى الأداء الإداري من وجهة نظر مديري ورؤساء أقسام الوحدات الإدارية في الجامعات الأردنية العامة، أطروحة دكتوراه غير منشورة، جامعة عمان العربية للدراسات العليا: عمان، الأردن.

لال، زكريا (٢٠٠٠). الإدارة التربوية في البلدان العربية. بيروت: الهيئة اللبنانية للعلوم التربوية.

لينكس، وورد (٢٠٠٣). وورد لينكس / استخدام الإنترنت لأغراض التعليم والتعلم بالمشاركة عن بعد. ط١، عمان: المطابع المركزية.

مؤتمن، منى (٢٠٠٢). نحو رؤية مستقبلية للنظام التربوي في الأردن. عمان: مركز الملكة رانيا لتكنولوجيا التعليم.

مؤتمن، منى (٢٠٠٤). التربية والتعليم من منظور مستقبلي في ضوء العولمة المعلوماتية وعالمية المعرفة. عمان: وزارة التربية والتعليم.

مبسلط، ملك (٢٠٠٥). واقع استخدام معلمي المرحلة الثانوية لتكنولوجيا المعلومات والاتصالات في التدريس في المدارس الثانوية الحكومية في الأردن، رسالة ماجستير غير منشورة، الجامعة الأردنية: عمان، الأردن.

المجالي، محمد والجراح، عبد المهدي والشناق، قسيم واليونس، يونس والعياصرة، أحمد والنسور، زياد (٢٠٠٥). المساعد في تدريب إنتل التعليم للمستقبل. دليل المتدرب.

حسن، عبد الشافي (١٩٩٣). المعلومات التربوية: طبيعتها ومصادرها وخدماتها. الإسكندرية: دار المعرفة الجامعية.

الحلفاوي، محمد (٢٠٠٦). مستحدثات تكنولوجيا التعليم في عصرـ المعلوماتية. ط١، عمان: دار الفكر.

الحيلة، محمد (٢٠٠١). التكنولوجيا التعليمية والمعلوماتية. ط١، العين: دار الكتاب الجامعي.

محمد، جاسم (٢٠٠٤). سيكولوجية الإدارة التعليمية والمدرسة وآفاق التطوير العام. ط١، عمان: دار الثقافة للنشر والتوزيع.

المعايطة، عبد العزيز (٢٠٠٧). الإدارة المدرسية في ضوء الفكر الإداري المعاصر. ط١، عمان: دار الحامد للنشر والتوزيع.

مياس، أحمد (١٩٩٦). الكفايات القيادية لمدير المدرسة الثانوية كما يتصورها القادة التربويون ومدراء المدارس الثانوية في المفرق، رسالة ماجستير غير منشورة، الجامعة الأردنية: عمان، الأردن.

نشوان، يعقوب (١٩٩١). الإدارة والإشراف التربوي بين النظرية والتطبيق، ط٣، عمان: دار الفرقان للنشر والتوزيع.

نظامي، إبراهيم (١٩٩٨). دور مدير المدرسة في تحسين الفعاليات التعليمية لمعلمي التربية الرياضية في محافظة جرش، رسالة ماجستير غير منشورة، الجامعة الأردنية: عمان، الأردن.

الهرش،عايد، وغزاوي، محمد (١٩٩٩). تصميم البرمجيات التعليمية وإنتاجها وتطبيقاتها التربوية. ط١، عمان: دائرة المكتبة الوطنية.

هوانة، وليد، علي، تقي (١٩٩٩). مدخل إلى الإدارة التربوية والوظائف المحلية. مكتبة هوانة للنشر والتوزيع.

وزارة التربية والتعليم (٢٠٠٢). دليل تدريب الرخصة الدولية لاستخدام الحاسوب. القاهرة: مكتب اليونسكو.

وزارة التربية والتعليم (٢٠٠٣). المبادرة التعليمية الأردنية، المنتدى الاقتصادي العالمي، البحر الميت، **نموذج الشراكة بين القطاعين العام والخاص**، عمان: الأردن.

وزارة التربية والتعليم (٢٠٠٤). المبادرة التعليمية الأردنية، المنتدى الاقتصادي العالمي، البحر الميت، **نموذج الشراكة بين القطاعين العام والخاص**، عمان: الأردن.

وزارة التربية (٢٠٠٦). دائرة تكنولوجيا والمعلومات، **منجزات الدائرة**، عمان: الأردن.

المراجع باللغة الإنجليزية

Ajlouni, K. (2002) **ICT Staff and Framework of ICT Use in** Schools and **Some Problems Based on Empirical Data.** Retrieved on line , 23/02/2007 http://www.ak.cradle.titech.ac.jp

Ausbrooks, C. (2000) **Technology and the Changing** Nature of Schools **Administration.** New Jersey, Prentice – Hall, Inc .

A, M.& Adaieleh, A. (2004).Professors knowledge in, and attitudes towards, the use of ICT in teaching, personals use and the obstacles facing it: Albalqa university, Jordan. **Abhath Al –yarmouk,** 20 (4), 315-340.

Barret, D. Scott (2001). Factors and Their Effect in the Principals Utilization of Management Information Systems (Tekas). **Dissertations Abstract International-A 61/08. –pp 3002** .

Barry, S.(1996). Using information technology: Study of current and future trends. **Journal of Computers Information Systems,** (4), 54- 60

Basis ,R (1998) Administrative Decision – Making : A contextual Analysis. **Management Decision,** 36 (4):pp. 232 – 240.

Cain, A. (2001) **Computer Usage by Building – Level Administrators** in West **Virginia Public school,** Seton Hall University.

Carter, D.(2001). **An Evidence – Based Practice Approach to** Practicum **Supervision Using New Information Management Technology.** Department of lifelong learning, the University of Exete

Christopher, J.(2003) Extent of Decision Support Information Technology Used by Principal in Virginia Public School and Factors Affecting the Use of Education Technology. **Educational Administration Quarterly,** 70, (64): pp. 11-16.

Dejacimo J. (1998) **Improving Ohio,s Education Management Information System (EMIS)** Ohio: Loeo.

Edmonson, A. (2003). **What styles of computer training enhance   teachers competence and confidence to use ICT? Retrieved   Line 3/7/2003** .htt://www.becta.org.uk/research/research/dos/cpd-   edmansan.pdf

Fallan, M. (1998). **Leadership for the 21 st Century, Educational Leadership,** Vol. 55 (7), (6-10).

Fisher,D.(1991) Computerizing school administration. **A study of   Current and Future Trends , Journal of computers Information systems** (4) :pp. 54-60 .

Fisher,D.(1991).Assistant computer in school administration Holand   Case. A study of current and future trends, **Journal of Computers   Information Systems,** (5): pp 35-50.

Heinch R. Molenda,M. and Russell. J. (1989) **Instructional, Media   and the New Technology of Instruction** (2 nd ed), New york   Macmillan.

Lai, K. & Pratt, K. (2002). Information and Communication technology   (ICT) in secondary school: the role of the computer coordinator,   **British Journal of Educational Technology,** 35 (4), 461- 475.

Liebowttz, J. (1999) .Information Systems: Success or Failure? **Journal of Computer Information Systems.** (21) (3): pp. 17-22.

Sinko,M and .Lehtinen, E. (1999) **The Challenges of ICT in Finnish   Education.** Finland: Book Producer Pekka Santalahti.

Teer, T ,(2005) **Teaching On The Internet Meting The Challenges Of electron-ic Learning.**

Telem,M. (2001) Computerization of school administration, **Computer   and Education.** (Vol.3): pp. 7- 10.

Torkzadan, g. & Doll. W. J. (1999) " The development of a tool for   measuring the perceived impact of information system on work, **The Informational Journal of Management,** Improving Quality and Productivity', John Wiley and Sons.

Williamas,D. (2002) Information and communication technology: ac   and use. **Education Quarterly Review,** 8, 2: pp. 122- 135.

المواقع الإلكترونية

htt://www.csccs.hu.jo/icdl.office.htm

www.wlar.org.ask@wlar.org

htt://www.caderco.com/Arabic/visionandmession.php

htt://www.caderco.com/Arabic/ whycader.ph

htt://www.ipactcentral.com/Arabic.htm
htt://www.agcaitc.com/site-content.aspxpage-key=Cambridge-certificates&lang=ar

htt://ujcdl.ju.edu.jo/

T0300928

Printed in the United States
By Bookmasters